精華國中
——與大師相遇

何美慧 主編

當十七位大師與精華師生
共同譜出生命交流的火花

Content

推薦序

鹿江教育基金會　張采珍

　　「與大師對話」在國中為孩子準備這樣的活動實屬難得，更何況是在偏鄉，若非校長有心真的很難，今將這些講演集結成冊，更是讓孩子有機會回顧大師珠璣珍言。

　　人類知識的發展，大都是不斷擴充累積的，而後起的科學家的成就也運用了前人的成就，而結合成偉大的時代巨輪進步的原動力。除了讓世界不斷地往前行，發展了現今的世界文明。所謂「站在先前巨人的肩膀上」就是這種意思。

　　《與大師對話：領導力 A Leader to Leader Guide：On Mission and Leadership》一書中，提到孔恩教授原先是一位研究物理學的學者，後將興趣轉移到科學發展史方面，他發現——並且提出理論說明——科學知識的發展乃建立在所謂「典範轉移」（paradigm shift）上。所謂「典範」，代表「理論背後的世界觀」，也就是由一特定科學社群成員們所共享及持有之信仰、價值與工具等構成的整體。基本上，這種典範乃來自科學家們的「心智創作與發明」。由於在不同典範之間，存在有所謂「不可共量性」（incommensurable），使得一種新典範之形成，構成對於原有「主流科學」

（normal science）的挑戰，倘若前者獲得堅實之驗證支持，則其本身由一種「革命科學」revolutionary science）地位轉變爲「主流科學」，這種「典範轉移」過程和傳統觀念中所了解的「累積性」發展模式是不同的。孔恩所提出科學的「典範轉移」，乃以自然科學爲其立論的對象，較具體者，例如有關氧氣和X光之發現；較廣泛者，如哥白尼「太陽中心說」取代「地球中心說」；再如量子理論下的世界是「非線性的」、「混沌與複雜的」，和牛頓理論下那種「機械性的」和「可理解與可預測的」的世界相較，也都代表不同科學典範下的產物。

　　藉由內省和包容的過程，演說者自己確立了價值觀並重新檢視其使命，即使在不可預知的未來，目標仍明確可行且意義非凡。從頂尖且具領導力的思想家、生活家們身上，學生得窺精闢的洞見與豐富的一手情報，也在具啓發性的領導、願景及專注於使命上的管理等方面呈現了最有參考價值的思潮。成功的人格特質和價值觀來作爲生活的依歸，並身體力行。期望學生日後對內省思能將學校師生凝聚成有如社群般、禍福相依的共同體；對外也是能夠確立一定的社會角色。這種勇於改變及服務他人的能力，正是生氣勃勃的人類發展文化中，不可或缺的要素。校長邀請了這麼多生活大師講演，並讓學生面對面與大師對話、提問最後歸結成冊。精華國中何美慧校長就在經典的「典範轉移」理論中爲國中生，在生活中提供相對「典範」，每月二次邀請各行各業精英典範，和學生們對話談孩子生活中的重要話題，實在是用心辦學。

校長序

精華國中校長　何美慧

《精華國中――與大師相遇》能夠付梓出版，內心無比雀躍興奮。這本新書集結十七位大師與精華師生共同譜出生命交流的火花。這些大師成功的背後，不僅僅是專注於本業上傑出表現，還有一個共通點，就是能努力用心做喜歡的事且擁有每天堅持向理想邁進的熱忱，將「深入」發揮得淋漓盡致的特質。他們的人生奮鬥故事以及大器無私對後輩們的分享，就如同明月繁星，在漫長的黑夜中，照亮您我的心光。

初衷本擬邀請社會賢達、科技業界或學有專精並熱心教育人士，蒞臨本校以深入淺出的方式向學生分享最新的科技知識、人文歷史、藝術生活及生命故事。透過引入專業人士，希望能夠鼓勵本校學生確立志向，了解科技趨勢與社會變遷，及早為未來做準備。經過名師講座進行統觀視野的學習，並由各年級學生代表進行深入的訪談及對話，整理成大師的報導文章公布於校網及布告欄，提供共同學習平台。

「放對位置就是天才」，進行試探與適性教育的發展契機。鼓勵青少年適性學習，進而發展出更多的可能性，希望勇敢逐夢圓夢。培養專業技

能，年輕一代就能自主；培養倫理道德，未來就能夠自律；培養人文關懷，心中才會有大愛；培養社會良心，胸中就會有正義之氣。除了品質，還要培養有大格局的思考，這些思考要具體表現在對歷史文化有熱情；對傳統與倫理有溫情；對本土與異鄉有感情。讓我們的孩子在關鍵的每一個階段產生教育的意義。人生有夢最美，踏實築夢，就能美夢成真。

| 范萱怡同學分享 |

　　每一次的演講都是前所未有、獨特的，我想最重要的，是要堅持、努力的去完成每件事，即使遇到瓶頸，即使看不到成果，但這都不重要，我認為重要的是過程，逆境給人寶貴的磨鍊機會。只有經得起環境考驗的人，才能算是真正的強者。自古以來的偉人，大多是抱著不屈不撓的精神，從逆境中掙扎奮鬥過來的。

　　參與這十七場的講座後，我的價值觀不同了，思考方式與待人處事都逐漸的改變，它讓我對未來有了更明確的想法，夢想的成功來自持續的堅持、不輕易放棄，相信築夢踏實，夢想便會成真，就算未來我不一定能像這幾位大師一樣，至少在人生各個階段，自己的角色是什麼，能夠把它扮演得非常漂亮，那就沒有虛度了。

　　我最欣賞的工作態度是像學校邀請來的外科醫師一樣的，喜歡自己的工作內容，並且能幫助到別人；我最喜歡的學習態度是像學校邀請來的律師一樣，在人生上不斷進行突破，走錯了路要勇敢的更正自己；我最喜歡的生活態度是像學校邀請來的閱讀老師一樣，視萬物如浮雲，卻又認真的對待每一件事，我非常喜歡老師說的一句話——本事在你自己身上，凡事都得靠自己。

　　本書的內容以學生與大師實際的訪談及一些實務經驗分享，提供在互動中互相學習，也有助於立定自己未來的志向。相信出版對孩子們及其他沒有參與到的孩子們來說更是引頸期盼的。更要感謝大師與師生在學習共好中展現美麗光景。

編者的話

精華國中教師編輯群

輔導主任　黃靖芳主任

106 學年度精華國中的孩子 57.62%來自於弱勢家庭，因為環境、經濟、教育資源上的弱勢，諸多的學習僅能來自於學校，有幸 106 年 08 月 01 日何美慧校長到任，精華學子自此開展了全新視野。哲學家曾言：「當你無法改變環境時，你只能改變自己，改變面對苦難的方式。」十七場的名師講堂，希冀給予學子開拓視野的路徑，藉著大師的字字珠璣為生命增添力量，當生命的力量遠遠大於外在不利條件時，一切的苦與難即被超越，這也是師長的衷心企盼。

猶記 106 年 9 月 1 日是講堂之初，師生對於整個流程其實是相當陌生的，尤其是學子與大師近距離的訪談，指導老師戰戰兢兢，要進場訪問的孩子也怯生生的，畢竟，很少有機會可以當「焦點」，在訪談前，訪問題目總是一再修改，內容還不能跟其他同學重覆，孩子發現原來要當個小記者真不簡單，除了要克服心理的恐懼及緊張外，提的問題更要有品質、有深度，這技巧可真磨人。而校方也有個目標，我們希望全校的孩子都有機會嘗試當小記者，過程中也試著這麼做，

雖然因場次及部分因素限制無法全數輪完，但師長已看見孩子日漸散發的自信，言談中的條理也慢慢成形。

　　教育的改變並非一蹴可幾，亦無法立竿見影，這一年來，何校長精心策畫了多方位的學習課程，為了就是替孩子開啟一道門，一道與社會、與世界接軌的門，從門內的學習連接到門外的精彩，這些活動都是實實在在的課程，學子從當中的學習，當有一日，會在世界的某個角落持續散發出屬於精華孩子才有的精彩。

導師　許哲瑋老師

　　向大師看齊，活出「有為者亦若是」的豪氣。十七位菁英，每一次的拜訪，夥伴們總抱著期待且興奮的心情齊聚一堂，因為大家太想要知道大師的生活與一般人有何不同。此書各個篇幅的完成，與其說是大師成長歷程探訪的集結，不如說是用一次次的心靈洗禮與分享來形容更為貼切！

　　孩子們對於第一次的生澀採訪，到後來的引領期盼，坐在大家面前的「大人物」對人生、工作和世界的看法是什麼？他們又如何克服挫折和困難？……每一次採訪結束時總是有許多意想不到的心靈上和知識上的收穫，我想，這就是大家樂此不疲的原因。

　　這些知識與大師成功的背後，不僅僅是專注於本業上有著傑出的表現、他們都有一個共通點，就是能努力用心做喜歡的事、且擁有每天堅持向理想邁進的熱忱、將「深入」發揮得淋漓盡致的特質。他們的人生奮鬥故事以及大器無私對後輩們的分享，就

如同明月繁星，在漫長的黑夜中，照亮您我的心光。

在《孟子》滕文公上第一章就引述顏淵的話：「舜何人也？予何人也？有為者亦若是」。大意是說：「舜是何等偉大，而我是如此渺小，但只要願意向偉人看齊、學習，也可以成就一定的作為」。也正是因為「有為者亦若是」的典範，對於孩子的品格教育更有遵行的依規，起了推波助瀾的助益。

每個人都有夢想，它催生了語言、科學、人文、哲學與藝術；閱讀知識與大師的故事，提醒我們實踐夢想不遠，人人皆可發揮赤子之心、駱駝的耐力，還有獅子的勇猛，終有一天能和成功者一樣邁向「有為者亦若是」的境界！

輔導組長　曾榆薰組長

在這整個學期中，我們一共舉辦了十七場與大師相遇的活動，從大師專家學者的講演聆聽，到學生的面對面訪談，再到訪問稿的深入撰寫，讓精華國中全校師生參與了不同領域、不同專家學者的知識洗禮，從雞要怎麼養才會生出品質好又健康的雞蛋？從一位廠長如何成為一位咖啡店長？從大數據了解未來趨勢的變化、從拿著手術刀的娘子軍、從首位完攀世界七頂峰的女性、從了解生物的多樣性、從生活走讀人生的分享、從辛勤耕耘開闢新田園的青農，到異國文化的互動與理解等，無不讓大家都沉浸在專業之氛圍裡，雖然有些內容已涉獵過，但經由不同專家學者的視野與角度來陳述；不同學生的思考問題做訪談，又會帶給我們不同的想法與思考方向，真可謂是迸出新滋味呀！相信身處於偏鄉的精華國中孩子們，並不會因為地理位置處於劣勢，而

沒有多方面學習的機會，也相信經過這十七場的與大師相遇演講，精華國中師生們提升了不少的自我優勢呢！有機會，希望這與大師相遇的學習概念與理念，能深耕深植於精華國中！創造孕育出更多屬於精華國中的大師！

專任教師　吳淑雲老師

　　「與大師有約」——來到學校的大師們個個來頭不小，他們分享自己的人生經驗，分享自己領域裡的專業，分享著該如何做夢並且如何實現，這樣的經驗就好比觀看了數種領域的書籍；大師們帶來的每場演講，都讓人有身歷其境的感觸，這些都能為學生樹立良好的榜樣，也讓他們知道築夢踏實的可能性。能跟大師們近距離接觸，學習他們做人處事的態度，都能讓自己更加成長，在這麼多場的演講中，我最敬佩的大師——江秀真，因為我喜歡爬山，爬山的過程以及登頂後的風景能夠讓人忘卻許多煩惱，不過在爬山的過程中，需要注意很多事物並且克服許多困難，如此才能安全的登頂，故能夠征服七頂峰的人，真的是非常厲害，不知道要擁有怎樣堅毅的勇氣才能夠完成這樣的夢想，真的是令人敬佩呢！

901　童郁云

　　與大師相遇，這是一個升上九年級開始的新活動，每兩個星期學校就會邀請不同領域的大師來為我們演講，讓我們提出想了解的問題來訪問大師。

　　我們抱著求知的心情聽著演講，並且期待著下一位大師的到來，我認為這樣的活動是我們在國中生涯中獲取社會經驗的最佳管道，聽完每一位大師的經歷，我非常欣賞所有大師的工作態度、學習態度以及生活態度。

　　我最欣賞的工作態度是像學校邀請來的外科醫師一樣的，喜歡自己的工作內容，並且能幫助到別人；我最喜歡的學習態度是像學校邀請來的律師一樣，在人生上不斷進行突破，走錯了路要勇敢的更正自己；我最喜歡的生活態度是像學校邀請來的閱讀老師一樣，視萬物如浮雲，卻又認真的對待每一件事，我非常喜歡老師說的一句話——本事在你自己身上，凡事都得靠自己。

　　在每一場演講和訪問中我都學到了非常多，很開心學校提供這麼棒的學習機會給我們，雖然只參與到短短一年，但我還是受益很多，希望學

校可以繼續這項活動，讓學弟妹們也學到更多。

901　林芯蕙

去年，是我第一次嘗試訪問他人，這讓我覺得很新鮮，因為接觸了以前沒有接觸過的人事，也遇到各種在不同方面有過人表現的大師，像是在大數據上非常精通的學長、治理學校非常有條理的校長、在水墨方面有著極大天賦的老師、在醫學方面有研究又有創新的醫生……等等的大師讓我們看得目不轉睛，也讓我們學到了各種不同的知識，這些見聞都是課內教不來，課本上看不到的，這既不是基本知識，也不是生活常識，這是他們在職場上、興趣上的「認識」，大師們為了告訴我們他們的經驗，千里迢迢的來到我們學校，又站上兩個小時的時間為我們演講，接受我們在校長室的訪問，回答每個同學對不瞭解的地方所提出的問題，雖然每次在訪問的過程，大師們是心平氣和、有條不紊的回答我們，但我們的心總是像要蹦出來那樣緊張，他們讓我們能夠從容的問出問題，學習到的也不只這個，也讓我瞭解到「條條大路通羅馬」，因為看見他們的成功，讓我有了不凡的力量！

901　林靖耘

經過幾次的採訪後，對於採訪這件事就沒那麼的陌生，也知道如何去訪問一個人會比較適合。

我記得第一次採訪的大師是劉北元老師，當時我的心情很緊張，一點頭緒都沒有也不知道要問他甚麼問題，一直到在演講過程中，腦海浮出好多對他好奇的地方，想把這些好奇的點用紙筆

寫下來當作問題，在訪問過程中我提問了剛剛寫下的問題，老師也一一的向我解答，從這些答案中我就可以越來越了解老師，有了一次的經驗後往後的採訪都不需要太過緊張，也知道從哪裡可以找到你想問的問題。

每一次的大師有約我都很期待大師是誰？做甚麼職業？聽過多場的大師有約，每一場的大師都會給予我們一些啟發和做人的道理，讓我印象深刻的是劉北元老師，從律師變成更生人，他的故事給我很大的力量。老師是一位曾經犯過錯的人，也遇到很多挫折，但他並沒有被打倒，而是從失敗中站起，這就是我最敬佩的精神——「不被挫折打敗」，這也是劉老師要我們記住的。

801　陳冠廷

精華國中近年來有一個讓人驚喜的活動，就是我們偉大的校長所舉辦的大師有約。大師有約這個活動給我了很多的認知，每一場都是不同領域的大師，他們都有著一段努力奮鬥的故事。

讓我印象深刻的是亞東醫院的副院長，他是一位小兒科的外科醫生，她為了精進自己的醫術而出國去學習並取得了自己的專利，回來台灣時也做過了很多大大小小的手術，很多不一樣的病，有些人生下來就有殘缺，他幫助他們並給他們一個新的開始，我覺得當醫生真的非常偉大。

還有一些關於我們學科的像是大數據，近年來隨著科技的發展，大數據漸漸的掌控了生活許許多多的事，大數據常常運用在經濟上面掌握了國家的行銷能力，還可以用來調查犯罪，降低城市裡的犯罪率，在未來大數據絕對是大家都不可或缺的。不只有

如此，還有很多大師，每一個大師都給我們很棒的人生概念，有大師問大家機會還是能力重要，他說機會是留給有能力的人的，所以你有能力別人自然給你機會，所以在這個階段我們要發憤圖強的用功學習更多專長。

我很慶幸能接觸大師有約這個活動，它讓我發現我們該學習的事物，也讓我鎖定了未來的方向，我以前常常覺得聽演講都是在浪費時間，可是接觸了大師有約我才發覺，許多事情都是很需要我們去理解的，希望下學期還有機會參加大師有約這個活動。

801　詹雅涓

很高興能參與每一次的大師有約，每位大師都有自己的故事與我們分享。

我印象最深刻的是——江秀眞大師，那一場演講眞令我震撼。她的正向思想、坦然面對問題、征服一切困難，眞是令我佩服啊！她的熱情與自信讓她能登上世界第一高峰——聖母峰——「挑戰自我，勇敢築夢。」她說：山就像母親，時而溫暖，時而嚴厲，尤其是在登頂後，可看得更遠、更廣，這也是她選擇繼續站在山頂的理由。

除了這位大師，我還有近距離訪問了陳芸醫師，他認眞的過每一分鐘，也說能力是培養在自己身上，不要怕付出，所以才會有今日的成就，不是比別人優秀，而是要與眾不同。

每位大師都能讓我們學習到許多觀念，其實我是特別沒有自信的人，也不確定未來的方向，所以我很羨慕那些功成名就的人，他有擁有屬於自己能創造的未來與故事，難怪有一句話說—

一成功的人背後都會有一個故事。我也一直努力在尋找我的方向。我知道自己有些畏怯，不敢面對大家，也沒有特別的專長，但我也不能一事無成，我也很努力在學習，這就是一把時間的賭注，賭贏了，得來的是成就；賭輸了，或許就是所謂的經驗累積。

聽了這些大師演講，現在可能還沒辦法完全理解，但我知道要珍惜每一次的時間、機會。每一次的比賽或是考試都是經歷，失敗了沒關係，再努力去改善，失敗為成功之母，這句話我也一直惦記在心中。

801　黃子健

這一年來的演講與訪談集結了十七位大師的智慧和演說後小記者們的採訪心得，裡面有很多面對人生的態度和知識，也教我們如何面對之後的困難。

其中，讓我印象最深刻的大師是登山家——江秀真老師！因為她在登南美最高峰阿空加瓜時與死神擦身而過，不過這也讓她對人生改觀！她教了我們很多道理，像是克服困難的秘訣：熱情和自信，這對我們就很有幫助，不管現在還是未來我們都需要有這個觀念。

希望這本書可以帶給您豐富的智慧和知識，讓您成為更好的人。

701　范萱怡

與大師相遇，總帶給我意想不到的體驗與收穫，經歷過十七

次的演說，認識十七位大師，對事物的見解也不再那麼狹隘。

「The greatest danger for most of us is not that our aim is too high and we miss it, but that it is too low and we reach it.」——Author: Michelangelo，這是令我印象最深刻的一句話，對我們大多數人來說，最大的危險並不在於我們的目標太高，而是它太低了，我們一下就達到了。跨出舒適圈，給予自己全新的學習機會，不然永遠都不會進步。

十七場的演說，他們訴說著一路走來的艱辛、經歷、領悟。在這當中，我十分幸運地參與了兩次訪談，與「大人物」近距離接觸，得到更深入的資訊，這是別人所體驗不到的！這些領悟，比如：做事不要輕易放棄，要勇於挑戰困難，不要逃避、以開放的態度來看待挫折，把挫折視為一種機會……

每一次的演講都是前所未有、獨特的，我想最重要的，是要堅持、努力的去完成每件事，即使遇到瓶頸，即使看不到成果，但這都不重要，我認為重要的是過程，逆境給人寶貴的磨鍊機會。只有經得起環境考驗的人，才能算是真正的強者。自古以來的偉人，大多是抱著不屈不撓的精神，從逆境中掙扎奮鬥過來的。

參與這十七場的講座後，我的價值觀不同了，思考方式與待人處事都逐漸的改變，它讓我對未來有了更明確的想法，夢想的成功來自持續的堅持、不輕易放棄，相信築夢踏實，夢想便會成真，就算未來我不一定能像這幾位大師一樣，至少在人生各個階段，自己的角色是什麼，能夠把它扮演得非常漂亮，那就沒有虛度了。

701　胡至宏

　　學校為了滿足我們不同學習的需求，規劃了一系列「典範學習，與大師有約」的活動。

　　在與大師面對面接觸時，我們吸收了各種行業成功大師的成長歷程及經驗分享。他們會用自己精彩的人生來指點我們，會非常善意的分享自己的真實經歷，給予我們勉勵。還會告訴大家，什麼叫做忍耐、什麼叫做謙虛、如何與恨你的人化敵為友、如何用輿論的力量來凝聚團隊……等，都是讓人耳目一新的成功經驗。聽過這些經驗之後，確實能夠提升對人生的認識、增強對理想的信心。

　　大師成功的故事，遠比我們想像的精彩得多，他們向我們展現了「努力就有回報」。我相信，成功不是一蹴而成的，它需要不斷的努力、累積，最終必有成功回報。

　　所以，在學習上亦是如此，秉持著努力認真的態度，只要努力了，就一定會有收穫，成功指日可待。

701　蔡侑辰

　　經歷了十七場的大師有約演講，我學到了以前沒學過的豐富新知，像是：登山界的江秀真老師、飲品界野夫咖啡的黃瑞志店長、醫學界的陳芸醫師、數學界大數據的田銀錦博士……等等，讓我不禁低頭感嘆：世界真的好大，還有很多我所不知道的東西在未來等著我呢！

　　十七場中，令我印象最深刻的就是野夫咖啡的黃瑞志店長，他帶來的所有配備真讓我眼睛為之一亮，演講時還發了幾小杯的

飲料讓我們享用，冰冰涼涼的口感讓我精神振奮了起來，所有不愉快也消失得無影無蹤。一個演講者要不讓氣氛冷場是件十分難的事情，我很佩服他，所以我對他印象最深刻了。

　　最後我覺得在這些演講中我學到了：挑你專長去做專精，你肯定有機會出人頭地，我一直是這麼相信著，相信有朝一日我也會找到自己的專長的。

系列一　張中明博士

「雞」不可失——打開人生成功密碼

名師講堂

與大師相遇

地點：精華國中　視聽教室

時間：106 年 9 月 1 日 13:00-15:50

對象：全校師生

演講記錄：何美慧校長、黃瑃芳老師、余欣
　　　　　樺實習老師

整理：同上

◎導言

張中明，法國動物遺傳學博士，具有豐富臨床經驗的小動物及禽病臨床獸醫師。目前擔任台灣長庚大學醫學生物技術暨檢驗學系任專任助理教授；同時於台灣大學獸醫專業學院獸醫學系任兼任助理教授。張中明博士深知跨多重領域的研究和建立國際間堅實合作網路的重要性，尤其研究員和研究生能積極參與國際學術會議，還有直接與國際頂尖的研究中心作密切雙向的實質合作，才能真正使研究的團隊的研究成果受到國際間的肯定。張博士更致力於國際學術課程規劃和交流，充實和開拓我們學術人員及學生的國際觀視野。在科學工作之際，張博士非常樂意教導學生學習法文，他認為擁有英文外第二外語優勢也是關鍵，他也帶領學生體驗法國巴黎豐富的人文活動及素養，培育學生成為科技與人文並重的人才。

節錄自長庚大學網頁

夏末，熱浪仍陣陣襲來，張教授的到來，為精華師生進行了一場洗滌，讓炎炎夏日中添了一份舒爽。

故事從校園養雞開始。演說中，張教授提及苗栗縣後龍鎮大山國民小學的校園活化及生態保育的永續經營經驗，這是一個全新的嘗試，在張教授的構思下，廚餘、養雞、雞糞、種菜、菜蟲等，形成一個關係網絡，有機（雞）校園於此形成，而以「雞」為核心，延伸出多元化課程，「雞老師」不僅帶來木工手作雞舍、可移動雞場等實體課程，亦為特殊的孩子帶來了情緒上的撫慰。

校園活化課程中，魚菜共生也是一個熱門的主題，張教授以苗栗大坪國民小學的「魚菜共生農場」及台灣科技大學「魚菜共生系統與環保生態」及「魚菜共生系統與環境實務」課程為例，透過動手實作與操作，體驗環保種菜樂趣，也為生態保育觀念埋入種子。而美國女演員黛瑞漢娜也特別拍攝《種植這部電影》紀錄片，觀察這一波在全球城市興起的農業革命。

　　在永續經營的概念下，張教授亦與苗栗縣公館鄉健福有機生態農場合作飼養黃金土雞，現在開始產出，讓消費者有機會吃到真正的土雞蛋。

　　在張教授的言談中，鼓勵精華國中能運用校內的自然生態環境，研議精華國中「雞王國」發展的可能性，孩子們好期待，饒富教育性與永續性的課題帶來的學習成效不容小覷。

　　另外，張教授擔任歐盟科研架構計畫——健康醫療主題國家聯絡據點的協同主持人，曾在法國留學及工作長達八年半的時間，故同孩子們分享了在法國留學的經驗，孩子們熱烈的回應著自己最想留學的國家，張教授引領孩子思考自己為什麼要出國留

學，同時也分享了到法國留學的十大優勢，包含：一、優良的生活環；二、接觸豐富多彩的法國現代文化；三、法國活絡的經濟活動；四、法國具有獨步全球的美學職業訓練系統；五、法文為國際化語言，精通法文將成為職場一大利器；六、法國具有品質優良的高等教育；七、法國政府提供外國學生平等並經濟的就學環境；八、法國的專業研究品質絕佳；九、法國具有國際化的高等教育環境；十、法國高等教育文憑深受歐盟及世界各國認可（取自法國在台協會）。演說中，教授分享著他在法國生活的點點滴滴，唯美的塞納河畔、壯麗的艾菲爾鐵塔、法國科學家 Pasteur（Louis Pasteur）字樣前執書閱讀的愉悅，乃至於藝文活動及熱愛的手作烘焙、料理分享，專業工作之餘仍對生活充滿熱情。

最後，張教授帶著孩子們思考最根本的問題，身為新竹人，是否了解新竹的特色是什麼？有多少種不同的文化？自己的文化如何融入並發揚光大？技藝教育課程更是不容忽視的一環，以台灣現有的技藝教育課程而言是可以接軌法國進行國際計畫的。張教授也提供學子：一、歐洲，文化，科技交流的實質協助；二、法語系國家交流；三、法國和歐洲教育政策的諮詢；四、醫學、農業和生態永續計畫顧問等協助。在語言學習上，張教授除本國語外，同時精通法文、英文，「多會一種不同話言，生命多一種美麗」，是張教授對語言學習的註解，同時也勉勵學子「期許自己成為特別的人，因為你是特別的人」，只要願意踏出，離夢想就更近一步。

結語時，何美慧校長請教張教授：父親對您的期望是什麼？「一個健康、有用、快樂的人」是張教授的回答，而今，張教授亦不負父親期許，成了一個了解自己、自我實現且獨立的有用的人，張教授讓科技與人文素養完美結合，也是我們學習的典範。

◎學生訪談記錄

廖俊誌：請問您當上獸醫師契機是什麼？可以和我們分享這段故事嗎？

張老師：我從小就非常喜歡動物，然後和動物的互動也非常的好，所以我在聯考的時候就選了第一志願要念獸醫，可是後來又念了分子生物學，所以我到了大學然後再到醫學院去，但是我現在還是跟動物有非常多的關聯，我是專業禽病獸醫師，所以今天都來特別為你們介紹「雞」的相關知識。獸醫的養成是這樣子的，念完獸醫之後考完執照

就是一般醫師，再經過兩年到三年的專精訓練才變成專業獸醫師，也就是專業禽病獸醫師。我念完專業禽病獸醫師後又念了博士，所以現在在教育界然後做研究。

童郁云：請問老師您是在什麼時候確定自己想往這方面（生技）研究？

張老師：其實是陰錯陽差，因為我那個時候本來想說直接去開業當獸醫師，不過有一次打籃球，然後韌帶斷掉，只能坐在那邊，坐在那邊太無聊了，所以就開始念書，念書完後就考上研究所，之後就開啟了我生技研究的路，這樣的話是二十幾歲。

吳婕汝：老師在當獸醫的時候有遇到什麼困難嗎？

張老師：生老病死。動物不會說話，所以你必須感同身受，有的時候獸醫師要決定牠的生死，很多的時候要解除牠的痛苦，那時候都會是一番非常大的掙扎，所以這是為什麼後來臨床獸醫我做了一陣子之後，走上研究的原因，因為我自己親手幫我自己養的狗安樂死，那個心裡是非常難過的。人的話會跟你講話，動物的時候牠只會怕，然後人有時候要幫牠做這個決定，可是人不是神，你看牠很痛苦，還是要幫牠解決痛苦，這個時候的決定會讓心裡有非常大的壓力。

童郁云：老師請問您以後會要求自己的小孩和自己走向同樣的職業嗎？

張老師：當然不會，他想要做什麼他就自由發展，我孩子想要做工程師，他在兩歲的時候就跟我講，因為他小時候看的不是卡通，他喜歡看建築 3D 的圖，然後他現在想做機

械，最喜歡看的是機械人那類的東西，所以適性發展。

童郁云：請問您是到法國才學法文的嗎？請問你花了多少時間使用了什麼方式？

張老師：在台灣我上過幾個學期的課，但是那是不足夠的，到了法國之後，我非常的認真學習這個語言，花了好幾年的時間，跟我實驗室的同仁和朋友就這樣不停的練習，達到現在能夠順暢交流的地步。我能夠很自豪的講說我的法文程度非常的好，因為法國要給我全額的獎學金，我所有的課都是法文，論文也是用法文寫。一開始的時候一定很痛苦，可是後來就很高興，其實出國的那時候也是天不怕地不怕，法國人很喜歡用他語言的優勢來和你玩文字的遊戲，當我終於能夠在街上對話的時候、能和朋友對話讓對方哈哈大笑的時候，在實驗室花了三年，可是那時候每天都有在念書，我的字典都被我翻爛了，和你們分享我怎麼學好了，我特別去買聾人的電視，比較貴一點，因為聾人的會有字幕，那個時候一般的電視在國外是沒有字幕的，現在都有了，所以那個時候看影片的時候都會有字幕，我就一邊看字幕一邊查字典。我對語言學習的興趣非常的高，所以我很喜歡，但最有趣的是我到那邊第二天，我的第一位法國教授告訴我：「中明，我們是在法國，你用法文講」，可是那時候我的法文是支離破碎的，其實辛苦的不是我，是聽我講的人，他們還要猜我在講什麼，兩個都很辛苦，但是這樣後來就苦盡甘來了。

廖俊誌：那為什麼你當獸醫師的時候還要做麵包？

張老師：我當獸醫師的時候沒有做麵包，我到了三十幾歲的時候
才開始做麵包，其實我在台灣的時候都沒有機會自己下
廚，因為我媽媽廚藝很好，廚房是她的地盤，到國外的
時候，因為國外的餐廳比較貴，都是高附加價值的，也
不是每個法國人每天都上餐廳，台灣人很幸福每天都上
餐廳，可是在法國沒有辦法，其實做實驗和做廚藝有點
像，可是做廚藝更快能夠享受到成果。做麵包的話是因
為在台灣找不到我想吃的那種健康的麵包和那種味道，
因為其實台灣的麵包都已經日本化或是台灣化了，在超
級市場或大賣場會看到台式麵包或是歐式麵包，可是其
實我們這邊的歐式麵包都已經有些改良，就跟你在國外
吃台灣菜一樣，它再怎麼道地它還是國外的菜，所以我
就喜歡做些麵包，讓我覺得我還在那邊（法國）快樂的
生活，為自己的生活和品味還有享受，喜歡做這個事。
其實最主要是健康，因為越香越鬆軟的麵包裡面加的化
學添加劑越多，本身是學這個的，我想要讓我小孩子還
有我的太太吃好一點，也因為自己愛吃所以想要做
（笑）。

童郁云：您在烘焙這方面也非常拿手，請問您是在哪裡學到這方
面的技術，如果您不從事現在的職業，您會選擇烘焙這
方面的工作嗎？

張老師：先跟你說我在哪邊學到這些知識，就是到處去吃，然後
找書來看，現在的網路資料非常的多，可是我有先天的
好處，我做得道不道地，我太太吃就知道了，她可以幫
我做鑑定。其實我現在獸醫師只是佔我百分之三十的時

間，現在的職業是在做研究及教學，因為我是大學教授，烘焙只是我的休閒娛樂，我沒有想把它做成我的職業，因為我最主要的興趣是在動物及教育。其實也不用一直問我可以說說你們呀，你們想做些什麼？

廖俊誌：我想做麵包，做好吃的東西。

張老師：你開始做了嗎？有自己在家裡玩一玩了嗎？

廖俊誌：有，會幫家裡煮菜。

張老師：那很好呀，那要耐得住熱。你呢？

吳婕汝：我想當警察，但是我太矮了。

張老師：那如果不當警察你想做什麼？

吳婕汝：沒有想過耶。

張老師：我想問你們，你們在學校最快樂的部分是什麼？其實我看到你們我覺得很羨慕，我在你們這個年紀的時候是打罵教育每天被 K，早上的時候要很早到校，第一個時間是考試，然後下午五點多的時候再考試，禮拜六還要補習。考試就常常被打，我覺得我人生最不舒服的時候是我國中的時候，我小時候很快樂，找喜歡語言、喜歡藝術，我爸媽也讓我適性的發展，可是那個時候的教育就是升學，在升學班裡，所有快樂的事情都會變成次要的，然後就打罵教育，一直就是考試，以升學主義為主，那個時候想都沒想我要做什麼也沒辦法反抗，因為每天被打，所以我那時候覺得國中是我一輩子裡最昏暗的時候，看到你們就會覺得很羨慕。

校長：您剛剛提到的藝術是偏向於哪方面？

張老師：畫畫、寫書法·做勞作，手工的部分我還得過台北市的

佳作，勞作的部分會做黏土、紙工，小的時候很喜歡做這個，還代表學校做這個，所以我剛才會講說我喜歡做這些。其實醫學的東西也是要動手。

廖俊誌：想請問您最想感謝的是誰？為什麼？

張老師：最想感謝我爸爸媽媽把我生下來，身體健康然後給我很好的環境，讓我快樂的做我喜歡做的事，到現在都還是無條件的支持我。

輔導主任：教授您在法國的時候，您的同事、朋友間也都是叫你中明嗎？

張老師：一開始，老師們因為不會發我「中明」的音，所以他叫我「法國人」（法語），但也滿有趣的我是台灣人他叫我法國人，後來我就覺得這樣不行，所以我就堅持他要叫我「中明」，外國朋友見面時，他們都要叫我的本名，這是最重要的事情。

張老師：我想給各位一個建議，你會講你自己的母語——中文，你會講客家話、台語，你已經會講三語了耶，所以是很

厲害的對不對，要把自己想得很厲害，然後再多一種語言，也不過是再加上去，再花一點時間學就好了，多一種語言多一種美麗，世界上那麼多個國家，英語是很重要的，可是還有其他不同的語言，現在全世界最重要的語言是中文，所以你們佔了很大的優勢。

廖俊誌：那你現在喜歡你的工作嗎？

張老師：喜歡，不然就不會繼續做下去了（笑）。

童郁云：那請問這份工作（做研究、教育）在您的生活上有沒有讓您發生什麼比較有趣的事？

張老師：當然有，每天都有，因為研究工作是探索新的東西然後創新，先有思考，然後去證明自己的想法對不對，然後最後做成應用，每天都在創新、用我的腦子，得到這些成果。但是研究有時候是枯燥的，所以就需要很多的藝術、人文來做調適。

童郁云：請問學習法文和英文有沒有什麼不同的方式？這兩種語言學習上的差異？

張老師：我覺得沒有什麼大的不同，都要有很高的興趣，然後多唱一些歌、多說、多聽，語言學的時候是聽、說、讀、寫，所以我們的教育，以前我學習的時候是倒過來，那是錯的，先「寫」考卷，然後是「聽」，「說」是最後，這樣是錯的，但我媽媽在我很小的時候讓我接觸聽跟說，你看你學母語的時候，跟家裡長輩講話，你有拿書本來看嗎？沒有呀，所以聽跟說是反射。你在聽音樂的時候，韻律會印在你的腦子裡，因為是一種外國語言，所以你還是要背熟，用「聽」跟「說」的互相查證，把

它越講越正確，一些口音的部分就可以越講越正確，越
講越漂亮。

輔導主任：教授想請問一下，從您開始工作到現在有沒有在遇到
怎麼樣的挫折，挫折到覺得想要放棄？又如何再重回
軌道重新出發？

張老師：有啊！挫折常常都有，其實實驗做不出來就是非常大的
挫折，然後申請計畫沒有過，忽然沒有經費了也是種挫
折，事實上那些挫折，這時候我就會用些正面的方式來
享受，反正這些挫折只是一時的，只要我身體健康，今
天真的有什麼大事，明天可能就慢慢找到東西來解決，
那如果不能解決，發生就發生啦，不能解決就不能解
決，我爲什麼要挫折，所以也不是每天都是笑口常開，
但一定有高潮與低潮，反正就是心裡要能夠調適，這是
最重要的。

輔導主任：所以教授您大概是幾歲的時候去到法國？

張老師：二十六歲，去了八年半，中間有回來當兵。獸醫要唸五
年，研究所又兩年，專業禽病獸醫師又一年，博士又五
年，當兵再兩年，所以念書的時間比學生年紀還大了，
念書念好多喔，所以要知道你念書要做什麼，不然的話
時間是很長的。

張老師：念書不一定是全部的出路，我今天來講的都不是針對
「一直念書」，你要知道自己想要什麼，其實你們這個年
紀很多時候搞不清楚自己要什麼，所以容易想東想西，
真正確定目標的時候還沒有到。

輔導主任：有沒有什麼想問教授的？可以很輕鬆地問教授。

張老師：其實法國的社會很有趣，他們鼓勵婦女就業與生育，所以全歐洲是法國婦女的就業率最高，平均每個家庭都生到超過 2.5 個，意思就是它社會福利非常好，它鼓勵就業又讓家庭無後顧之憂，所以這個國家厲害。生三個孩子在法國是公務人員的話，五十歲就退休。

輔導主任：所以什麼樣的契機讓你決定回到台灣來？

張老師：爸爸媽媽在台灣，因為離家已經十年，但我還是常常會去法國，因為另一伴是法國人，所以我說我是台灣跟法國兩邊的橋樑。

輔導主任：請問教授，健康的麵包是什麼味道？

張老師：是這樣子，麵包如果是一般人，台灣吃的麵包是零食，我們沒有把麵包當主食，所以麵包做的裡面有很多的油脂、核果、糖，因為是當點心，可是在法國，鄉村麵包是主食，主食不會加那麼多這樣的添加劑，因為你會吃的量比較大。

輔導主任：所以教授只加麵粉、水、酵母？

張老師：我說的健康是因為控制原料來源，有時候有的麵包店會加一些化學的原料讓它很香，也因為台灣人比較喜歡吃軟的，可是鄉村麵包外面是脆的，裡面是有嚼勁的，所以台灣人比較不愛吃這個，我說的健康是因為能夠控制原料，它也不用加太多奇怪的東西。

廖俊誌：謝謝教授接受我們的訪問。

學生們：謝謝教授。

張老師：謝謝你們的訪問。

校長：我也是很積極地想要打開你們不同的視野，我剛跟著你們

一起聽演講，事前準備了教授很多的資料，也讀了很多他們的相關報導、資料，包括校長帶領你們做這樣的一個學習。

校長：我要回饋給張教授的是：他有一顆很棒的赤子之心，其實影響他最深的是他的奶奶，那時他的閩南話講得很好，其實那就是一個很棒的語言能力，在小時候就展現了這樣的部分。後面部分更聽到的是，不要看到別人的成功好像都是很容易，剛才他提到三年的時間才有辦法與同事之間用法語溝通的那個部分。他用了一個非常實際非常好的方法，譬如說，他買了聾人機，還有一個很關鍵的部分，他把字典都翻爛了，你知道一個人成功是這樣的，不是你想像中的，我只要背兩句法語，好像很炫的，我會說法語，那不是的，而是你能夠真正想要追求知識後面本質，你要問自己，真的就是自己，你自己想要創造一個什麼樣的你，當你願意創造那個你的時候，你要堅定你的信念，我們常說人生有夢最美，踏實築夢就可以美夢成真，但是校長也要送你們兩句話，不要做夢想的奴隸，要做機會的主人，包括今天張教授來到我們學校，他其實開發了這樣的點給你們，你們有沒有辦法把它換做是你的，那就是機會的主人，你要每一次的機會你都要用心的這樣去抓取，當你能夠展現你自己的時候就有機會成功。所以我們常常說夢想，不是說不要有夢想，是有夢想但它背後不是只是嘴巴上講一講，能不能跟張教授一樣，如果真的想把法語學好，那個字典都翻爛了，你才可能贏過別人，理解嗎？所以再次謝謝張教授，帶來今天非常精彩的一個演講。

◎學生心得

★吳婕汝

張中明教授的工作需要很多的勇氣，在當獸醫期間，因爲家中的狗有病痛，他忍痛爲牠爲了最符合的處置。另外，他選擇了到法國留學，苦學了法語，讓自己在法國能與人溝通自如。他也專注於雞隻的研究，成了名符其實的雞隻專家。我要向張中明教授學習，學習他敢於做夢且勇於實現的精神，教授也問了我未來的志向，我告訴教授我想當個警察，所以從現在起，我也要朝著我的夢想前進，我會考上警校，成爲一位好警察的！

★廖俊誌

張中明教授的演講非常精彩，訪問教授的當下，我相當的興奮，但也非常的緊張，但在實際進行之後，發現過程十分有趣，教授也鼓勵我要朝著自己的興趣發展，做一個好廚師，分享美味的食物給大家。另外教授因爲喜歡動物，所以當了獸醫師，他告訴我們「只要敢夢，就有可能實現」，我很欽佩教授的勇氣，他很勇敢的踏出到法國圓夢的第一步，而且一待就是近十年，這種實踐夢想的勇氣，是最值得學習的，未來，我會學習，一步步朝夢想走去。

★童郁云

在採訪過程中，我們了解中明老師想傳達給我們的訊息——只要努力，夢想就可以成眞。人，只要確立志向後就要開始努

力，任何事都不是輕輕鬆鬆的就能成功，成功者的背後都是辛勤的累積的成果，今天訪問完中明老師後，我會更努力的思考自己未來的方向，也會學習老師不怕艱難走向夢想的精神，期許自己有一天也能如同中明老師般的貢獻所學給社會。

人為什麼願意為生命奮鬥？實踐生命的禮讚

名師講堂

與大師相遇

地點：精華國中　視聽教室、校長室

時間：106 年 9 月 15 日　13:00-15:50

對象：全校師生

演講記錄：黃瑨芳老師、余欣樺實習老師

訪問稿整理：同上

◎導言

　　十年前，他因爲「一秒」的衝動，身分歸零，生命舞臺歸零。這一秒很短，短到發生時，連自己都難以理解爲什麼會發生；這一秒很長，長到必須用一輩子來償還，長到要從極度的愧疚中，重組生命的碎片，重新找回生命裂縫的價值。我們無法決定什麼事情會在人生的下一秒鐘發生，但我們可以決定在發生這些事情的當下，要用什麼態度來面對，要做出麼樣的反應來處理，而這個決定，影響著我們下一秒的生命品質。跟著劉北元老師的「生命練習題」，了解和思索自己是怎樣的人，省思在自己生命艱難挫折的時刻，如何選擇和決定關鍵的「一秒」，因爲這些事也可能發生在你我的身上。

節選自劉北元《下一秒人生》

劉老師很風趣，演講一開始，便告訴大家，他一來到精華國中就遇到老朋友，師生們正百思不得其解之際，老師道破了「老朋友」，原來是精華孩子栽種的「洛神花」。過去，老師在台東武陵外役監時，曾種植了二年的洛神花，說來，這也算奇特的初相遇啊！

人生失誤前，一切是平順的，他分享著年輕時所謂的「成功」。 老師提及，為何總是「成功」？一路走來，有太多機運，加上字典裡沒有「難」這個字，所以一路平步青雲，台中一中後，進入東吳法律系就讀，畢業當年，應屆考上一年只錄 100 個人的律師考試，也因為攻讀「保險法」，執業後接的都是大案子，很快的便名利雙收，沒遇過挫折的他，認定一切都該在自己的控制下生成，因為這錯誤的想法，鑄下了難以挽回的錯，老師坦言，他的入獄，是菁英教育邏輯下的失敗典型。因此，期勉學子，追求成功前應先學習如何面對挫折。

現在的學生，挫折來自於三方面：學習、人際、家庭。挫折是無所不在，而且無可避免的，目前老師在台北深坑國中帶高關懷班，這些孩子已經是法院常客，但他們真的特別壞嗎？事實不然，他們只是生活中遇到了挫折，而這些可能都只是小挫折，但因為孩子不知如何面對眼下的這些挫折，長久累積之下，便開始混幫派或吸毒等來獲取認同感、成就感。因此，老師勉勵精華的孩子，生命中的挫折是人生的一部分，也只是目前人生階段的功課，這些挫折並不會影響生命中的選擇，學習面對挫折時的「態度」才是重要的，因為這才是影響未來人生的重要關鍵。

隨後，老師也分享了很多他在過失後的人生故事，一路走來，所幸有著家人與友人的饒恕與寬容，「愛與寬容」是可以徹頭

徹尾改變一個人的，它讓人能夠勇敢的面對自己的錯誤。饒恕，是何等困難，但它卻是一個犯了錯的人最需要的，因著這份饒恕的力量，老師現在是更生團契的志工，把生命奉獻給監獄與校園中的輔導工作。

　　現在的老師，已經與社會重新連結，這是一場浴火重生的奮戰，人，爲何不會被擊垮，乃因已知生命的價值在何處，只要所爲之事存在著利他性便可抵抗生命中的挫折，而挫折真的可怕嗎？其實不然，只要能克服挫折、苦難，它將成爲力量，而最終，挫折也將成爲別人的祝福。

　　2017 年 2 月，劉老師受邀擔任司法改革國是會議委員，期間承受了很大的輿論壓力，但老師並沒有退卻，他的勇敢承接，也將成爲對台灣這塊土地的祝福。

◎學生訪談記錄

林靖耘：如果當初老師沒有選擇法律系還會選擇什麼科系？

劉老師：新聞系，其實我那時候聯考填志願，我只填兩個科系，一個法律系一個新聞系。

許淑涵：老師請問讓您持續下去的目標是什麼？

劉老師：其實剛剛回到一個問題就是說你必須要在生命中找到一個自己的意義與價值，找到了之後就可以持續下去，若生命中找不到那個自己覺得的生命意義與價值的時候其實你活著也只是活著而已，就好像你跟動物不會有太大的差別，動物也是活著，那人和動物最大的差別在於生

命，人會給生命意義與價值，讓他完全不一樣，所以現在讓我能夠繼續走下去的工作就是在監獄服務、幫助更生人的工作，這些輔導的工作讓我可以持續走下去。其實當你選擇這個當作你生命價值的時候，你要做出個選擇，因為這些事情都是平日才能做，假日沒辦法做，不是說你去當慈濟志工假日我們去環保站做環保回收，你必須要在你的工作與社會服務性工作上做選擇，所以其實我回來的時候有一些政府機關、基金會、甚至於私人的公司給我很好的薪水，希望我去工作，因為過去我有保險的專業，可是我都拒絕，所以我現在的抬頭是在一家英商保險的公司，那我的職稱叫資深顧問，資深顧問是沒有底薪的工作，也就是他們有問題問我，他們才付我費用，那如果一個月沒有兩個月沒有三個月沒有問題，那我就一毛都沒有，我為什麼會選擇這樣的工作而放棄掉甚至於是十幾萬的月

薪，因為我覺得生命的意義與價值在於利他，這也是為什麼我能再活一次唯一的理由，當時法官讓我提早回來，他要給我的就是這樣的使命感，那你就必須要去做選擇，我那時候很掙扎，那時候人家告訴我一個月要給我十五萬叫我去上班我說 NO 的時侯，其實心會揪一下揪一下的，因為我要養家，我的孩子的大學我需要負擔，心理面還是會掙扎的，但是我一想到法官告訴我的說當年他會判我更輕是因為希望我能為這個社會做些什麼，其實我沒有勇氣去接受十幾萬的薪水，我覺得如果是這樣那個法官一定會講說那時候我就把劉北元關到死就好，這是法官給我的一個使命感，其實饒恕相對地給了你一個使命感，被饒恕的人無形中給了一個使命感在心上，這個使命感會讓你覺得說你該怎麼做，那就要去做選擇，找出一條能夠實踐生命價值和意義的一條路，然後在工作上做些調整。我在臉書上有好多好多的朋友，看到我在做這些事都給我鼓勵，來問我說我也要去，你做的這件事情我很想去，你可不可以有空的時候帶我去，我說好啊！但是一談到時間，大家都說那我可能沒辦法，因為要工作，所以這個倒是滿特別的，當你在找尋生命的意義與價值的時候，我覺得這是一個很大的拉扯，我們歸結到最後一個結論，你想成為什麼樣的人？你認為你未來想成為什麼樣的人，就必須去做選擇，其實選擇就是種放棄，你挑了一個那其它百分之九十九便放棄，這叫選擇。所以你要成為什麼樣的人？我一直在問我這樣的問題，從我出獄以來我一直在問我你

想成爲什麼樣的人，然後我就一直朝著我想成爲的人的方向不斷的去做選擇，然後就變成是這個樣子，所以老師來約我演講，我都 OK 呀，因爲我沒有工作的束縛，對我來講我來這邊同樣的也是在兌現法官當時給我的一個使命，讓我去做更多的事情。

黃子倢：在念法律系時中間有什麼過程是你覺得最艱難的？

劉老師：其實準備考試最艱難，因爲率取率很低，然後要念的書很多，所以其實準備考試是艱難的，而且很孤獨的，全部的精力都灌注在上面，所以其實我大學的時候我失去了很多，我也沒有參加社團活動，也很少參加同學辦的學校郊遊、班上活動，幾乎所有時間都在念書，所以我認爲那是我大學最艱難的——準備考試。其實你應該問我當律師之後最艱難的是什麼？當學生都是功課，可是眞正當律師後最艱難的就是掙扎，你會在正義和金錢之間不斷的被拉扯，我舉個很好笑的例子，當律師大概當了一兩年以後，有一次我在家裡面講電話，我媽就忍不住問我一個問題，她說爲什麼打電話給你得都是壞人？然後我就回我媽一句話，好人幹嘛打電話給我？其實這是一種拉扯，剛開始的時候你會有掙扎，你爲什麼要去幫他在法庭上做辯論，那後來你必須要養活自己、必須要生活，那開始去說服自己爲了生存，必須要去做這些工作，只是後來給自己畫了底線什麼樣的案件絕對不接，像性侵案件，在我的職業生涯當中，我都絕對不去碰性侵案件，我就給自己一個這樣的底線，那其他的我就開始安慰我自己說我也要過日子啊，當然有人希望我

幫他辯護的時候，我就會去幫他辯護，其實這段過程是很拉扯的。

林靖耘：老師在監獄裡出了一本書「孩子你還愛我嗎？寄不出的40封信」裡面說明在監獄裡想寫信給您的孩子，那如果你當初有選擇寄出去給孩子的話會有什麼不一樣嗎？

劉老師：應該分兩個階段，大概在我入獄前三年我是知道我孩子的地址，那我也都有寫信給他但他從來沒回過我，然後到了第四年他的母親帶著他搬過一次家，那一次搬家之後，他母親就不讓我再知道他們家的地址了，那我有透過朋友去幫我問說為什麼不給我知道這樣，我得到的答案是說因為母親說不想讓鄰居知道有和監獄的人往來，怕孩子在社區裡面會被貼標籤、會被歧視，所以母親為了保護孩子就不讓我不再繼續寫信給他，那孩子國小五年級的時候，剛開始有來看過我兩三次，那我後來還是一樣透過朋友去問為什麼孩子不來？得到的答案是說，孩子沒有辦法接受他的父親是一個殺人犯，所以孩子不願意來，他一直到九年級時他才一個人來看我，從國小五年級到九年級他才願意一個人來看我，其實更悲哀的是我認不出他來，因為我四年沒有看過他，他在我心中的印象都是他國小的樣子，然後忽然有一個九年級的孩子坐在我前面然後身高一百八，我一時之間真的會意不過來那個是我孩子，坐在那邊電話還沒有通的時候，我心裡在想說這年輕人怎麼坐錯位置了，待會還要換位置，到底誰來看我也不知道，然後我還要再換過來，可能就沒有時間講話，我還OS老半天，結果電話鈴聲響

可以通話時，我還沒來的及跟他講說年輕人你坐錯位置了，他就先叫我爸爸，我眼睛揉揉就仔細看了一下，真的是我孩子，那個輪廓只是臉長開了，我就一直掉眼淚，怎麼會自己的孩子都不認識，覺得悲哀這樣，不過我孩子到滿堅強的，他只問我一件事，你在裡面有沒有被打這樣。

輔導主任：所以老師您後來就是擔心孩子還是照樣不會回您的信，所以都沒有把信寄出去？

劉老師：後來是因為不知道地址，其實我還是有很多話想跟孩子講，我就寫在筆記本上，你說寄出去和沒有寄出去有什麼差別，我不敢講，也許當時寄出去的時候他會沒有感覺，那是我出來之後才出版的，其實我回來的時候我孩子還不太理我，line 他他也不回，然後打電話給他他也不接，一直到出版這本書《孩子你還愛我嗎？》，大概兩個禮拜以後，他忽然用 line 聯絡我，他說爸爸你可不可以寄給我五本簽名書，我趕快去辦，因為我很興奮。因為他如果要一本我不會那麼興奮，他要五本就表示說他要去跟朋友分享，當他願意把他父親這種很不堪的過去去跟他的朋友分享的時候，也就是說他在心理面已經開始願意接納他的父親過去的這麼一段，因為我是看在他願意接納的這個點，讓我覺得非常的感動，他願意重新去看待他的父親，願意和他的朋友分享他父親的故事、對他的愛這樣，我覺得這個對我來講非常重要。

輔導主任：老師現在和孩子也是常常見面嗎？

劉老師：我孩子他現在已經到不需要我的時候了，他現在已經大

三了，我會不定期的找他，但是他不見得會回應我，但是我會一直的讓他知道我一直都在，他有需要我的時候我都會出現，他現在期中考、期末考的時候會需要我，因爲他念法律系，那期中考期末考有些考古題要解答，還是有報告要寫寫不出來，那他就會想到我，開始把他所有考古題 line 給我讓我幫他解，我覺得這就是我們父子互動的一個機會。

許淑涵：你人生中最想感謝的人是誰？

劉老師：除了我的家人，一個就是更生團契的黃明鎮牧師，他給我帶來了一個饒恕的盼望，然後第二個就是寄錢寄了八年的朋友，因爲他一直告訴我你不用擔心，你的生活包括你未來出獄後的生活，他說我都會照顧你，只要你給我好好地用力呼吸，給我撐住，不准我再亂來這樣，這是很難得的友誼，連我哥哥都說北元，這一輩子交了這個朋友夠了，他說他對你的照顧，連我這有血緣關係的哥哥都自嘆不如。

校長：天將降大任於斯人也，必先苦其心志，勞其筋骨，餓其體膚，空乏其身，行拂亂其所爲，所以動心忍性，增益其所不能。我覺得您也是另類的一個，因爲只有切膚的一個傷痛，他才能夠領略所謂的寬恕，然後也同時會看到更多的更生人或是不管他在犯錯的時候，他把持不住那一秒，那一秒讓他付出更多的代價，才可能從那裡覺醒，所以很謝謝您，就是剛剛我們說到這就是生命的際遇裡面我們所看到的一個部分，那還是非常讚嘆，我在您的書當中，我其實還有一個覺得可以作爲我們學生另外一個思索的部分，

我們常常會認為我們好像是人生的旁觀者，那您提醒大家，別人的智慧對我們而言不過是另一種知識，生活無論是用什麼方式去獲得別人的智慧，都必須透過自己的親身實踐，去體會去印證其中的道理，才有機會將其內化成自己的領悟，才可能去建立自己的人生價值觀，我覺得這是一氣呵成的，這整個過程來講的話，劉律師剛才說的那些話，有時那些話聽起來非常簡單，但那是經過很多的覺醒和生命的淬鍊，才能夠得到這樣子的一個部分。

劉老師：其實是個人的生命經驗，不過校長我覺得您講到一個重點就是，只有生命才能感動生命，您如果是站在一個旁觀者的立場用言語去勸告別人，其實那是改變不了一個人的，必須要透過自己的生命去感動另一個人的生命，就好像在監獄裡面有很多其實可能在社會大眾來講都是無惡不作的人或者是十惡不赦的人，那我們要怎麼去改變他，絕對不是去把聖經背給他聽，或者說去告訴他法律的規定是什麼，這些對他們來說都沒有意義的，我們唯一能夠改變他們的機會就在於用自己的生命去感動他們，因為他在我們的生命上看到希望，這個生命的希望會投射到他自己的生命過程當中，那我覺得就有辦法用生命去感動他的生命，那他覺得說他也可以去改變、願意去改變。我們的輔導工作，都是用生命去感動生命，就好像我在深坑國中的高關懷班，我帶那些高關懷的孩子，我們也不是用說教去跟他們溝通，我們用我們的生命去感動，在台中我有輔導一個孩子，是吸毒的學生，我們都是更生人，然後我說我們約定好我們都不要再回

到監獄，他就會跟我有互動，他好不容易撐到了畢業，
那時候他八年級我去學校演講，他私底下來找我，我跟
他講說如果你可以撐到九年級沒有再進監獄順利拿到畢
業證書，我會去參加你的畢業典禮，結果他真的今年六
月的時候，他告訴我他可以畢業拿到畢業證書，我真的
去了他們學校一趟就參加他的畢業典禮，他哭得唏哩嘩
啦的，我覺得說這就是生命在感動生命，他會知道說這
個世界並不是他想像中的那麼……好像大家都看不起他
或者是說他是一個壞孩子，沒有人會去關心他。其實還
是一樣，就是用生命去感動他、陪伴他，他會有些回應
給你，然後他還介紹了一些他的學弟，也是在跑法院
的，然後介紹給我認識，叫我繼續關心他的學弟，讓他
們能夠拿到畢業證書，我就會覺得很開心，我會覺得他
就是有收到我們的訊息，然後他還會介紹一些跟他一樣
比較不好行為的，讓我去認識他們，就會很感動這樣。

輔導主任：所以老師您現在志工服務的對象是監獄也有國中也
　　　　　有？

劉老師：對，只要他們有碰到困難的我都很樂意，譬如說像彰化
　　　　地檢有一位檢察官，我倒覺得這是很好的一個生命故
　　　　事，他在辦理應召站案件的時候，他竟然利用職權，要
　　　　求裡面的未成年少女和他發生性關係，然後這件事情爆
　　　　發出來之後，他被撤職然後收押判刑，他的家人父母親
　　　　以前都是以他為榮現在怎麼會是這樣子，然後他的太太
　　　　沒辦法接受他的先生是這麼惡劣的人，竟然會做出這樣
　　　　的事情來，完全不讓他回家不讓他接觸他的孩子，他是

很痛苦的那個檢察官，他的妹妹就跟我聯絡，就說都是司法界的然後犯過法，因為我是重新再來過的，她說我能不能跟他哥哥見個面給他哥哥什麼樣的幫助，讓他能夠願意重新再來一次去悔改，給他一些力量，所以我也說好，我就跟他碰面然後給他一些我在監獄裡面的一些生活、狀況，怎麼樣在監獄裡面重新找到自信，怎麼樣可以重新再來過被社會接納、被家人接納，告訴他可以怎麼做，講一些經驗給他這樣，他也利用還沒入獄的時間慢慢的去調整他的生活作息、信仰上的改變，在還沒入獄之前他的太太就原諒他，讓他重新進家門，他太太告訴我說她願意給她先生一個機會，也給孩子一個機會，再一次有他這個爸爸，他希望這個爸爸不要再讓全家人失望，像這樣的例子，他不過就是從臉書來和我聯絡這樣，那我就去投入他這個個案的輔導，去協助他們的家人，怎麼樣的去走出這樣的一個困境，我的家人也曾因為我犯罪陷入黑暗的地獄，然後不名譽、家庭破碎，所以我知道那樣的痛苦，那我可以幫助他們怎麼樣去面對這樣的痛苦，讓他們重新找回家人彼此間的關心。我現在也會花很多時間去投入它，但是我做的很快樂。

黃子健：請問你當更生志工時有沒有遇到和你同樣情況的個案，那你如何開導他？

劉老師：我講另外一個例子給你聽，我覺得它會跟我比較接近，這是一個同性戀的情殺案，兩個都是女生，他父母親都是法官，因為他的女兒是同性戀然後沒辦法祝福，孩子

們就絕望，有一天他的女兒帶著男朋友到汽車旅館時，趁她男朋友熟睡時，就拿起刀子，一刀刺穿他的心臟，然後他也自己刺了心臟，結果後來他的男朋友死了，但是他沒死，所以他被判刑判了十幾年這樣子，大概半年前出獄了，出獄之後現在在工廠工作，他一直站不起來，他很害怕別人知道他的過去，然後他在監獄裡認識了一個同性戀的伴侶，那個伴侶也出獄了，所以他們倆個又開始在交往，然後他的家人不敢反對了，很害怕歷史重演，所以也是透過臉書來和我連絡，其實當時只是很簡單的那個媽媽只是來跟我講說劉先生你的下一秒人生我有買，你什麼時候會到哪裡，我想拿給你簽名給我女兒兩句鼓勵的話，他其實這樣一講我就有敏感度了，因為一般來找我的都是更生人或是更生人的家屬，我就問他你女兒發生什麼事了嗎？我總要知道發生什麼事，我才知道那兩句話怎麼寫，然後他就把他女兒的新聞連結給我，我看了我跟他說媽媽這個可能兩句話沒辦法，有空嗎？我看看你們好不好，我們碰個面來聊一聊，然後把你女兒帶來，我們碰個面聊一下，也許我們能夠給他什麼樣的幫助。那後來我們在外面碰了面，我才知道原來在監獄當志工的時候這個女孩子就見過我，就聽過我在監獄裡的演講，那也看過我的書，我跟他分享很多生命上的經驗，除了情感，他所面對的生活，更生人的一些被標籤化、社會的排斥，然後怎麼樣去告訴他怎麼樣在上會上保護自己，然後他生命的重點除了情感還有些別的，他的親情、友情，那還有他虧欠這個社會、國

家的有沒有想過怎麼樣去彌補，我說犯錯，監禁只是最基本的懲罰，而不是說今天國家的刑期你服完了，這件事情就打算雲淡風輕，我說你不該這樣想，你還有很多事情該做的，我說情感只是一部分而已，你把生命平衡起來，我覺得你就會知道說你的生命不會只把焦點放在那段感情上，再走回頭路，監獄裡有兩種人，一種是哪裡跌倒哪裡站起來，一種是哪裡跌倒就在那裡再一次跌倒，我說監獄裡面有兩種人真的是這樣，我說你要做哪一種人，然後他也加我臉友，在臉書上持續的做關懷。像這樣的個案，我必須要用同理心去看待，因為我們都是因為情殺案，所以我們必須了解到說，會發生情殺案的人都是在情感上有不當的扭曲，所以會產生一些愛別人超過愛自己的行為，所以你會用毀掉自己的方法去愛別人，然後也去毀掉別人，我就和他分享，你只能用愛自己的方法去愛別人，你怎麼愛自己就怎麼去愛別人，而不能用超過愛自己的方法去愛別人，這個是情感上的過來人，知道自己的錯在哪裡，我會這樣子去分享跟他做溝通，希望他未來的路走得更好，這是我在比較類似的個案上會這樣子跟他做輔導。

校長：這是種寬恕，因為真的你如果懂得那樣的話，真的愛要及時，才有機會可以去修補這樣的關係，就如北元老師所說的，有一個很積極的作為是可以讓我們去做的，就是愛要及時，可以利用你還在人生還在世的時候，可以去修補的，有些東西是你等到他走了，你連修補的機會都沒有。我們中國式的像是背影，有時候不敢太把我們的情感赤裸

裸的表露，但是我覺得是可以用方法的，有時候不一定要直接說，你也可以寫些紙條告訴爸爸我是愛你的，有些時候那些東西其實是更久之後會發酵我們之間情感的鼓勵和支持，所以我要跟三位同學講，這是一個很棒的生命經驗，然後也是一個感動生命的部分，要珍惜這樣的一個機會，那愛要及時，有時候不管是對你的朋友、長輩能夠很直接的去表達我們的情感那是不容易的事，但是我們要去做。

林靖耘：如果人生可以重來老師你會想回到哪一段時光？

劉老師：如果是這樣的話我可能會改變我以前做律師的態度，因為其實律師這個行業有很強烈的公益色彩，但是我以前老是把律師的公益色彩忘光，只談到個人利益的問題，如果我還可以再來一次的話，我覺得我會重新把我律師的角色定位好，我覺得社會公益上的努力我會多做一點，我發現到我當時人生之所以會失控在於因為我沒有去注意到這個角色的公益色彩，因為你沒有去平衡，你的生命失衡，你完全導向自私自利的一個方向去走的時候，思想就會偏差，你的行為也會偏差了，對看人的角度也都會偏差掉，那如果當時我能夠在這樣的角度上工作，能夠重視利他不是只有利己的角度，我的生命會更加的圓滿，那其實生命求的是一個平衡，你必須要在身心靈各方面都找到平衡，自私自利只是在滿足我們身體的需求，你賺更多錢可能住更好的房子吃更好的東西，開更好的車，這些都是屬於身體方面的需求，可是身體的需求在一定程度的滿足後就差不多了，但是我們的心

理、心靈也需要被安頓，那你的生命才會平衡，你怎麼樣去安頓你的心跟你的心靈，就是你生命要有一個價值跟目標，去超越自己的肉體，要有個利他的目標，更有價值更有使命感，那你的生命就會平衡，就不容易爆衝，我現在才體會到，原來我那時候生命、我的工作上少了什麼，其實少了一個利他只有利己，其實我覺得任何工作都應該有利他利己的角色扮演，我覺得孩子們在未來道路上，不管什麼工作一定要注意到有利己的部分也會有利他的部分，那你怎麼樣把利己與利他的部分融合在工作上，那你的生活一定很圓滿，不會偏掉。

黃子健：最想和黃明鎮牧師說的話？

劉老師：我會接下你的棒子，繼續往前走，然後再把棒子交給下一棒。

校長：謝謝一個很棒的愛的延續，謝謝北元老師今天的分享，其實每一個人都是個很棒的生命，所以有時候對你的生命起了漣漪，起了波動，但是我想這都是一個很美好的經驗，然後也祝福大家，在你的生命當中一個很重要的平衡一個很重要的圓滿，那這個部分來講其實我們都做得到，時時去反省我們自己，讓我們自己去做思考，我們就有機會在那個圓滿當中非常的滿意。

◎學生心得

★許淑涵

　　劉北元律師，犯下殺人罪，目前假釋中，106 年 9 月 15 日來到我們學校演講。演講中，他提及在被判決刑期後，押解途中，他從三樓高的樓梯上跳了下來想要結束自己的生命，但所幸在墜落地面前，有一位警員跟著他跳了下來，也因此保護了他，讓他絲毫未傷。服刑期間，有一個朋友一直給他經濟援助，直到了第六年，管理監獄的人員以爲朋友不會再匯錢給劉北元，但事實是，朋友一直匯了八年款，眞是有情有義啊！

　　劉北元律師有一個小孩，在他坐牢期間，孩子的媽媽帶著小孩搬離原本他們一家三口住的地方，爲了不讓小孩受到影響，劉北元律師的小孩到了國中三年級時才去探監，劉北元看到了自己的小孩，卻認不出他是誰，他原本想要跟他的小孩說：「年輕人，你找錯人了」，但小孩卻開口叫了一聲「爸」，這時劉北元律師才眞正地看了一下在他面前的小孩，終於認出是自己的兒子，這樣的事聽來著實心酸啊！

　　劉北元律師假釋之後，一直在做輔導工作，他去關懷那些犯了錯的人們。在採訪中我問了律師一個問題：您覺得讓您持續下去的目標是什麼？劉律師回我：找到自己生命中的意義和價值，才能爲這個社會奉獻更多，還有自己想要成爲什麼樣的人。我覺得能從這樣的挫折中走出，很不容易，面對社會上的壓力以及周遭的人、事、物都會感到很孤單呢！假如我自己遇到了這種事，我可能會一直沉浸在挫折當中，很悲傷的過完人生吧！我很佩服

劉北元律師，我會好好學習他如何在挫折當中走出來的那個勇氣，也謝謝劉律師來我們學校演講，讓我學到了一門重要的課程。

★黃子健

　　生於台灣雲林的律師劉北元，國立台北大學博士班研究生，擅長《保險法》。在人生最高峰的時候，背叛了家庭，罹患憂鬱症，96 年殺了自己的女友，被判了 12 年有期徒刑，黃明鎮牧師來到監獄告訴他悔改重生的福音，他也思考如何改變自己，真正悔改重生。103 年假釋出獄後成為了更生志工，把愛和希望帶給收容人，出版了三本書《孩子，你還會愛我嗎？》、《我不再當浮士德~一個律師的悔悟與重生》、《下一秒人生》。

　　我覺得劉北元老師雖然犯了很嚴重的錯，但他在接受了黃明鎮牧師的幫助後，悔改重生，出獄後還幫助許多人，輔導他們，讓他們感受到人生已跌落谷底的人都可以重新來過，為何自己不行？他鼓勵著犯錯的人重新開始，這種讓大家從黑暗中重生的精神很令人敬佩。「不管遇到多少挫折，只要活著都還有希望。」這句話我會銘記心中，因為提醒我不可以自我放棄，只要堅持下去，我們都有可能跟劉北元老師一樣重生，成為一個更有意義的人，為社會貢獻！

★林靖耘

　　採訪劉北元老師後，感覺他並不是十年前犯過錯誤的那個人，他告訴我們很多他處理過的案件，或是他在牢裡所發生的事等等……老師因為一時的情緒幾乎毀了他的一生，曾試著結束自

己的生命，但老天並沒有成全他，或許是老天要他活著為自己犯下的錯做些彌補，曾經因挫折被打敗，如今老師和我們分享不要害怕挫折而是要勇敢的面對挫折，這句話說起來容易但要真的去克服所有挫折不容易，我們時常遇到挫折就是逃避它，很難正視挫折去解決它，所以聽完老師的演講，我知道如何去面對了。老師還說人的一生一定要「快樂」，不一定有錢有名才是快樂，沒錢沒名也可以過得很快樂，我覺得這句話說得很好，這種簡單的生活就是一種快樂，有錢未必能買到快樂。最後在採訪時還分享了一句很重要的話，就是「愛要即時說出口」，當你錯過了就無法挽回，我們常常忽視了這件事，但要有人帶領站出來說愛，那可能就是一件不容易的事，老師的演講和採訪給我們帶來許多的正能量，有勇氣的去面對困難。

愛與陪伴——我的
生命歷程分享

名師講堂

與大師相遇

地點：精華國中　視聽教室、校長室

時間：106 年 9 月 29 日　13:00-15:50

對象：全校師生

演講記錄：許哲瑋老師、余欣樺實習老師

訪問稿整理：同上

◎導言

　　從事教職在將滿三十年，尖石國中校長彭清宏。他充滿「新手」的衝勁，但行事風格卻處處顯出「老手」的謹慎與周全。在接任尖中校長之前，他已經當了二十幾年教務主任，內心對偏鄉原民孩子的教育情形，心裏有個底，但真的站在第一線，要做出什麼來，對他，又是全新的考驗。教育，能翻轉偏鄉孩子的一生，這是無庸置疑，也是熱血教師的舞台。彭清宏，一個平地來的新手校長，為了快速瞭解社區與孩子，他每週一天住在尖石國中宿舍，和全校五分之一的孩子，一起度過一個晚上。感恩在我人生路上，曾經幫助過我的所有貴人們，我將以一顆誠摯的初心，與所有人結善緣，期待能結出善良的果子-把每位孩子帶起來！《感謝過去的貴人，讓我一路走到這裡》張老師，一直是校長難忘的人，在小時候校長也曾經不愛留在學校，但遇到了有耐心有恆心的張老師，才漸漸讓他繼續留在學校裡，漸漸的走上了教學之路，也許，沒有當時的張老師，就沒有現在的校長。校長：「感謝過去的一切，才有現在的我。我希望讓孩子知道，我也是農村的孩子，也是努力來的！」

　　從事教職在將滿三十年，可以退休之際，彭清宏成為「新手校長」，而尖石國中，成為他的第一所任教學校，可能也是最後一所。偏鄉國中校長，三年一任得連任一次，「既然如此，做滿六年我就退休。」尖石國中校長彭清宏是這麼想的，他充滿「新手」的衝勁，但行事風格卻處處顯出「老手」的謹慎周

全。

　「感恩在我人生路上，曾經幫助過我的所有貴人們，我將以一顆誠摯的初心，與所有人結善緣，期待能結出善良的果子-把每位孩子帶起來！」張老師，一直是彭校長難忘的貴人，在彭校長小時候也曾經不愛留在學校，但遇到了有耐心有恆心的張老師，漸漸的才讓他喜歡上學校，漸漸的走上教學之路，也許，沒有當時的張老師，就沒有現在的校長。陪伴的力量有多大？就像積沙成塔，慢慢的產生作用，慢慢的在彼此心理產生作用，慢慢的成為生命中不可缺少的成分。

　現在，彭校長是至善基金會「陪你長大」計畫的陪伴者，每周一天的住校伴讀，更義無反顧的當起了數學家教。「最大的成就就是看同學變成熟」彭校長說，回想當初，他訪視社區時常聽到耳語，指出住宿孩子經常溜出學校。看到這些孩子，校長想起了小時後的自己以及張老師。「甚麼是好老師？就是能把學生的心留住！」所以，他決定每周一天在學校住宿，與全校五分之一的孩

子度過一晚。爲了提升孩子的學業成績，不因能力落差中斷學業，也利用放學後擔任孩子們的家教。

「人，是爲了一個更大的使命而活，」多關懷、多協助，在愛與陪伴的日子裡，彭校長提攜了無數個學子，在自己的生命中找到了價值！

◎學生訪談記錄

鄭茗月：請問校長爲什麼認爲在尖石住校可以幫助這些學生？然後更了解他們？

彭校長：如同我剛剛在最後階段有提到的，我們在學校裡面所做的，校長的角色就是老師的老師，要一直的「肯、德、基」。一直的肯定老師、肯定我們的行政同仁、肯定我們的同學，除了肯定之外還需要做一件事情——陪伴。這幾天我上三峽，去那裡研習說起來我是很不習慣，可是又覺得說那個研習滿好的，所以我禮拜二晚上還特地回家住，禮拜三一大早，去看看那些該來的同學有沒有來，還好他們都來了，讓我心情比較安心，看到他們都跟他們打招呼，隔天 928 教師節我沒有在學校，提早跟他們說教師節快樂！然後 928 那天就請老師們一人一杯咖啡。就是陪伴然後鼓勵，這也是住校的目的，有更多的了解，跟他們一起吃晚飯、夜自習的時候會陪伴看一下狀況，那我就更了解他們，看到我就鼓勵，加油呀！摟嘎！

詹雅涓：您說用放學後空
　　　　堂時間擔任數學
　　　　家教，教過的學
　　　　生有不耐煩或不
　　　　想上的嗎？

彭校長：有一個三年級的
　　　　學生來問我，住

校生本來有一個小孩教的狀況還不
錯，後來我自己有事情沒辦法幫他，
後來他生氣了，就不理我了。那後來
還有別人來問我，總之數學還是要討
論，在互動過程知道同學哪邊不會，
幫忙推一把，慢慢講一下就會知道或
講一些例子，數學除了演算之外，還
有一些它背後的原因，那我們會多講
一點，讓同學可以了解，那現在我們
除了我做之外，我們這學期也聘到一
位數學老師，他是東吳大學數學研究
所，那他台南人對偏鄉的教育非常重
視非常喜歡在偏鄉，他是台南一中的
資優生，可是他就很喜歡在偏鄉教，
他在台東、花蓮教過，透過張老爹認
識他，請他來我們學校考試，有他幫
忙我更安心一點，同學也是會問他問
題，晚上他住校，除了我住校，每個

老師、數學老師、張老爹也都住校陪伴住校生，有問題都可以隨時來問我們。

羅彥廷：經過了這麼多所學校，您覺得最印象深刻的是哪所學校？

彭校長：我從教書到現在，從花蓮的玉里高中第一站，然後調回來鳳岡國中第二站，鳳岡國中七年的組長然後考上主任後到關西的富光國中，三年之後又調回來新豐國中，六年後到忠孝國中，待了六年後到教育處去，之後又回來新豐國中，在新豐國中的時候考上校長，你說印象深刻當然是在新豐國中印象深刻，那時候 在那裡碰到的校長的鼓勵非常多，很多實務的經驗，校長的鼓勵與肯定就一股作氣考上校長。再來就是處理事情這方面，印象比較深刻是我還在第一所學校，富光國中的時候，處理一個安全事件，同學去點火，他要燒樹葉，他又澆了汽油上去，結果點下去之後就碰一聲，然後再看到他，他在那裡跑跑跑，跑去洗手台洗臉，我發現不對勁我趕快衝過去看，原來那同學的眉毛不見了，趕快打 119 叫救護車，臉已經二度灼燒了，臉皮都受傷了，就送到龍潭軍醫院去處理。這個小孩子本身是很不乖的，他常常騎摩托車不戴安全帽、上課愛來不來的那種小孩，但是因為這個事情之後，造成一個轉機，這過程他住院住了兩個月，我們幫他做了很多事情，幫他募款，他家裡頭經濟有點狀況，全校發動募款給他，募了兩三萬， 兩個月之後臉皮慢慢復原，眉毛也慢慢長出來，後來再回到學校之後變乖，後來畢業了，我印象非常深刻，我們老師們

不希望這種不幸的事情發生，發生之後我們要做一個比較妥善的處置，可能這個處置對小孩子有感動的話，他會改變的，人會改變再壞的同學他也會改變的，只要我們是真心對待他，真心幫助他，所以剛剛問你們說什麼是好老師，好老師是什麼？適當的時候伸出援手，適當的時候會去幫同學解惑，這就是好老師，還有更好就是剛剛同學所說又是聖人又是朋友，可以跟學生聊天，私下可以跟老師聊天，那個老師也是很棒的，就讓同學可以跟他親近，那我們老師慢慢熟悉同學，這樣都可以變一家人的感覺。就是那個事件在富光國中的時候，讓我印象最深刻。

哲瑋老師：想請問校長你之前在陪伴尖石的小孩子，你覺得這樣的陪伴對他們產生怎樣的影響力？

彭校長：他給我正向的反應，他知道校長要來，校長是真心對他們，真心關心他們，還有我看到同學我習慣都會和他們擊掌、跟他微笑握手。我行政做得再多，當老師當得再久，心中一定要有我們的初念、初心，我們的初衷不要忘了，當初就是因為愛小孩，愛教育這個工作，所以我們來擔任這個職務，其實當了校長也是一樣，要常常跟同學互動、跟老師互動，做及時救援的工作，及時協助的角色，那住校生他們現在狀況就愈來愈好，一方面我們有外部的資源進來，有至善基金會，晚上有三個志工來陪伴，幫忙陪伴，除了我們老師外，還有外面的志工進來，那禮拜二、禮拜三有些竹教大的大學生進來學校裡面做課輔，一對一的、一對二的、一對三的，小孩子

就很穩定，表現越來越好，那些比較皮的也會知道老師們是真心對他，都會收斂，我剛剛提到山上的小朋友他們有些生活條件也是很不好，但政府對他們各方面的補助也是滿多的，我們的重點是給他魚吃還不如教他釣魚所以我們跟同學講，自己將來要有一種面對問題、解決問題的能力，有畢業生回來他還是非常懷念在尖石國中的日子，表示我們的老師是真心的對同學，有困難還是會回來找老師，如同我剛剛講的例子，我在國中碰到的李老師，陪著我們一年半，離開後還是一直有保持聯絡、過年也去他家拜訪過，一直到最近都還有電話聯絡，老師可以陪伴我們一輩子，我也常常跟學生在 FB 上有互動，去關心他們，有些問題我能回答的我盡量回答，沒有辦法回答的我就會知道問題所在，我也會跟我們行政同仁講，請他們及時伸出救援的手，有需要導正的要導正、需要協助的要協助，剛剛講的要給他們釣魚的能力，這是我們現在很重視的部分，所以我們操作的課程，或者說另類課程，除了剛才講的基本學力的課程以外，何校長也了解這個，同學可以從社團裡培養很多能力，領導力、人際互動的能力、溝通力、表達的能力，社團是很好的場所，因為尖石國中原住民同學比較多，他們有體育班，我們也知道原住民小孩的能力才華在美術、音樂、體育，所以我們從這方面去切入，給他們一些引導，激發他們的潛能，他們也有很多機會可以獲獎，獲獎的人有榮譽感，去要求他的品德、態度、禮貌，最後再去要求他們讀書，他們也沒話講，成績也會

跟著慢慢上來，不然原住民的小朋友基本的國小學歷、基礎能力也是不太好的，但這幾年也都慢慢改善了一點，很多小孩子家長對尖石國中存著以前的印象，早期最糟糕是百分之三十到三十五會不讀尖石國中，到山下去念自強或是竹東國中，現在漸漸沒這麼多了，大概就百分之二十到百分之二十五還是會到山下去，有些因為工作關係全家搬走，第二是他要學射箭，但是我們學校沒有射箭，他就到附近的學校去，他要學跳高，我們學校沒有跳高，就到芎林國中去，射箭的部分到橫山國中、華山國中，這是我們目前知道的狀況，但我們學校就是盡量滿足國小端，滿足當地小孩子的需求，也培養小孩子的能力，讓家長都能夠信任我們，讓小孩子留在尖石國中。

哲瑋老師：我有在網路上有看到資料，校長您有參加至善基金會。

彭校長：對，他在我們學校幫忙很多，所以他們暑假的時候在台北辦的成果發表的記者會我們都會出席，像剛剛上兩個電台也是他們安排的。

哲瑋老師：那校長在帶原住民小朋友的時候，除了剛剛提到那些快樂的部分，在途中要讓小孩子慢慢步入軌道，是需要很大的時間與耐力等等，有沒有遇到什麼樣的挫折，讓您曾想要放手或是中斷呢？

彭校長：放手或中斷是不至於，挫折的話就是當你知道有些狀況發生的時候就要去處理，目前狀況是還好，像有些孩子他比較沒有目標，會在外面鬼混的，但這個部分我們有

做家訪，至善基金白天會有志工在這邊駐點，下午會陪伴老師做家庭訪問，導師也會打電話與家長聯絡，有時候家訪導師也會跟著一起去，那邊可能會有一些菸酒檳榔的誘惑，我們校內是絕對禁止這些東西的，出現的頻率都比較少，有比較好一點。

哲瑋老師：所以目前是要先導正他們的品德上的問題。

彭校長：對，他們家裡頭可能有酗酒的問題，但學校裡是不允許的，有時候可能需要一些觀念溝通，學務處在升旗的時候就需要跟全校學生說一說缺點，先肯定優點，再來講一講酗酒的缺點，像是酗酒將來可能會怎樣，重點是常常會得獎，從得獎的角度切入去要求他們，他們會比較願意。

鄭茗月：請問您是在幾歲的時候決定未來想往教學的方面走？

彭校長：比較明顯的時候應該是在國中的階段就有想過，碰到幾個優秀的老師，後來高中的時候又想說自己家裡那麼窮，這邊再講一個插曲，我國中畢業除了考上新竹高中之外，我新竹師專有考上，沒有去讀而已，所以後來重考還是考到師大數學系，所以大概跑不了當老師的命了。（笑）所以國中的時候就有想過，那高中的時候想說家裡比較窮去讀化學、化工系之類的，改善家裡的經濟，那時候有這樣想，可是後來還是考上師大，就是當老師，那至於說當老師之後要走行政也是碰到很多校長的鼓勵。至於我考上預官也是很奇蹟，我只有準備三天就考上了，有人準備三個禮拜我只有準備三天，加上我重考又把物理全部考完，在重考那年物理下了很大的功

夫，經過三年半，我還記得把它考完，結果就考上了，那過程有靠禱告、抓緊時間、讀對方向，那一年也是很lucky，他需要的砲科預官特別多，所以他一下分數降低，就是恩典。

詹雅涓：請問當完校長退休之後，有想要完成或做什麼事嗎？

彭校長：我想一輩子當教育志工，以後變成精華的志工，然後尖石的志工，對偏鄉教育比較有負擔一點，因為從玉里高中教，也去家訪或者跟小孩子互動之後，發現學校對偏鄉有多一點的助力，這次去研習碰到那邊的一位校長，然後他的鄰居就是 20 年前在尖石國中當過校長，很奇妙。將來玉里可能還會再去一去，然後尖石國中、精華國中當教育的志工，多關懷、能協助的地方多協助。

羅彥廷：在你人生中最大的成就是什麼？

彭校長：最大的成就是看到同學有成就，看到本來要走路歧途的同學，後來又轉向正向。

鄭茗月：如果當時沒有遇到那些老師的話，你覺得你現在……

彭校長：就不會有現在，當然那些都是我生命中的貴人，沒有碰到那些老師這樣一直鼓勵就不可能有現在的我，連後來考上預官，當完預官，從花蓮玉里調回來鳳岡國中當主任也是受到很多主任校長的鼓勵，把長官交付的事情認真的解決，其實我不知道我可不可以，別人說你可以就可以這樣，都是受肯定的，前面有提到畢馬龍效應，我們老師若看學生是頭牛他就是頭牛了，要是條龍他就真的變成龍了，看我們怎麼看同學。

詹雅涓：你最想對張老師說什麼？

彭校長：要跟他說謝謝他，謝謝老師把我的心，整個人留在學校，才慢慢地學習與進步，要謝謝老師，沒有老師用故事的啓發，國小就讀不完了，可能都去做工幹嘛的……

哲瑋老師：所以是國小老師的故事讓你對於學習產生興趣和動力？

彭校長：對對對。

羅彥廷：您覺得都市和鄉下學生的差別在哪裡？

彭校長：我當過忠孝國中的學務主任，也到現在的偏鄉地方來服務，兩邊比較就是當然先天的條件，都市的小孩會比較好一點，不管是物質經濟條件上面或者說他的基本的學力方面都會比鄉下稍微好一點，但也不盡然完全是，大多數是這樣，比如說忠孝國中高關懷的家庭佔百分之十三左右，但是我在尖石國中這邊這種需要照顧關懷的家庭佔八十五，剛好倒過來，一個 13%接近 15%，這邊是85%，你知道那個情況是完全不同的，基本上老師都需要鼓勵陪伴同學，有時候我們的人格特質會比較有憐憫心，我是不喜歡錦上添花，比較喜歡雪中送炭，所以剛講我的負擔會擺在偏鄉學校、弱勢學校，需要我們扶助的地方就要多一點扶助幫忙。

鄭茗月：剛剛在演講的時候校長問我們認為的好老師是怎麼樣，那您心目中的好老師，是怎麼樣的呢？

彭校長：就是你們大家分享的綜合起來，師者所以傳道授業解惑，又能夠傳遞知識成爲經師，又能夠成爲同學行爲的好模範，是人師又可以跟同學做做朋友，那是最理想的。有點威嚴但不會讓同學懼怕，一直的陪伴同學是同

學們救援的手及時的拉同學一把那是最棒的，可能老師的一個眼神、一句話、一個動作會影響同學一輩子，當同學受肯定的時候，他的能量是無限大的，當我們對同學有些誤會或者藐視他，可能因為我們的眼神、一句話，他可能就自甘墮落，所以老師非常重要。

詹雅涓：從國小會逃學到國中考上第一名是什麼讓你產生改變？

彭校長：就剛剛所說，碰到老師故事的啟發，讓我們願意留在學校，起碼不逃學了，當然逃學的結果就是被訓導主任打屁股，我們一群人一起被打屁股，那時候訓導主任老老的，老師也是老老師，我們知道他都追不到我們，所以我們就溜了，那後來留下來就是老師的引導之外，慢慢看同學讀得起來我想我也可以吧，慢慢對自己有點信心，但那個轉捩點很重要，是往好的地方轉捩。（笑）

羅彥廷：在你國小時是抱著什麼樣的心情在讀書的？

彭校長：那國小一年級就是不得已一定要上學就去了，碰到一個比較兇的老師不敢跑，但是聽不太懂老師在幹嘛，寫字我沒有學過幼稚園也不會，學習算比較落後的，就是現在講的資源班的小孩吧，然後後來就慢慢的想讀了，到國小三年級時老師的啟發，四年級老師也是滿好的，都會講故事給我們聽，因為要叫我們上去講話我們都不會講，所以變成老師講故事給我們聽，以前有說話課。

鄭茗月：您當過那麼多職務，那行政跟導師你比較喜歡哪個？

彭校長：假如說還有機會想再當當導師，再和同學互動一下是滿好的，那當然當校長的層面又更廣，我一直想自己能不能勝任這個角色，當然主任做過十六年加上在縣府那邊

又兩年的行政經驗，慢慢的累積一點信心，那信心的產生除了自己去努力之外當然還有長官的肯定，每次能夠把些小事情完成，就慢慢會對自己有點信心，加上我考試沒有馬上考上，考了九次，所以就慢慢來沒關係，我覺得家裡頭先顧好比較要緊。

詹雅涓：曾經幫過您的貴人都鼓勵你些什麼？

彭校長：老師的部分，說你很棒有進步類似這種鼓勵的話，到了當老師的時候，那些主任校長說相同肯定鼓勵的話，不同階段不同的人，他的一句話或者一個表情是肯定的是感謝的，那我們就有動力再繼續願意來做這個工作。

哲瑋老師：校長有沒有一句勉勵的話可以送給我們精華的小朋友，讓他們可以再更好，我們學校和尖石一樣都是偏鄉的學校，只是一個是山上的小朋友一個算是平地的小朋友。

彭校長：剛剛在演講的時候講到我們自己家的家訓，立志做個有用的人，再來就是機會是給準備好的人，第三個就是要不斷的投資自己增加自己的價值。

◎學生心得

★鄭茗月

　　關於這次採訪，我覺得彭清宏校長是一位很有趣的人。我一直以為這次採訪會很……直白一點就是很死板吧……個人覺得而已！

可是，開始採訪時，卻不會，校長偶爾會講一些很有趣的事，還會搭配動作。有一個問題是「當時您如果沒有遇到那些老師，您覺得您會有現在的成就嗎？」校長說：「不會，那些是我的貴人……」

對每個幫助你的人，都要保有感恩的心。老師是給予你知識、遇到困難，會伸出援手，如同朋友一樣，如果沒有老師賦予我們知識，想必沒有現在的我們；如果沒有那些貴人，就沒有現在的彭清宏校長。

最後校長告訴我們，立志做個有用的人、機會是給準備好的人、要不斷投資自己、增加自己的價值。我想向彭清宏校長學習，感謝幫助過我的老師，還有幫助其他人，凡事都要懷抱著一顆感恩的心。可以說出自己未來要走的路，就可以去做、去完成。

★詹雅涓

彭校長非常的熱情，校長國小時會逃學，而到國中考上第一名當上班長的一個轉變，是途中遇到了貴人，所以校長說過「感謝過去的我才有現在的我。」人生中會因為一個人的一句話而改變你影響你。

彭校長到偏鄉國中當校長，帶著一顆誠摯的初心與所有人結善緣，期待能結出善良的果子-把每位孩子帶起來！就像當初張老師對他的耐心和教導一樣。彭校長每週一天住在學校宿舍和全校1/5 的孩子度過一晚。為了提升孩子的學業成績。利用放學後空檔時間擔任數學家教。我就訪問了彭校長：「那您教過的學生有不耐煩或不想上的嗎？」校長的回答是「沒有。」所以能感受學生是

多麼的愛校長。又問了:「退休後有想要完成什麼或做什麼事嗎?」校長便答:「一輩子當教育志工對偏鄉學校幫助。」也可以看出校長帶著那分誠摯的心,想幫助每個孩子。他也想感謝張老師,把他的心留在學校。彭校長最大的成就是看見孩子們有成就。

聽完這場演講還有短短 45 分鐘的訪問讓我學習了很多,學習到校長的真誠、熱情還有對孩子們的愛!希望我也可以遇到貴人讓我有所改變!其實活在我生命中的每個人都是我的貴人。

★羅彥廷

很高興能採訪校長,其實校長滿懂學生的想法,畢竟校長也是從底層慢慢的往上爬。校長有說他有當過老師、主任等等,幾乎每一年都有去考校長,終於在新豐國中考上了校長,目前帶領著尖石國中,在教學過程中,校長希望不要只是拿魚給學生吃,而是要教他如何釣魚,不能一直依靠別人,自己也要努力的向前躍進。

前面說到校長想當老師往往都是由於遇到很好的老師,在國中時就想要當老師了,結果就考上了主任,又考到校長的這個職位,校長說過看到學生從壞的道路慢慢走向成功的路,是最開心的,因為遇到對的老師而決定一生。如果校長沒有遇到好的老師現在可能就不是現在這樣了,因為在學校時,校長覺得讀書沒有用所以就不喜歡讀書,因此做出了翹課等等之類的事,所以到後面遇到了對的人就變很成功。

校長心中永遠記得家訓:「立志做個有用的人」。所以,我也會把校長的家訓當成自己的座右銘,期許自己將來能像校長一

樣，做一個有用的人。

從科技廠長到咖啡店長——黃瑞志的「面對」哲學

名師講堂

與大師相遇

地點：精華國中　視聽教室、校長室
時間：106 年 10 月 13 日　13:00-15:50
對象：全校師生
演講記錄：黃瑃芳老師、余欣樺實習老師
訪問稿整理：同上

您喝咖啡，但您喝過一杯真正的好咖啡嗎？106 年 10 月 13 日，來自台北的野夫咖啡，讓精華飄散濃濃咖啡香，大伙兒嚐到了健康咖啡的美好，對咖啡因極度過敏的我，那一夜，真的一夜好眠。

「野人獻曝道美好，夫子藏臻好咖啡」，寫意的好名來自於這份謙遜，這裡的咖啡揉合了科學與藝術，這般的恰如其分、恰到好處，如同這場演講，餘韻值得細細品味。

黃瑞志店長原是科技人，為何會走入咖啡的領域？他提及，野夫咖啡是一種分享的概念，2012 年創辦林口店時即以「健康、原味、迷人、無負擔」為主軸，所有咖啡都來自於自家烘焙的咖啡豆，產出的美好就是一杯乾乾淨淨的咖啡，口感從熱到溫到冷都很甘醇、順口，野夫也生產耳掛式咖啡讓分享概念更落實，這些耳掛式咖啡從生豆保存、烘焙到製成耳掛包全在自家咖啡工廠完成，所有品質都受到最嚴謹的監控。

2012 年 9 月野夫咖啡館創辦，之後成立公司、設置工廠，這些年來，藉著參展推廣健康咖啡的理念，從 2014 台北咖啡節、國際咖啡展、2015 新竹熱氣球節、2106 台北晨曦音樂會、台中世貿伴手禮、台北世貿伴手禮、桃園購物節等，野夫團隊擔任著咖啡傳教士，不論是咖啡講座或教學，都是希冀用幸福的咖啡讓世界更美麗。

黃店長特別提醒大家，今日咖啡已成為國民飲料，但 12 歲以

前因腦部及骨骼發育未完全，故不宜飲用咖啡。來到了可以喝咖啡的年齡，有些人會喝咖啡來提神，而「咖啡是不是提醒飲料」這問題著實令人疑惑，互動過程中有同學表示喝了真的會睡不著，所以應是提神用，但黃店長的解答顛覆了大家對咖啡的印象，原來，咖啡並非提醒飲料，一杯健康的咖啡是不會有負擔的，若您喝的咖啡會讓你亢奮、心悸、胃不舒服，那它就不是一杯健康的咖啡，問題究竟出在哪裡？ 黃店長表示，答案只有一個：能力與技術的差異。理工背景讓野夫咖啡製程有了標準的SOP，而這也是黃店長給學子的傳承——大家都在做，而你如何做到極致？這份與眾不同，至今，野夫仍力行著。

另外，野夫咖啡也讓氮氣充分的發揮功能，憑藉專業知識，野夫利用在空氣中佔有 78%比例的氮氣，研究將其加入自家產品中，黃店長說，所有事情的最後結果都是克服萬難，一步步努力、改善出來的，而氮氣的研發及專利也是努力做到極致後的成果。食品中的氮氣能讓食品保鮮、防腐、不氧化，果真是一個偉大的研究，讓大家在健康的前提下享有美味，而這天，精華師生有福氣的品嘗了氮氣飲品，對大家而言，是個很不同的體驗。

而隨著對咖啡的需求，產生了咖啡革命，這場咖啡革命共有三波：

第一波咖啡革命：約 7、80 年前，當時物質缺乏，以即溶咖啡為主，此種咖啡咖啡因高，屬低海拔咖啡。

第二波咖啡革命：約 5、60 年前，咖啡中加牛奶，即拿鐵（義式咖啡）。

第三波咖啡革命：約 2、30 年前，以精品咖啡豆為首，中淺烘焙為主。

而黃店長希望未來的第四波咖啡革命以「健康的咖啡」為主論，也讓喝的人輕鬆自在，野夫也將持續在小小咖啡館中努力做出不一樣的咖啡。

　　近年來健康意識抬頭，在種類眾多的咖啡中，以黑咖啡對健康為佳，因咖啡中含有綠原酸，它是自然界中很強的抗氧化物，可以吸附自由基，將其代謝掉，使人變得年輕又健康。另外根據研究，喝咖啡族群血液循環較佳，會有好的心、肝。此外，咖啡亦可利尿、消腫、減肥及減少帕森金氏症的發生，所以喝咖啡的好處是非常多的。

　　黃店長告訴大家，野夫的目標是做出「一杯令人感動的咖啡」，而且一定做到，不使其淪為廣告口號，努力做，做到極致，做到真正令人感動。

　　最後，黃店長希望學子思考——同一份工作，為何僱主要聘用你？他鼓勵學子好好想清楚，未來，你的競爭優勢在哪裡？他說道自己也用過很多錯的人，因為人才真的難尋，希望學子要好

好培養自己，讓別人看見你，自己的能力才得以發揮。

　　這場演講沒有冷場，分享的除了咖啡知識外，黃瑞志店長的人生經驗與那顆保有熱忱的心更是精彩，對精華師生而言，這是個別開生面的學習，感謝大師無私的分享，找個時間，到野夫走一趟，找一份生活中的靜好。

◎學生訪談記錄

羅筱昀：怎麼後來會想從攝影師改當咖啡店長？

黃瑞志店長（以下簡稱黃）：我應該是民國 80 年成大畢業的，畢業一般來講是六月分的時候，但是我在三月份的時候，民國 80 年辦了第一次個人攝影展，自己認為在畢業前想做一個攝影展，在那展覽之後，我自己很勇敢地作了一個決定，就是我把體育被當掉，留下來念大五，去成立社團，那個社團的話是叫拍電影的社團，在 20 幾年前有這樣想法的人不多，而且要一個社團的成立要有錢，因為要有很多的設備、人、技術，但我在什麼都沒有的狀態下就是一個念頭，就勇敢地做下去，目前在成功大學有一個叫映象社，這個拍片社團，是我當初一個人把它成立起來的，如果說和一般同學一樣考個化工系的研究所或者說出來之後在王永慶的企業，那一樣是一個化工人員而已，但是我認為也許我在攝影影像方面我會成為一流人才，但是化工方面也許不需要我，但我勇敢地為自己做一個改變，就是延畢留下來讀大五，成立一個社團，然後剛才談的技術、設備、人力都沒有的狀況之下怎麼辦

呢？我們很努力的狀況之下，又一個在工業區的老闆娘，竟然跟我講一句話，如果有任何的花費，全部她要幫我出，我本來跟她也不太認識，然後爲了這樣一個承諾，我花了她 30 幾萬。所以人生中會有很多的貴人幫忙你，我們爲什麼現在一直在做分享的工作，就是一樣，因爲很多人幫忙我們，我們也努力的奉獻出來。那爲什麼學化工的第一份工作是攝影師的原因在這裡，因爲我剛有講的也許在攝影方面我會成爲一流人才，但也許在其他製造業不需要我，所以才有這樣的一個想法，這過程中是很勇敢的，這是自己決定的。

蔡侑辰：有沒有想再請新的員工去幫忙協助咖啡店？

黃：我以前曾經是一個工廠的管理者，當主管永遠是一個很大的考驗，爲什麼呢？因爲你找到好的員工他會幫忙你跟解決你很多的事情，但是如果你找到一個不對的員工，他會製造很多的麻煩甚至很多問題他都沒有幫你處理好，所以在管理者永遠講一句話叫，對的人上車，這是管理的一個經驗很重要，那現在你可以看到從五年前，我的咖啡從一人開始，那現在呢，有好幾家的咖啡館，然後我們也有工廠，那工廠來講的話你剛剛有看到穿黑色衣服的，那也是我們工廠的同仁，有時候我沒有出去服務、演講的時候，他們可以代表我出去，一個好的公司永遠想的是發展，想的是人才培養，人才培養永遠是最重要的，但是人才怎麼樣找到好的人才，像我們剛所談的我怎樣努力用心找到好人才，一個好的人才永遠會幫你做好好多事情，但是如果不是好人才，很多事情是沒有辦法做好的，而且會造成人家困擾的，那找人絕對是要找，甚至是要培養人才，有些人是已經有些能力的，但是觀

念跟態度如果不好的時候，也很難成為人才，所以說有時候我們會找一個完全沒有經驗的人，只要他肯用心、努力，然後這些能力是以後可以培養起來的，這樣的一個公司未來才能夠發展更多，然後有一些分店的展開才能有一些人負責，所以說人才對一家發展中的公司永遠是最重要的，而且是好的人才，這樣了解了吧！我希望你以後成為好的人才，讓人家願意來用你好不好。

黃榆茹：開這間咖啡廳最辛苦的地方在哪裡？

黃：好，我講一個大前提，現在台灣人，很多人喜歡開咖啡館，以為有一份工作就好了，那你們在你們的訪問資料過程中看到一個事情，我對很多想加盟的人員，我都跟他苦口婆心講，除非你想清楚了，不然不要開咖啡館。因為很多人認為說好像很容易賺錢，不是一般你想那麼簡單，這麼多家的一個咖啡館，那為什麼他會生存下去？那為什麼他開不到幾個月就立刻倒了下去？因為他是在賣什麼東西，賣好的產品？賣好的服務？還是賣什

麼東西，很多人因為他的經驗不成熟，然後很多沒考慮到，以為砸錢砸下去真的很多就換了一身的經驗教育，我們努力的在做和別人不一樣的咖啡，我的咖啡館為什麼從 2012 年到現在還能夠活著，因為我的咖啡烘豆都是我烘焙的，我烘焙的咖啡跟很多人不一樣，很多敏感體質者，喝別人家的咖啡會覺得睡不著覺或其他反應，特別去找我們，喝我們的咖啡真的安全，很羨慕，因為就是在這樣一個好的產品狀況之下，加上我們分享的概念和人家不一樣，我們很多咖啡就像今天一樣，在很多場合就是給大家試喝，喝到喜歡在買都沒關係。因為有好的產品加上我們一個服務的精神跟人家不一樣，所以說我們也不斷不斷的在擴展跟認同，因為很多的認同所以說才能夠越變越大。辛苦的過程來講的話，咖啡館面臨的第一個要素，就是所謂的怎樣能夠生存下去，那生存下去最簡單的就是營收到底好不好，如果你沒有具備比較好的條件、好的產品、好的服務，你絕對會碰到很大的一個問題點，沒有好的收入沒辦法經營下去，那如果一人咖啡館，就剛所講的，營收跟支出成本能不能夠達到平衡，如果變成像我們這樣來講，有好多員工，只要有員工就會有另外一個問題「人事」，每個人的一個角度看法不一樣，這是另外一個考驗，這是很多的一個挑戰，勞心勞力勞苦都會有，這也是一個修養。

羅筱昀：你前三年公司剛開始，為什麼沒有想過要放棄？

黃：我們到了這個時候，我們不是叫一人咖啡館，我們有太多的這個叫做社會責任，那員工跟著我們是不是希望我們給他一個未來，明明知道我們有很多的技術跟人家不一樣，那也許

我們在努力就有機會，有些的成長過程中，一開始就賺錢的公司難度很高，沒那麼厲害，一定是一個所謂的叫作市場的考驗加上經驗的累積，甚至有些客戶的支持，才能到達一個過程中損益平衡，這就是一個挑戰期，一個困難期，要撐過，如果撐不過，很多人撐不到，10家咖啡館有9家撐不下去，這是大環境的一個考驗，就像我剛才談的，如果我認為我還有社會責任，那我還在努力，然後有些客戶群的支持跟幫忙，那當然還要再努力再努力就有機會，那你可以看到在剛一開始影片，在很多的一些展覽，甚至很多醫院，我們都是不斷的去分享，像前不久台北辦世大運，然後選手村是在林口，我們一樣每天小小的一杯一杯的，一天不下一千杯，不斷不斷的給大家免費試喝，為什麼呢？因為希望國外的人能喝到不一樣的，就是善盡一份社會責任，提供好產品給大家認識一下，只要有機會，就是要努力。

蔡侑辰：工作到現在有沒有什麼特別的經驗？

黃瑞志：經驗一定會有的，經驗的累積會變成人生很重要的過程跟資產，那我為什麼會做這麼多事情，因為我每個事情很多都會自己去想辦法，自己去做，做完的話累積很多的經驗，然後到最後跟人家講這個我會那個我也會，看一看，觀察一下問題所在一下就能解決問題了，經驗是很重要的喔！不管是化工的知識、攝影的知識、管理的知識，不管是很多很多的知識都要會，這些知識累積起來的話就是有足夠能力去面對太多問題跟解決了，經驗的累積很重要，不要說那個跟我沒相關我不去做，那個給別人做就好，跟我沒關係，我最輕鬆了，如果一直沒

有去做這件事情，你就沒有深刻的了解跟經驗，下次別
人不在怎麼辦，你就都不會了，用心觀察想清楚，那就
會了。

黃榆茹：有沒有遇過很貼心的客人或是奧客？

黃：我們的客人都很支持我們，舉個例子，在我們林口店，後面
有那個儲值部，有些客人到我們那邊喝咖啡，那一次就是三
千五千，有些客人甚至好幾萬塊都有可能，那為什麼他願意
把錢儲值我們，除了他有時候買咖啡會分送給他的好朋友之
外，他就在支持我們，我們那個儲值 400 多份以上，很多很
多人儲值，那就是客人肯定。奧客我跟你講，那個基本上是
在於你店家跟人家對應的一個狀態，很多人認為說這個客人
怎麼提出無理要求什麼之類的，但這叫第一直覺反應的念
頭，那第二個念頭想想看，他為什麼會提出這樣的一個需
求，為什麼要做這樣的一個反應，我們有沒有機會跟他做溝
通，這些真的叫轉念之間心性修養，如果說你的經驗不夠
多，你只是用第一個直覺反應，你怎麼可以這樣子……你以
前對你的家人、同學很反對的事情，過了半年之後，你居然
做了跟他一樣的事情，很多事情我們一定會有看法，但是當
我們看法產生之後，不急著立刻去否定人家，不及著認為他
就是這樣子，而是有第二個思考能力，想想看他為什麼會這
樣子，我們有機會採取怎麼樣相對應的方式，所以我剛講的
轉念就是心性修養，我們每個人要不斷不斷地改變自己，不
是改變別人，現在太多人都是想改變別人的，但是有能力的
人是想辦法改變自己。跟你們講一件事情，咖啡是健康的，
咖啡館是輕鬆自在的，有些咖啡館他會有一個狀況，有些咖

啡館說我們這邊很安靜很適合大家過來看書，結果有客人去那邊稍微有個聲音，那咖啡館就去管你，結果就不愉快什麼的對不對，因為這咖啡館的業者他沒有想清楚，他自己的定位在哪裡，那像我們咖啡館我們就輕鬆自在，我們咖啡館很熱鬧，因為喝完咖啡大家都很愉快，有時候講話會好大聲，我跟很多客人是好朋友，有時候我講話比大家更大聲都有，要大聲就在一樓，如果你要輕鬆自在的就到二樓，我們有不同的環境給大家去做選擇，當我們想清楚這樣的一個定位之後，我們就有一個因應之道了，我們不可能滿足所有客人需求，但是當客人提出了他的一些看法，就像有些客人就是叫踢館，什麼叫踢館呢？因為他喝你的咖啡喝完之後他不滿意，然後放在心中終於把它講出來了，前提如果我們的咖啡都做到大家都滿意了，他就無話可說就沒有踢館的東西產生，所以我經常問我們咖啡店的同仁說，有沒有人過來踢館，他們都說沒有啊，因為大家都喝得很滿意，所以很多問題想清楚來龍去脈，就知道說原來是如此啊！那些很多的客人他提出了他的看法有時候不是壞事，有時候我們要想想看，有沒有什麼不能夠滿足他們的，也許我們有機會做修改那更好，永遠是看問題談自己怎麼改善，而不是在改善別人。

羅筱昀：我在網路上查到一句，「你要當星星、月亮、太陽，還是火花？想為人所用，照亮別人還是照亮自己？」我不懂這句的意思。

黃：什麼叫星星、月亮、太陽？亮度有沒有一樣？不一樣對不對，那我們有一包耳掛包，叫做黃金曼特寧，上面有幾句

話，「燃燒自己只爲風味留人間」，爲什麼叫燃燒自己只爲風味留人間，因爲星星閃閃，閃閃的，月亮有陰晴圓缺，太陽有很強很強的光，這個光芒的屬性不太一樣，有些人是滿喜歡說反正所有事情不到我身上是最好，我是隱士，都不要到我身上最好，天上掉下來都有人去幫我們擋太好了，但是如果所有人都是這樣來講的話，那天下誰來擋？我一直所講的，我們野夫咖啡的觀點就是一個良善的地方，我們一直在分享好的咖啡、健康的咖啡、輕鬆自在的一個地方，這是一個分享，那分享有叫善的力量、善的循環，雖然我們都很清楚以前的哲學過程中，到底人性本善還是人性本惡，你們思考過嗎？這是以前哲學家在好幾千年前一直在想的問題，到底人性本善還是人性本惡，這些問題到現在沒有答案，那不管如何有些人是好人有些人是壞人，沒有錯，但是我們希望因爲我們的一個善行善念，我們會變成一個善的循環，如果我們在分享在付出，只要有付出你的力量越大你的光芒就越大。那什麼叫火花，火花就是一下子不見了，所以說在另外一個名詞，如果拿了一把的沙子要丟向別人，是別人先髒還是自己的手先髒，如果我們拿了一束花要請人家聞，是自己先聞到香還是別人先聞到香，所以要了解這樣一個基本的說你看到我是惡的對人家，我自己先不好，那如果我們是以善的對人家，我們自己先好，對不對，所以說不管所謂的性善性惡，我們只要堅信一個事情，我們努力的把我們的本質，我們的特長把他發揮出來，因爲人的一生說長不長說短不短，但是生命的過程中一定要有他的價值存在，如果說火花就是一下子不見了，然後我們還能夠照亮別人一點點，給人

家一點點那我們就是星星，再很多很多那就是月亮，那如果到最後對大家是一個很好很好的影響力，那你就是太陽了，我們不曉得我們能夠成為怎樣的人，但是我們就是很努力的在做分享的工作，分享是好的事情。

蔡侑辰：從網路上查到的資料是你有四家咖啡店，一間咖啡工廠跟六家咖啡店，那你有想要增設新的咖啡店或場地嗎？

黃：我跟你講真的太多人在找我，前不久一個月前，有一個人因為這已經聯繫溝通一年多了，墾丁的民宿業者，他一直想在高雄開一個咖啡館，這個還不到一個月前他跟我講一個事情，那時候他已經帶設計師到我們林口喝咖啡了，他準備在高雄開一個野夫的旗艦店好不好，我說好啊，就去開呀，因為已經跟我們聊天觀察一年多了，他已經有充分準備了，所以帶設計師去看我們的東西，那這些所謂加盟的這些東西來講的話，他提出要求能不能去那邊做演講，我說沒問題，如果今天完全不認識野夫，基本上我會跟他講很多很多的事情，讓他對咖啡要認識，那他對服務的本質要認識，有機會在來做下一個所謂開店的經驗，如果已經認識很久的，那基本上我們就是給他支持，把我們有的能力來支持他，但是如果完全不了解的，我們就是要他想清楚、想清楚、想清楚，所以這條件成不成熟很重要，那剛所談的，要幾家還是要怎麼變化永遠存在太多的機會了，因為野夫咖啡從幾年前來講，我們是站在林口立足台灣放眼天下，因為大陸那邊來講我們也有我們的專利，未來的話已經有人在和我談了，但我認為不成熟，以後要到什麼地方去我覺得 OK，因為重點是我有沒有好的產品，如果我有好的產品，我們就被人家看

見，那被人家看見之後，什麼機緣之下，會有這樣行銷全世界的機會不清楚，也許很快也許很晚，前提是也要我能夠賺錢，從虧錢到賺錢，賺錢之後才又更多的主控權，更多的一個機會，因為我的責任就是讓人家喝到不一樣的咖啡。

黃榆茹：你當時身邊有誰支持你開咖啡廳？

黃：人生有很多事情是自己做決定的，我開咖啡管到現在我的太太一直很不諒解，因為如果我不是開咖啡館，我以前工廠主管得狀態我的薪水不少，可以過很穩定的生活，但是自己的一個決定就是要欣然的面對與接受，也許 N 年之後，有的人就是因為我們的存在重新認識咖啡，很多人肯定也許我們就壯大了，這個都是一個挑戰，那支持很重要但是堅持也很重要，因為有堅持才有支持。

羅筱昀：你有想把你的咖啡技術那些傳到國外嗎？

黃：當老師的永遠知道一個事情，得天下英才而教之是一個快樂的事情，但是如果說這個人很難教或者說時機還不構成熟，根本上就不會去做這件事情，武俠小說總是在機緣之下得到武傳絕學，但是有些來講這些武功絕學絕對是很多很多前人努力得到的結果，然後呢，剛剛所談到的前提有沒有因緣、有沒有人才，這是重點，那有些技術我們是在一個國家或者一個公司一樣，有些的技術技能有些叫機密，絕機密然後一個不同的等級，那在烘焙的過程中，目前來講的話我很想教人，但是沒有人可以讓我教，人才還沒有到，那也許在外來幾年會有人會被我教，然後會學到我一身的本領跟功夫，我們不設限但是要等到好的機緣，這樣了解吧，因為講到一個行業，會想到未來的一個生存，未來面臨的競爭對手之類

的，所以說問題是很複雜的，不是想的那麼簡單，不是說你想教就教，有的東西我們認為是分享的，就像在我們的一個咖啡館，手沖咖啡我都會教呀，我們每個月會教一次，很多人會去聽我講課，但是像一些煮的技術、烘豆技術，我不能教， 因為那是我們公司的機密，但是公司不會一直都是靠我，以後我還需要找一個人，但那個人還沒出現之前，我來做，這是很絕對機密的，當然現在沒有人只是在我這邊，這是我過去很多經驗的累積，那這些東西我剛講的稱為叫絕學。

蔡侑辰：請咖啡店的員工有請到不好的員工嗎？

黃：基本上我們都相信人性本善對不對，你好好待人家，人家會好好的回饋，不好的員工就是你既然跟他有緣找他過來幫忙，那你有沒有機會去引導他，因為好和不好的定義過程中，層次差很多，他不好的是指哪個地方不好，是能力不好，還是觀念不好，還是可教還是不能教，如果只是一開始的不了解，就稱他不好，不是的！他如果可教，我們給他引導跟他教導教育，也許學到最後變得很好，所以不好的員工要談是能力不好，還是觀念不好，還是態度不好，能力不好可以教，觀念不足可以給他引導，態度才是問題所在，態度是人的本性，這樣了解吧，態度不好，如果說還在可接受範圍，就這樣子而已，那如果說態度不好到最後會一個影響破壞，那就該換就要換，因為公司要有一個責任，就是這樣子的，好的人才是最重要的，已經到了一個很難用的就是該換就換，這是管理過程中必須要面對的課題。

黃榆茹：當初為什麼在 7-11 說不出歡迎光臨四個字？

黃：我們那時候到高中的責任就是讀書讀書讀書，很多社會經驗
　　完全空白，我跟大家一樣是在鄉下農村海邊長大的孩子，在
　　高中之前完全一片空白，不曉得什麼叫社會經驗，到大學之
　　後來講，因為我們父母滿照顧我們的，那當然我自己有個家
　　教，我從大學一年級開始就當家教，家教也讓我有些不同的
　　經驗和訓練，但很奇怪的那時候大學五年級，成立那個社團
　　的時候我時間很多，我就是去打工，因為那時候再跟家長要
　　錢就不是很好，我們已經長大了，我們要自己養活自己了，
　　然後去 7-11 打工，但是很奇怪那個所謂一個讀書者的心態，
　　連歡迎光臨四個字真的講不出來，講不出來就是講不出來，
　　自己心裡有一個彆扭，所以為什麼講人的一個學習過程中，
　　除了學習一些技能外，心性的一個學習跟成長也是一個很重
　　要的歷練，心裡如果有一個東西在那邊，你就沒辦法突破，
　　沒辦法突破就講不出來，當你已經想清楚了，有了一點點小
　　小智慧之後，這些問題已經不困擾你了，那當然就很容易的
　　會講出來，那個講得比較明白一點就是以前古代士大夫的一
　　些思想，講得更具體就是不夠社會化，現在來講是因為任務
　　的需求，我們變成已經很有經驗跟訓練的內心去歡迎人家，
　　然後與人的待人接物這樣，從一個封閉的性格然後造就 open
　　的性格，這是每個人成長必然的一個改變。
羅筱昀：有查到說本來以為自己只做那個單純的工作不會從事服
　　　　務業，但是為什麼後來又慢慢去接觸？是因為他是你的
　　　　興趣嗎？
黃：台語有句話叫人不能鐵齒，你認為說你絕不可能的，老天會
　　考驗你，那個人絕不可能成為朋友，結果到了 N 年之後成為

最好的朋友，那我以前來講的話，曾經 31 到 33 歲的時候我是開過補習班，那時候我做過一些很辛苦的事情，我不可能再做一個開店什麼的工作，怎麼知道自己 46 歲從一個穩定的職場然後到自己開咖啡館，這人講一句話就是時機成熟了啦，我必須要走上這樣的一個路，我就坦然的面對和接受，這是人生必要得一些考驗，怎麼到最後去轉換成不同的一個狀態，怎麼去把它發揮出來。

校長：非常感謝店長，在你們的對問過程中，他是非常的和緩，非常的有問必答，把他最精彩的生命經驗分享給三位，在你們整理問題的過程中，校長看到你們的閱讀深度，跟你想要去做詢問的部分，當你有問題會提問的時候，你對這就會有有更深刻的了解，提問是一個非常難的部分，那你們三個今天的表現校長也覺得很好，你們也聽到了和其他人不一樣的部分，更有內涵的生命經驗，那我想你們用一句話，把今天和剛才黃店長說的東西，用一句話，謝謝他或是你收到怎麼樣的收穫，關鍵的一句話講出來。

黃榆茹：生命的過程中一定要有價值觀。

蔡侑辰：如果是我的話我會選擇當太陽。

羅筱昀：很謝謝你給我們那麼多的經驗，然後讓我知道有夢想有想法不能輕易放棄，要努力去達成。

輔導主任：「善的循環」是我們在教育界必須要一直保持的心態，所以我覺得這句話可以讓我們在教育的現場持續的運用，讓善一直循環下去。

余欣樺：別人的支持很重要但自己的堅持更重要。

校長：所以你看，這樣的感覺非常棒對不對，謝謝店長給我們一

個這麼好的學習機會，我們一直覺得很棒，非常謝謝！

◎學生心得

★蔡侑辰

這次演講讓我非常地放鬆，喝著野夫咖啡飲品研究團隊獨家開發專利的氮氣咖啡及口感綿密的氮氣香草茶飲，舒適且不緊繃，真是享受。

黃瑞志店長說：ifreecafe 野夫咖啡購買的都是莊園級精品豆， 野夫咖啡烘前和烘後都會費時手工挑豆。這是野夫咖啡研究室的特點，他期許自己能做出一杯令人感動的咖啡。

黃店長用自己本業追求科學方法的態度，努力研究每種咖啡豆的烘焙方式。對愛喝咖啡的人來說，很少人不知道野夫咖啡的名號，他們走的是專業咖啡的路線，自家烘培咖啡豆，以咖啡知識與愛咖啡的客人交流。不惜成本，採用莊園級咖啡豆，只為了成就一杯可以感動的好咖啡！烘焙要有香味很容易，但要有風味、韻味、回味這要有功夫。

謝謝黃店長讓我知道他的點點滴滴，可以讓我永遠學習，多了一個指示的路標。

★羅筱昀

一開始得知要進行採訪，我有點緊張，後來得知是關於咖啡的事我便滿心期待，但緊張的心情還是進行著。

演講這天，到了視聽教室，我緊張感加重，又看到搬進來的

烹煮咖啡用具我又更緊張了。大師開始演講了，團隊同時沖泡著咖啡，聞到那濃濃的咖啡味，我的緊張慢慢緩解了，後來喝到野夫的咖啡，咖啡味道從我的舌尖綿延，這股香味真的可我讓人暫忘煩惱啊！

演講過程中，我又喝到不一樣的咖啡口感，一種微酸的滋味，讓每一階段都是不同的感覺，溫中帶著一絲酸，苦中帶著一絲甜，真是一股相當美好的滋味。

演講結束，終於到了最緊張的時刻－訪問。剛開始，我其實非常緊張，但是我不可以表現出來，於是我開始問問題，我發現這位大師真的很偉大，我在裡面問到一個問題就是為什麼要從攝影師的工作變成當咖啡店長呢？他回答我說：大學時期，攝影比賽比賽得到很好的名次時就想要創建一個社團，結果他真的獨自把它創立了起來，大師真的是夢想的實踐者啊！後來訪問結束了。校長叫我們分享一句話，我分享了『人，有了夢想，一定不要輕易放棄，一定要努力去把它完成。』，而這，也將成為我的座右銘。

★黃榆茹

這一課，我學到寶貴的知識與學習態度，雖然我現在知道咖啡是有好的但是也不能喝太多。這堂課讓我深度了解咖啡，我以後也希望往這方面去發展，像野夫咖啡一樣成功，讓自己多一項技能。長大後，我想學習如何分辨咖啡豆的優劣、烘培咖啡豆、烹煮咖啡，讓客人也感受到幸福。過程中，店長讓我們試吃咖啡豆，雖然咖啡豆苦苦的不怎麼好吃，臭掉的也不怎麼好聞，可是卻是我的第一次經驗，野夫永遠讓客人喝到上好品質的咖啡。

有些人都以為咖啡對身體很不好，後來店長跟我們分享了咖啡的好處，我們才知道喝咖啡對身體有益，它利尿、健身，但不能空腹喝咖啡，空腹喝咖啡對胃有傷害。

　　黃店長也分享「當主管是一個很大的挑戰，因為一間公司要找好的人才不容易，員工跟著老闆就是希望老闆給他們一個未來。」店長的用心，相信員工一定很有感觸。去過野夫咖啡廳的人都很支持老闆，這也是他在咖啡工作上很大的支持力。

　　最後，校長問我們說覺得最重要的一句話是什麼？我覺得最重要的話就是「人活著一定要有價值，不要白白浪費了人生」，我會好好發揮自己的生命價值，讓店長一樣，照亮社會。

系列五　劉去徐老師

淡妝濃抹總相宜——
寫意藝術的線條
與創作

名師講堂

與大師相遇

地點：精華國中　視聽教室、校長室
時間：106 年 10 月 27 日　13:00-15:50
對象：全校師生
演講記錄：許哲瑋老師、余欣樺實習老師
訪問稿整理：同上

什麼是藝術？藝術的定義是什麼？有些人或許會認為這個問題是「見仁見智」、「沒有答案」的，但真的是這樣嗎？「藝術，是沒有國界的。」劉去徐老師笑笑的說。為了增進精華同學的藝術涵養，這次學校邀請了享有盛名的美學大師劉去徐老師，帶領同學從日常生活中取材，透過藝術創作的歷程，學習美學鑑賞能力，進而培養對生活敏銳的感受力與觀察力。

劉老師，擅長油畫與水墨畫，作品以油畫創作為主，刻畫細膩，絲絲入扣，適時加入擅長的東方元素，讓畫面產生強烈的生命律動、顏色上也更趨豐富活潑、熱情亮麗，呈現出有別於水墨畫之外的迷人風采，令人耳目一新。傳統的水墨畫早期都是以山水畫的形式來表現的，到了近代才開始有了彩色的水墨畫。而劉老師的寫意藝術創作，則打破傳統的水墨僵化，這次的演講不但跟學生分享她心目中推舉的知名水墨畫名家的生平與創作作品，同時也進行寫意有別以往不同風格的水墨創作。

趙無極、朱德群、吳冠中被稱為「法蘭西三劍客」。三位把中國傳統繪畫的意境與西方抽象畫法融合得最為完美的三位畫家，都離開了我們。套用他們的話說：「我們以生命證實了人生短，藝術長！」

中國最具價值的抽象畫家－趙無極，是劉老師第一位介紹的名家。「西方的抽象繪畫也有自己的脈絡和發展，出發的核心是對世間規則的概括，進而到強調內心感受的真實。所以你可以感受

到西方的抽象繪畫是冷酷的，是冰冷的，是規則的，即使有感情激烈的，也都是狂野一路的。」劉老師說道。趙無極從西方的抽象繪畫出發，形成了中西融合的體系，將東方的審美和思維融到到抽象繪畫的形式當中，史無先例。你可以感覺到趙無極的抽象作品，是靈動的，是美的，是活躍的，是溫潤的。這都是西方抽象繪畫所從來沒有的。所以西方人也非常看重他的作品。可以說趙無極創造出了東方抽象美學，是一代開山宗師，在這方面東西方之前都是空白，再加上他修養技術都是頂尖的，歷史地位很難超越。

第二位名家是朱德群，他也是劉老師最推崇的一位名家。朱先生由於早年習中國畫，不但對中國畫具備相當地認知與體驗，並且酷愛中國詩詞，這種自身文化背景之修養也潛移默化至他的油畫中，他的非具象作品帶有強烈的書法性、音樂性與律動性；透過快速的線條流轉、恣意揮灑之塊狀筆觸，一種兼具誇張與抒情的手法將大自然中的大山大水或流泉深壑在畫布上凝聚出神祕夢幻之樣貌與戲劇性效果，這是體驗自然、感悟對象、抒發情懷的浪漫精神，賦予欣賞者直觀感受與無窮無盡的想像空間。畫作中融合了中國歷史傳承美學思想與西方抽象繪畫的精神，簡化的元素、流暢的線條與濃烈的色彩創造了強而有力的視覺效果與無比的張力。

吳冠中，他是一個具有廣泛社會性，公眾性的藝術家，是一個具有國際影響力的藝術大師，而不僅僅是個畫家。他融合了中西藝術之長，創造了一種新的、有獨特個性面貌的藝術風格。他的繪畫源於寫實，逐漸走向表現，又不斷輸入中國寫意元素和抽象元素。他的繪畫重情感表現，善於把自己內心的激情融入點、

線、面、色彩和獨特的構圖之中。他重視寫生，重視對客觀自然的體驗，但更重視自己的感受。他的藝術跳動著時代的節奏，帶有鮮明的中國色彩並具現代性。他是中國現代美術史上大膽強調形式美感的人。他的這一主張和他的繪畫實踐成果，推動了 20 世紀晚期的中國藝術走向現代的步伐。

　　最後一位大師，張大千。張大千，原名張正權，四川內江人。他從小隨母親學畫，1917 年與兄長同赴日本京都，學習繪畫及織染工藝．1919 年返上海，拜曾農髯、李梅庵為師，學習詩文書畫，受石濤跟八大山人的影響很深。1927 年始遍游名山大川，包括黃山，峨眉山，敦煌。1941 年至 1943 年間赴敦煌，臨摹敦煌壁畫，。1943 年他出版的《大風堂臨摹敦煌壁畫》讓藝術界開始重視中國文物的保存和精華。畫名已是如日中天的張大千在接受台灣記者採訪時，仍然強調「臨摹」的重要性，他說：「繪畫必須從臨摹入手，有如念書一樣，臨摹就如念三字經……臨摹有了深厚的根基，才能談到創作。」事實證明，他以上智而作下愚的努力，反映在他的創作實踐上，無論精工典麗還是粗逸奔放，也無論金碧輝煌還是水墨清淡，那種豪邁、雍容、堂皇之氣度，決不是一般局限於明清筆墨中畫地為牢的畫家所可企及的，這種氣度，是個人氣格與對於傳統的功力與涵養的合力所致。

　　劉老師如數家珍的介紹著大師的作畫風格，接著開始當場揮毫，融合了康丁斯基的創作原理，用點、線、面等元素進行水墨創作。此次課程，不但讓學生大開眼界，原來水墨畫不只是單調的黑與白，更是如書中＜王冕的少年時代＞提到的：那荷花精神、顏色，無一不像；只多著一張紙，就像是湖裡長的，又像才從湖裡摘下來貼在紙上的……那樣栩栩如生，躍然紙上。

劉老師謙虛的表示今天太急就章了，但是看見同學引領期盼的眼神，允諾同學下次一定會再揮毫幾幅送給學校並教導學生如何作畫。期待下一次劉老師的到來，爲精華學生帶來更豐富的美學饗宴。

◎學生訪談記錄

哲瑋師：想請問老師什麼時候開始想要從事畫畫這個部分？

劉老師：國中的時候，我剛剛有提了一下，我初中的三個老師都
　　　　對我很鼓勵，一個是我的班導師，後來他有碰到白色恐
　　　　怖，結果他就離職去西班牙念書後來到美國，在大陸的
　　　　時候他可能就是畫藝術式的，我看他在美國出的畫冊，
　　　　是周作人給他寫的書，所以他應該也算是很專業的學習

者，在華盛頓地區他也開了展覽，後來他八十歲的時候，到台灣來，我們學生給他過八十歲生日，他住在我的畫室，然後那時候他好高興好喜歡，那時候我剛退休租了一個畫室很大，大概有四五十坪，四面牆都掛著畫，那時候教學生投入的時間比較多，我畫室很漂亮，下次我把照片都找給你們看，我老師後來搬到德州，他也從德州寫信來，前陣子他們德州水災我很想念他，想問問他，從別的同學問到他的地址，這是我的初中老師，我的啟蒙老師，還有一個你們大概知道很有名的電影明星叫唐寶雲，養鴨人家唐寶雲，拍了很多片子，他的先生就是我初中二年級的美術老師，現在還在，常常在臺華窯畫畫，他是師大美術系出來實習分到我們學校苗栗縣中的，三年級的時候是吳家航老師（名字不確定是否正確），我的手機上面還有我的老師的照片。我國中影響學習最大，你是不是能走這一行，在國中老師的啟蒙跟幫助那是非常重要的。因為我小時候家裡窮，然後沒有照相機，我的同學有，我到美國去同學才把初中的照片給我，因為很難得有初中的照片，家裡面沒有照相機。

林芯蕙：老師請問你是什麼時候開始接觸水墨畫的？

劉老師：水墨畫我到應該是台藝大時，我的老師有一個叫做江兆申，後來是故宮博物院的副院長，他是書畫處處長，那時候他才剛剛來教我們，我也是像你們看到水墨畫那樣感覺，哇！他怎麼那麼神奇，石頭拿起來就可以刻，字寫了就是一幅可以掛起來的字，其實美術系有很多老

師，台藝大我才念了三年就畢業覺得好像還沒學會，我就插班到文化大學美術系，那文化大學美術系大概就有曾紹杰、金勤伯還有歐豪年，歐豪年我覺得也很神奇，嶺南派剛剛到台灣，嶺南派是日本的教法，後來才在台灣發展起來是因為文化美術系他當系主任以後，然後畢業以後就念書，我們在高中要修暑修，是師大美術研究所梁秀中老師他教，在美術界我是很老的學生，我五十六年台藝大畢業，五十九年文化畢業，那是很久了，你們都還沒出生還不知道在哪裡，那個很早很早，是非常長久的愛好，而且我的個性可能也愛好，喜歡靜一點的東西，我喜歡聽音樂，我很崇拜念書，所以我先生他有兩個博士，兩個碩士，我先生很愛念書，他台大哲學系的，他在台灣拿到碩士學位、博士學位，然後考上公費，去牛津大學念了一個數理邏輯，然後他說

中國哲學不夠他需要一些西方哲學，所以就再去比利時魯溫大學念一個胡賽爾的現象學，回來在輔仁大學教書，我說你為什麼自己台大畢業你台大不進去，他說輔仁大學那個羅光主教對他有恩，所以他就留在輔仁大學，輔仁大學沒有很好的老師，他留在那邊很久了，他現在他指導的博士生都是各大學哲學系系主任，他指導的學生不到二十個，現在都到了系主任的年紀，但是他也很辛苦，他退休那年就中風，所以老天爺叫他休息，不要再念書，過去念太辛苦，晚上不睡覺。我們就有相同的愛好，喜歡聽古典音樂，喜歡頁數的東西，所以我們生活很單純，就是畫畫念書。

哲瑋師：那老師看你那麼多的創作，有沒有覺得你一路這樣作畫，有沒有哪些是你覺得辛苦的地方？或者你有沒有從中曾經有過挫折？讓你想說我是不是要換跑道這樣的念頭。

劉老師：我曾經寫了一本畫冊是說，我在退休以前是畫水墨畫，後來退休以後我就改用油畫，有一點就是我自省的結果，我覺得中國的文學藝術真的非常深奧，我成長在台灣，我覺得我的累積度沒有古人那麼高深，我很佩服一個葉嘉瑩老師，他講詩詞講得非常好，人家真的是學有專精，而且長期累積，所以我想畫油畫比較值，我說我已經好多年沒有畫水墨畫了，因為我連教學我都停下來，五年前因為我先生中風的關係，我就想再怎麼說家庭比所有都重要，所以我就把畫班讓給別人了，我就專門畫油畫，油畫從退休開始畫到現在也有十七、八年，

你說有什麼挫折我倒是覺得畫油畫比較貼近我們現實生活，那個心境比較沒有隔閡，你光是想想看蘇東坡的詩我們那麼喜歡，他那個意境我們做不到，你要我畫出赤壁賦那樣的意境我做不出來，因為我覺得那個不只是你要顧慮到技巧，你整個人的修養都需要具有，我覺得那個太高深了，我太崇拜了，所以我做不到。但是油畫我覺得可以，他很自由，他沒有限制說你這個非畫你那個要畫，你愛怎麼畫就怎麼畫，也許下次有機會老師很希望來跟你們講講點、線、面，就用隨便的線條，我們就可以把它做成一幅畫，而且這個畫非常漂亮，不輸些很有名的畫家，不能說自己畫得很好，但是自己還可以接受，其實有的畫後來我都有改過。像我喜歡樹林、森林，我喜歡畫大自然，你看我的序，我就有題材，我大概要畫什麼從序文裡面大概都有。

羅郁萱：當老師你在做畫時，心情和感覺是如何的？

劉老師：很快樂，當然在你們面前我也會很汗顏，覺得沒什麼準

備就來，但是我畫畫很快樂，反正這就是必然性，你會多少你自然就會表現出多少，那你平時的累積很重要，當然會有失誤，畫畫是一種快樂的遊戲，真的就是玩一玩，蘇東坡也認為「論畫以形似，見與兒童鄰」，像兒童一樣去玩，反而能夠抓到畫畫那種最真摯的、最深刻的那的東西。

林芯蕙：老師做畫對你生活最大的影響是什麼？

劉老師：讓我覺得很快樂，當然現實生活裡會有很多考驗，譬如我先生說我買菜、做菜做的不好，沒有他做的好吃，但是我喜歡吃簡單的食物就可以了，現在人都講究吃，但我簡單就好。我很愛我的日子，我覺得我很快樂，很安靜很平靜。

魏立群：老師請問第一次分享自己水墨畫作品的感想？

劉老師：我台藝大畢業的時候，那時候我是學水墨，我的三張畫被一個石油公司的外國人買了，給了我兩千美金，兩千美金在那時候是八萬台幣，我那時候是民國五十七年，那個外國人跟我說，他說他希望我拿這筆錢去國外念書，我也打算要去國外念書，所以那時很快樂，第一次。這個畫那時候畢業展比較用心一點，而且剛剛開始畫，才剛剛覺得開始認識藝術這個故事我就畢業了，所以我才去念文化，後來我文化畢業，我就去教書教兩年，我要出國，結果那一年我父親過世，我就不好意思出國，你知道我們那年代出國念書，等於說家裡都要籌錢讓你去，然後你要在美國去打工去念書把錢寄回來，我沒有那勇氣把家裡的錢全部拿光，所以我沒有去，我

就留下來了，一輩子都在台灣。這個問的很特別，是別人不知道的，今天跟你們說，我自己也很驚訝，水墨畫竟然外國人那麼喜歡，所以後來我就一直都在教水墨畫，還好我也遇到好些伯樂，譬如我在文化局，他成立文化局就請我去教，那時候我們公立學校的老師不可以在外面教課兼課，結果就由市政府出公文，借我半天在文化局，所以我是被借出去教文化局，所以他開始多少年我就教多少年，是這五年我離開，就是我先生生病的時候我停下來，但現在他們還是很好的朋友，我教很多學生，那些學生都很老了，有的跟了我三、四十年，寶山國中的校長，跟我畫了三十年，其實他不是學畫，是變成朋友，就說大家是好朋友，而且像校長他是在石光辦藝術下鄉邀請我去，我跟小朋友在一起好快樂，所以我也不怕獻醜，其實一般人是不願意在沒有準備的情況之下去，一定會暴露自己的缺點，但是我覺得那 OK。

哲瑋師：今天老師有介紹到四位大師，那在演講過程中老師你說你特別喜歡其中一位大師叫朱德群老師，那他是哪一點讓老師特別崇拜和嚮往？

劉老師：他很努力當然是一個原因，最重要的是他用書法入畫，他的水墨畫用油畫來畫，他們家是中醫，從小就喜歡王羲之的字，後來他在法國賣很多畫，畫荷花，就是用書法入畫，一張畫就這樣隨便畫隨便畫，他就現場畫，你就可以看出來，我們的水墨畫其實影響歐洲很多，東方神祕國度的美而且悠久文化的那種美，一定要借助某些工具才能夠轉換成現在的語言，人家才會了解，不然人

家很陌生我們東方文化的美感，所以朱德群這一點他做得很好，因為趙無極都是用顆粒的畫，才轉過去石板畫作成，而且西方人比較喜歡，但是朱德群出名的比較晚，1997 年才當選法蘭西院士，他當選法蘭西院士除了他的油彩有東方風味，朱德群比趙無極更有東方風味，趙無極他最早的時候是用甲骨文入畫，但是後來他就慢慢、慢慢的轉用剛好那時代演變到抽象表現主義，所以他們兩個起來都是用抽象，但是那吳冠中又不一樣，他完全是鄉土語言，他就畫東方的房子，但是他是用線條，那就有了康丁斯基的點線面，這三位畫家其實他們都認識，而且他們都很好，他們三個剛好在這世紀死掉了，死掉了然後新的世紀，東方人還沒有能夠在西方站立腳步，只有一個王衍成，他是大陸的，接班他們兩個人，朱德群跟趙無極兩個都在巴黎，而且他們兩個到晚年都用水墨畫，這兩個是很值得我們尊敬的畫家，把東方文化發揚到西方，比日本更好。

哲瑋師：那今天老師您作畫的時候，我發現我們精華的學生，每個人真的是眼神炯炯，有一種期待感，那如果同學他們有興趣的話，老師您建議他們可以從哪一位的作家，來做入門賞心的動作呢？

劉老師：當然從我開始啦！因為我比較了解你們又比較了解大師，我本來今天是要教大家在那邊畫抽象畫，但是我一看喔！不行呀，沒有場地。在石光教了兩次發現孩子很喜歡自己的作品，做了很多很漂亮很驚訝的作品，尤其是你們天真浪漫。

校長：所以藝術是可以非常生活化的，他不是束之高閣，剛老師在演講提到一個很重要的概念，他說如果我們藝術用錢去定位那太俗氣了，而是能在一幅創作裡面去享受那個創作的樂趣，或是你看到藝術能使人能夠在心理上的變化是非常愉快的，那是互相的交流，不管是老師在創作示範時候他專注的部分，校長也同時觀察到現場每一位不管是老師、同學都非常專注在看老師的創作，因為那個過程真的就是從平面變成線條變成點線面，變成一個立體的東西在那。那其實藝術來講那也是很創作，我覺得他可以橫跨三度空間、四度空間跟五度空間的一個部分，因為只有在這樣的一個藝術創作，他思維其實是回到一個更深刻的一個個人修為，還有他對這事物的一個感受，然後去做創作，所以美感經驗的部分來講，我是覺得他不是講的那麼的難，可以在生活上去履行，或是說你看大自然非常美，何不畫他幾支，我一直覺得說，有些時候你們就可以多一點這樣子的一個機會，例如說到美術館去看一看畫作，你會發現大師他們創作的過程當中來講，是已經經過整理過的，所以你可以從最快的時間內去看到大師那種創作構圖，所以我是滿喜歡走入現場的，那種感覺就是很棒，看到美的東西你就是覺得好棒好棒。每個人給老師簡短的一句話做回饋。

哲瑋師：從今天的一個活動中，覺得美就是從生活中去發現。

魏立群：老師今天的畫大部分都是畫大自然覺得很漂亮。

羅郁萱：老師特別過來畫畫給我們看，然後都畫得很厲害，還會想看老師更多的作品。

林芯蕙：老師今天的介紹，讓我覺得畫不是華麗就是美，簡單也
　　　　可以很美，也讓我覺得畫畫非常的深奧，就會很感興趣
　　　　想要學，希望老師可以為我們學校畫一個畫。

琄芳主任：我覺得在這麼緊湊的生活步調當中，可以坐在老師旁
　　　　　邊是一種享受，可以感受到那種和緩的氣氛，這是心
　　　　　境上的安定。

劉老師：謝謝大家，跟你們分享是一種很幸福的感覺，謝謝！

◎學生心得

★林芯蕙

　　第一次訪問非常緊張，但老師藝術的氣質使得我情緒很安
穩，訪問的非常順利，她回答的內容都給我一些很好的知識，讓
我頭腦充滿擁有藝術的思維。雖然老師已經有五年沒有畫水墨，
但畫出來的作品還是美的驚為天人，大師這個稱呼真的實至名
歸。看著老師專注作水墨畫的時候，心裡總有股悸動，為什麼有
悸動呢？應該是因為畫下去那毫不猶豫卻又具備美感的每一筆都
深深的撇在我心裡，而每一筆都是深深的感動。

　　非常感謝老師一大把年紀了還願意來我們學校為我們作畫，
還答應我的要求為我們學校畫一幅油畫，也答應了校長要重新畫
一幅牡丹的水墨畫，徐老師真的很大方也很熱情，但同時又很文
靜。我正在期待老師畫作來的時候，那肯定又是一幅令人感動的
作品。

★羅郁萱

　　我覺得人只要堅持自己的夢想，夢想就可以實現。人只要有心，甚麼事情都難不倒自己。看到老師在作畫時，感覺非常的神奇，因爲只用了同個墨水，再利用顏色的深淺變化，就可以有一幅美麗的水墨畫。在訪問老師的當下，說到了他一路怎麼走過來的，他也因爲家庭因素放棄了許多事，就覺得有點可惜。因爲以老師的才華，說不定可以讓世界上所有的人都知道這個台灣之光，現在老師的年齡已經 72 歲了，但可以感覺得到老師的技術與水準都還是一流的。

　　老師到現在不會因爲年紀而停止了他的興趣，看到老師畫的作品都感覺非常的厲害，老師在這邊用短短的時間示範了畫牡丹給我們看，那牡丹感覺長的逼眞且立體，令我覺得非常讚嘆老師的功力，我覺得老師是個溫柔和善的人，我覺得是因爲老師擅長的是作畫。所以她的氣質是非常好的， 也覺得眞的想要再看到老師可以教我們作畫。因爲覺得可以給老師教是一件幸福的事。

★魏立群

　　第一次訪問非常的緊張，但那一位老師優雅的氣質，讓我的心情異常得平靜，雖然我只有問一個問題，「您第一次分享自己作品的心情如何？」，當時的我因爲緊張所以有一點口吃！可是老師第一給我反應是從來沒有人問過我這個問題，所以我很高興，還有，就是老師在作畫時給我的感覺，就是無時無刻都有作畫的靈感，當時在上老師的課時，我的心靈異常的平靜，不知道爲甚麼，就是想在老師的課中，靜靜的看著畫發呆，看看世界是給我清朗還是霧，在上老師的課當中，發現到老師的畫中，都是畫有

關於大自然的美景，不知老師是否時常出門，看看這世界中的花花草草！在上完課後，我也想和老師一起上課，因為老師繪畫時的態度和畫給每個人感覺不一樣，所以我想要上老師的課。

系列六　田銀錦博士

大數據時代的來臨

名師講堂

與大師相遇

地點：精華國中　視聽教室、校長室
時間：106 年 11 月 10 日　13:00-15:50
對象：全校師生
演講記錄：黃琇芳老師、余欣樺實習老師
訪問稿整理：同上

1 06 年 11 月 10 日，挹注精華師生的，是一股正改變世界運轉軌跡的力量，而這股力量，源於精華國中第十三屆的畢業校友——田銀錦博士。

田銀錦博士目前任職於資策會數位轉型研究所，這一天，他與師生分享了兩大主題——「大數據分析」與「數學學習分享」。

何謂大數據？大數據又稱巨量資料或海量資料，是指資料量規模巨大到無法透過目前主流軟體工具，在合理時間內達到擷取、管理、處理等目的的資料。巨量資料的目的並不只是分析，而是要能根據分析所發現的微妙趨勢變化快速設計開發具有商業智慧的資訊系統提供優質精準的服務，搶佔企業新的生意商機。而在現今一雲多螢的數位匯流時代，潛在客戶及消費者取得資訊的管道非常多樣，如何透過巨量資料分析所顯示的趨勢之中尋求出新的商業價值，將是未來企業營運的成敗的關鍵。

田博士表示，大數據分析即是用數據改善人類生活。目前使用的範圍相當廣泛：

一、IBM 華生及大數據分析協助醫生提升醫療智慧

（一）醫生診斷輔助系統

    1. IBM Watson 和紐約基因研究所合作，研究快速診斷方法。

    2. 一位醫生要花 192 年看完 1000 萬份病歷，IBM Watson 僅需 15 秒。

（二）大數據即時偵測提高新生兒醫療品質

    IBM Watson 與安大略理工大學合作，利用大數據分析，提前 24 小時檢測到威脅新生嬰兒生命的情況。

（三）大數據即時預測分析防止腦損傷

    IBM Watson 與加州大學洛杉磯分校合作，由數千個啤據點中，即時整合病人的數據，分析重症床監護儀器生理數，即時提醒醫師，防止腦損傷。

    田博士表示醫生判斷難免有誤差，所以大數據分析是相當好的輔助工具。

二、 阿里巴巴集團（Alibaba.com）靠大數據推動電子商務
　　阿里巴巴為全球最大的線上市場集團，包含阿里巴巴 B2B、
淘寶網、天貓、一淘網、阿里雲計算及支付寶等，具有完整
電子商務生態體系。其所使用的亦為大數據策略，利用 B2B
資料分析驅動精準銷售，瞄準金融科技創新趨勢，目前已成
為全球最大電商平台，以資料滾雪球持創造價值，單日創造
101 百貨 50 年營業額，每秒成交 8 萬筆交易，每日 6000 萬
訪客。

三、 數位學習
　　大數據分析在數位學習有著「隨時隨地皆教室」的願景，不
論是課中的學習或課外學習，希望能達成「建構生易用雲端教材
資源」、「友善學習網路環境」、「鼓勵師生運用數位學習」、「提升
師生數位資訊運用能力」做為目標，而各項運作模式亦載於網路
智慧新台灣政策白皮書中。台大葉丙成教授推展翻轉教育時，運
用 PAGAMO（打 game 學） 來分析學生的強、弱項，運用數位
的學習，即時掌握學生學習狀況，讓教師可以據此調整教學腳
步，亦為大數據上的運用。

四、Ci-Agriculture 以大數據重塑智慧農業產銷
　　Ci-Agriculture 是運用大數據幫助農業運作的公司，利用偵測
感應器、大數據分析，改變傳統上依靠經驗判斷的方式，幫助農
民做更好的決策。如印尼的農業人口占全國 41%，但由於生產技
術不佳，產值減少，使印尼每年都必向東南亞鄰國進口糧食作
物，而透過大數據分析的技術，分析土壤條件、氣候及作物成長

速度等，給農民最準確的資訊，並整合農業產銷鏈，設計最適合農夫需求的保險產品（如可避免天災對於農作物收成的影響），便足以保障農產品產量及價格，在運用上對農業也有相當大的裨益。

　　而今，「大數據」加「共享經濟」已成為「新消費主流」，我們的食、衣、住、行、樂及其他生活已深受其影響，如餐飲外送、食材/生鮮配送、點心/酒飲配送、家務清潔/維修、搬家服務、洗衣服務、叫車服務、租車服務、停車服務、美容保養、鮮花配送、托狗服務、快遞服務、任務外包、托嬰服務、洗車服務等，也為我們的生活帶來了極大的便利。

　　在大數據的優勢條件下，「資料科學家」（DATA SCIENCE）的人才需求應而生。田博士表示「資料科學家」是現在很缺的人才，這是一群「用資料解決真實問題的人」，大陸開價月薪 20 萬元以上，2012 年哈佛商業評論資料科學家是「21 世紀最性感的職業」，2015 人力資源點評網 Glassdoor 調查工作生活兼具薪水又高，資料科學家榮登最夢幻工作。

而資料科學家需要的能力如下：

1. 了解問題（領域知識）
2. 了解資料（問+觀察+好奇心+熱情），做法—問資料擁有者、觀察資料（EDA）
3. 採用適當的方法解決問題（學習+經驗+嘗試）
   （1）能力：統計學、機器學習、數學、耐心
   （2）工具：R、Python
4. 呈現具商業價值的結果（溝通能力）——工具：Power BI, Tableau, Qlik, Excel。

再者，面對資料科學，一般大眾可能有以下的迷思：

1. 資料科學是門新學問？
   不，學術界已經使用數十年，並不是甚麼新領域。
2. 資料科學會計算出好的結果？
   資料科學不是魔術，你自己都不知道問題與如何解決時，資料科學是很難跑出好結果的。
3. 使用大數據的解決方案比較好？
   解決方案的好壞與否取決於其解決問題的全面性和效率。並沒有用大數據建置的解決方案就是好方案的說法。

　　隨後，田博士運用「實例觀察練習」，說明「資料視覺化」，同樣皆為「直條圖」，但你看到的是什麼，田博士告訴大家，這時候「發想」很重要，這個「發想」便是資料科學家的價值。

　　在第二主題「數學學習分享」中，田博士運用很多有趣的數學題目與同學共同討論，也與同學激起了討論的火花。
首先，博士談及教育部公布「國際數學與科學教育成就趨勢調查

2015」（TIMSS 2015）結果，我國 4 年級學生在全球近 50 個國家中，數學和科學平均成就分別排名第 4 名和第 6 名；8 年級學生在全球 39 個國家中，數學、科學平均成就排名皆為第 3 名。我國 4 年級和 8 年級學生雖然成就表現優秀，但對於數學、科學的學習興趣卻相對偏低，表現最差的是 4 年級學生對數學的興趣，在 49 的國家中排名第 48，學生對數學的熱情只贏過韓國。為何？實因台灣教育重視結果與技巧 ，也因此缺少了對數學美貌的體驗！

眞正的數學是在於享受「思考問題的過程與解決問題的興奮感」，而高斯（Gauss）曾說過「我們需要的是想法，不是符號」，愛因斯坦亦言「想像力比知識更重要」、「嚴格地說，想像力是科學研究的實在因素」。田博士告訴大家，知識的確可以站在別人的肩膀上學習，但會少了歷程，就會少了感動，所以，鼓勵學子也可以研究數學、自然發展史，多了了解，就會有不一樣的學習感受。

田博士在下半段以三角形面積=（底*高）/2 的公式、半圓裡的三角形、最短路徑、井字遊戲、骰子遊戲等與師生互動，分享著「數學是藝術不是競賽、數學令人著迷的是想法及靈感的觸動、數學是得到解答時從內心發出『啊哈！ 原來是這樣』的驚喜！」

之後，田博士亦指導學子如何提高數學測驗成績，其方法如下：

1. 基本知識：定義（數學專有名詞）、定理、性質。如：角平分線是什麼？什麼是圓形？什麼是二項式定理？若不了解即無法解題。

2. 外功：招式、技巧，可透過補習班、家教、自學學習。

3.　內功：即心法，思考、觀察、猜想、數學思考方法（演繹法、歸納法）、數學發展史，了解方法精神與內涵。

　　最後，田博士告訴學子數學差，不是你的錯！他以一幅有趣的圖與學子分享，圖中有一位裁判坐在裁判桌前，對面是一排動物，其中包含了大象、猴子、金魚、海豚、狗、企鵝，裁判對著牠們說：「為了公平起見，每位都要接受相同測試，請爬上那棵樹。」試想，這是一場真正「公平」的競賽嗎？愛因斯坦說：「每個人都是天才。但如果你用『爬樹能力』來斷定一條魚有多少才幹，牠整個人生都會相信自己是愚蠢不堪。」管理大師杜拉克也曾言：「不要盲目追趕自己沒有的能力，應該充分發揮自己的強項，創造最大的成果。」 希望學子也能充分分探索自己，讓自己的才能的以發揮。

　　從田博士的演說中，我們了解到人類不同於計算機的就是「想法」，這也是人類的優勢，面對新問題就要有新思維、用新思維去解決面臨的困境，我們可以有任何想法，但這想法要有方法去驗證它。而目前台灣學子數學表現良好，但熱忱排名卻倒數，這表示我們只為學科考試，少了對數學美感的體驗，故人的心態最重要，心態正確了，很多困境便能迎刃而解，田博士以此勉勵學弟妹，通往羅馬的道路即便選擇無限，但這是一個通則，運用通則並實踐它，成功即現眼前。

◎學生訪談記錄

童郁云：演講中您有提到
　　　　有心最重要肯努
　　　　力就會成功，也
　　　　有說到您是竹中
　　　　還有交大畢業的，請問您是怎麼
　　　　念書的？您如何規劃自己的時
　　　　間？

田銀錦：事實上其實我覺得我最主要是
　　　　說，我想要盡量能夠在課堂上
　　　　就能夠了解老師在講什麼，課
　　　　堂上常常會提問，所以有時候
　　　　老師會突然間被我問到等一下
　　　　我下一次再回答你，但是我不
　　　　是一定要弄到老師好像不太清

　　　　楚，但有一次有一個老師好像
　　　　是大學剛剛畢業就來了，然後
　　　　有時候也是上課挺緊張，那時
　　　　候他上化學，我就突然間問他
　　　　些問題，他突然就有些……，
　　　　後來我就想說等下課再去找
　　　　他，我的意思是說，如果可以
　　　　的話，盡可能是在課堂上對老

師的東西有所了解，但在這部分要有些練習，譬如說你回家的時候，今天要上這堂課之前，你可能要自己先看過一下，因為你看過再來聽老師講那是不一樣的，因為你自己有看過再看看老師跟你講的有沒有不太一樣，如果不一樣那是老師講得比較好，他的方法跟想法是不是比較好，還是你覺得你自己有另外想法，你下課的時候也可以跟老師討論一下說其實我有另外的想法不知道怎麼樣，我覺得這樣會能夠對學習比較正向、比較快，因為其實我那時候回家還要幫忙很多的農事，因為我們家是務農的，種田有時候收穀子曬穀子，我們家有三個小孩，我跟我弟弟和妹妹，你知道農家小孩就這樣你如果讀得比較好，爸爸媽媽會覺得給你多一點時間去念書，那他們就會不平，就是說為什麼你會讀書又怎樣，就什麼都不用做了嗎之類的，主要你自己的時間要能夠掌握，其實老師在講解的時候，這個時候搞懂是最快的，因為你回去的時候要靠自己，也沒人可以問，在學校上課老師沒辦法，下課就去辦公室問一下，馬上就解決了，你回去看老半天還是沒辦法，明天東西積越多一條一條的，那整個就沒辦法處理了，所以盡量是在課堂中

把問題解決，要做預習跟複習。

羅惠怡：請問您為什麼當初想要從事這個事業？

田銀錦：從事這個事業其實我們在國中甚至高中這個階段，你對
人生的規劃說實在的根本就還沒有什麼底子，因為大家
都想說就是先把書讀好，讀好的學校，然後大學先有個
好的文憑，將來再看，因為那時候我選了數學系，數學
系之後就覺得數學系裡面有些機率跟通濟的課程，就覺
得這東西也滿有趣的，因為機率的東西就是不確定，他
很像你有一個規則，但也不一定會發生，然後統計學就
是說在這個不確定的事情裡，你還要猜一個東西，最有
可能然後最好的一個答案，就是在一個不確定的東西中
找一個相對好的答案，這其實一個滿有挑戰性滿有趣的
事情，大家都不知道，結果我可以猜一個答案比你準，
這個就是有趣的地方，很多數學是研究確定性的東西，
那機率統計是研究不確定的東西，雖然他不確定但是他
有一定的規則，比方說擲骰子就是雖然不確定他會出現
哪一面，但是丟久了就是六面，大概就都是六分之一。

陳泅羿：請問這項工作不是正常來說都很傷身體嗎？那你的家人
是如何接受你現在的工作？

田銀錦：傷身體？你為什麼會覺得是傷身體，對啦！是傷腦袋，
腦袋也是身體的一部分，所有的工作都是傷身體，照你
這樣的講法，有些是做勞力的，他也是會付出一些勞
力，有些是付出一些心力的，所有的工作應該都沒有說
很輕鬆的，即便你去做一個小吃炸雞排什麼的，你也要
付出一些你的努力，甚至你會想說為什麼這家老闆炸得

雞排沒人要吃，隔壁家大排長龍，他一定有一個他的祕訣在，說辛苦當然也是會辛苦，其實就是生活跟工作之間找到一個平衡點。

童郁云：您在演講中有提到自己的高中大學都念了與數學相關的科系，也說了數學並不是沒有用的，請問您從小是否就對數學感興趣，還是因為自己的數學成績特別好？

田銀錦：我數學成績是一直都很好沒錯，但是另外一個是我除了課堂上的數學之外，會自己去想一些很奇怪或自己去發現、發明一些特別的算法，比方說 15X15 是 225，那 14 乘 16 有沒有一個特別的方式很快地算出來，25X25 和 22X28 因為加起來是五十的數字，那是不是很快地就可以算出答案，其實是可以的，而且也可以有一個規則，其實這個講穿了就是分解，就是把他湊起來，你就大概知道你只要透過這個發現，要不然的話你其實可以先把這些數字全部都算出來，就會發現規則，你把 22X28 或是 27X23 你把他隨便算出來，你就可以發現他的規則，其實就是那麼簡單，為什麼可以證明這個就是用加起來是五十這件事情，一加一減一樣的數字，就是一個拆解的方式，其實有時候數學的發現是歸納，你要解決那個問題，就是把那個問題做出很多的樣式，很多的例子，再從這個例子裡面去歸納，這個是數學很重要的，數學最重要的兩大技巧就是演繹法和歸納，演繹就是你從這邊開始一直去推一些線索，那歸納就是你看到一些現象，你要把他歸納成一個簡單的結果，所以有時間可以想想看有趣的比方說我之前有研究過類似猜數字，1A2B

幾 A 幾 B 我要怎麼猜我才能夠很快的答對，我那時候發展出至少在五步還是六步之內，一定可以解出，一定可以猜出那數字，那是一個規則，按照這規則走，一定在五步以內或是六步以內，但是就是想一些想要了解跟別人做什麼遊戲的時候，也有點好勝心，想說用什麼招是可以贏，覺得就是剛才講到的好奇心跟熱忱，你要對一個問題有一個動力什麼事情都可以解決。

羅惠怡：這個事業有你覺得很難的地方嗎？

田銀錦：很難的地方當然有，因為如果很簡單大家都做完了，其實這個東西在全台灣才剛開始，因為問題是非常的多，除了數學其實他大部分的問題不是數學的問題，大部分的問題是存在於問題本身，比如說製造或是商管，對那個領域不是那麼熟悉，你最重要還是去搞懂那個問題，問題把他釐清楚後再用一些方法去處理，有時候連問題是什麼都搞不清楚，這個是最大的挑戰，基本上很多問題都不是知識和學術的問題，而是問題本身是最大的挑戰。

黃主任：老師我打岔一下，假設今天您再對購物中心幫助他們做大數據的研究，那因為您本身對於物流一定是不熟悉的，所以你就必須要先了解產業的相關資訊，前置作業是要非常長的。

田銀錦：對，我們通常合作都會和高層管理層去做溝通了解，請他們把他們的整個狀況跟數據收集都給我們，所以中間要經過很多討論，我們做出來一個結果這個東西根本就不是你們想像的，我們根本不會這樣子去看這件事情，

做數學或是做學術都覺得我們都太急著套一些現有的工具去處理事情，想到一些有學過的，也就是我們急著想要馬上把這個問題解決掉，很多事情他可以很快解決但這個解決方式是不是好的不知道，因為他者是一個答案，就向你要電腦去算一個東西，向統計很多模型，很多方法都可以套用，套用他馬上給你一個答案，但那答案到底能不能用是不是品質怎麼樣，這個常常其實就不是太好，所以我覺得主要還是試著對問題的瞭解跟分析要夠，就是不管是數學題目還是自然科學這些題目，國語、歷史都是一樣，他為什麼問了這個問題，這個問題要問什麼？為什麼這個問題的來龍去脈，考你這個問題他到底要考你哪一種能力？你要能夠解析得出來，你就知道他為什麼這樣出，你可能要好好的想這個，他不是莫名其妙就出這題要你算，只是叫你算出答案嗎？當然算出答案很重要，那個分數很重要，那是你可以進去一個好的學校的一個入場券，當你進去之後其實不同的學校，像進入竹中跟交大，　那裡的學習環境和校風會影響你，因為大家都這樣子很認真去去學習你就會被感染，有同學可以問可以幫忙，大家同學都滿優秀，我不會但是我跟他很好，他講解一下那我就學到了，對我來講幫助其實很大，盡可能還是讓自己有一張比較好的門票，當然這個有很多方式可以努力，我剛講的你對這個學科真正的瞭解跟能夠拿到高分有時候不太一樣，會有一些技巧，這個技巧你可以透過很多方式，因為現在網路也很方便，像我們東西不會，Google、維基百科，再難的

東西都有，只是你看不看得懂，你只要有心，現在不比以前，以前我們找資料也很難找，要去圖書館，也不知道哪一本書上有寫這個，找老半天找不到我要的東西，現在 Google 下去就給你答案，有好有壞，要會篩選。

陳泇羿：從事此職業需要經過哪些訓練或經驗嗎？

田銀錦：大概是對數據的敏感度吧，要先有基礎的知識，就是你基本上要有一些工具，就是數學微積分、概數，然後統計學或分析的手法，當你有這些工具的話，還需要一些經驗，就是說這個工具怎麼用，人就是這樣你要有些經驗，沒用過的東西你用起來都礙手礙腳，像是扳手，你看那個水電工好厲害，這樣轉轉轉就把它拆了，你可能弄了老半天也弄不出來，但是你做過一個訓練以後，你也可以做得很好，其實就是要有些經驗的累積，但是你前面基礎的部分要先準備好。

童郁云：您剛演講裡有說過，解決問題前要先了解問題，請問你是否在日常生活中也和工作時一樣能迅速分析問題，並且解決問題，遇到無法解決的問題時你會採取什麼樣的方式或是向誰求助？

田銀錦：其實我覺得人的能力是滿有限的，所以說生活上其實有滿多問題需要請求別人幫忙，基本上人要有一些親人和朋友，你適時的要提出一些需求，因為有時都自己做其實滿慢的，比方說我這個東西，我自己能力範圍有限，如果我去問一個，你去念了大學，雖然你是數學系的，但是你會有一些其他系所或者說你的同學他是數學系的他將來去念電信其他系，我們也有去念英文系的，他是

一個鬼才，他數學很厲害，他英文更厲害，他大二時就轉英文系，結果他是英文系最高分，因為他每次去圖書館就是借莎士比亞全集，就是要善用你的朋友，因為他可能有其他的能力，那你可能問他或請他幫忙會快速的解決問題，這是在人生的過程中滿必要的一些溝通。

校長：我在基本資料上有看過你喜歡聽古典音樂、象棋跟桌球還有旅遊，這個部分來講，你覺得在你的工作或者在你的成長過程當中，哪些地方確實因為這些關係產生影響呢？

田銀錦：這個部分大部分是興趣，像象棋的話，他其實是滿數學的，他是一個思考最佳化的過程，就是我下了這一步，下一步要怎麼樣走他才是不會輸或是會贏，那這個部分一開始也是有興趣，然後後來我去買了那種大陸高手的棋譜，買了大概 20 幾本，一本一本研究怎麼開局，尾盤要怎麼樣收，我去看了這些書之後，我去參加象棋社，後來好像有拿到象棋的初段，然後古典音樂的話是比較偏向興趣，但我認為聽古典音樂也是對邏輯思維滿有幫助，因為古典音樂是滿有系統滿有架構的，你聽交響樂的時候或是協奏曲的時候你會覺得這個指揮或是他們寫的時候，為什麼這麼多樂器之間可以這麼協調，這個部分就是欣賞這樣子協調性的東西，其實數學的要求也是這樣，我想數學老師來講會覺得數學是個藝術，任何科學他們最後都會覺得那個東西是個藝術，而不是真正是很死的東西，他們都覺得那是個美的東西，怎麼樣可以做到完美，就像一場演奏會下來會讓你覺得流程怎麼這麼完美，而且古典音樂後來有一些研究，對心理、情緒

方面滿有幫助，可以調解心情，有時候你難過或是有問題，聽哪一類型的音樂突然就振奮起來了，音樂的功能還滿大的。

羅惠怡：請問在這份工作中，最大的成就是什麼？

田銀錦：最大的成就當然是解決問題，因為我們有跟一些廠商合作，他們有一些想要進步優化的問題，其實很多人來找你的時候，當然都是因為他們自己沒辦法處理，才會找我們處理，現在人尤其台灣人不太喜歡麻煩人，大部分都喜歡自己把它處理掉，除非是成本考量各方面，你拿到的通常這個問題都是困難的，因為台灣人都滿厲害的，尤其那些頂尖的電子廠的工程師，每個工程師都是來頭很大的，遇到的時候你會發現，你要不是能夠拿出比較有好結果的東西，所以這個挑戰是滿大的，當你能夠從資料裡面發現有這樣問題然後解決他的時候，你就會覺得，看吧！就只有我把你的問題弄好，那感覺不太一樣，有時候解決問題也不是這麼的困難，就像剛講一個真正工廠現場的資料，他原本看的時候就是平平兩條線，但是他們可能沒那麼的有時間去看，一開始我們拿到資料也是試了好多方法，最後終於想說把他放大，就這麼的一個動作，發現他的生產是這樣上上下下，他們是這樣，現在工廠很自動化，所以他可能一個人顧二十幾台機器，那他是發生問題的時候才去調，這個中間就經過了很大的時間差，能不能在比較前面的時間去解決他，看到那張圖心裡就知道解法，所以我才一直強調最重要的是你要一個問題，然後要有想法要去猜想，要有

想像力去想各種的可能，因為大部分的東西別人也試過了，一定要比別人更有耐心更多的嘗試，其他事情也是這樣子，人家不一定會告訴你，但是有師父當然很好。

陳泂羿：請問您的工作時間是自行調配還是固定？

田銀錦：工作時間我們是屬於比較偏向公務人員一樣正常上下班，很少加班除非有一些特別緊急的事情，還滿固定的，那之前我是在中研院待了十年，中研院是更自由，反正你就是做你的研究，也沒有打卡什麼都沒有，但是你就是過一兩年要有一些成果，比如說你研究了什麼東西這樣，那是不一樣的壓力，不能說我做了三年什麼東西都沒有，雖然他也不會對你怎樣。

童郁云：剛剛演講中有提到說有很多人在研究讓機器人有自己解決問題的功能，那你對於這件事有什麼看法，或是有什麼利或弊嗎？

田銀錦：我覺得任何科技一定有他好的一面和不好的一面，像是愛因斯坦發展出相對論，你拿來做好事就是好事，你拿來做壞事他就是壞事，所以說我對任何科技的發展都是偏向正面，你把它拿來當好的事情去應用，那所有的學者也都是希望往這方向，但是利益的關係也有其他的不考慮，但是機器人我覺得這個地方應該是未來幾十年內會蓬勃發展的重大方向，而且所有的國家都投入非常大，台灣其實在行政院底下經濟部或者科技部都是重點，在這個方面投入了幾百億。現在是這樣政府都會有補貼，因為發展這個的風險很高，所以像數據分析，政府也會補貼，因為台灣大部分都是中小企業，成本的問

題，政府會有些方式補貼他，我們法人去幫助他，就是一起去提升，希望能比較好。因為不往這方向的話，其實現在中國大陸發展現在也相當的迅速，尤其我是覺得教育方面他們是相當的有優勢。

校長：大家還有沒有什麼問題，我先說好了，從今天的講座到現在，我一直非常讚佩我們的學長，因為很多東西是在剛才結論的時候校長要提醒大家，魔鬼藏在細節裡，你看他非常平鋪直敘的告訴你一些東西，那他也從數學人的角度，養成理性思維的部分，很多事情如果比較理性的去做抽絲剝繭很多問題自然而然可以做解決，而且他特別強調，不是知識是問題本身的挑戰，你要看到核心的部分不能跟別人起鬨，回扣到數學是一種藝術，你只要那種讚嘆聲，哇！終於解決了，那就是一個好奇心或時你對於一個問題癥結點有沒有去做釐清，不要做了很多的白工，然後那些東西都是錯的，那如果你找到問題核心點的時候做深入的研究，就會找到對應的策略跟方法，所以不是知識是問題本身的挑戰。那再來就是他也提到，未來希望能夠更好的學習要要考上比較好的學校你就有好的門票，這個好的門票你就會發現，當你群聚在好的氛圍中，那些同學都非常的優秀，你就可以進行互相的學習，然後再來就是學科的瞭解是拿高分的依據，他也提供了是有一些技巧的，很多方式可以去取得，那比起我們那個時候，不管是 Google 或是維基沒有那麼的方便，會不會運用這些媒體或是 Google 搜尋引擎，這就是你要比別人更強的地方，一大堆的資料你要懂得去分辨，回到分辨的過程當中其實就是問題的釐

清，你要解決什麼樣的問題在找這些資料，在找那些核心的東西來解決你的問題，那因為你人是活的，所以他可以不斷的去做思辯，那這個思辯田博士一直強調，是有方法的，是有路徑的，不是憑空而來的。所以回到坐下來開始訪問的時候，校長在做紀錄的時候他說的，就在當下，學校上課的時候就要認真聽講，如果可以的話應該要提前做預習，你就比別人先掌握這個學科的重點，然後聽老師講的時候，老師已經把很多資料化繁為簡給你去學習，那你就應該要這個時候就要學會，不是等到回家之後再學，哪有等到你回家還要學的，不可能，因為回家之後還有很多事情等著你，你們不像田博士像我們，我們回家都還要做農事，讀書是非常奢侈，是非常耗時間的，我們怎麼樣有效去用運這些讀書的時間爭取我們的學歷、工作，所以要學會有效的運用時間。然後剛提到你要有心，數據敏感度或是我們懂得工具，工具就是你現在在求學的基本知識，國中給你的東西都是很重要的基本知識，你一定要踏踏實實地把他學好，基礎是準備好的時候發展才會好，才能夠跟別人不一樣，所以他才能夠成為我們精華五個博士中的其中一位，能夠拿到博士學位非常不容易，我覺得這是我們非常可以學習的地方，那聽講的過程中校長也覺得收穫非常的豐富，等一下校長要請你們就是針對剛剛的問題或是聽到的分享，用一句話來做回應，很快的時間內回饋田博士給我們的一些收穫，如果你在最快的時間能夠做摘要，能夠回饋給他，這是很重意的學習方法。

羅惠怡：田博士讓我了解商場是如何分析客人的需求或是生活用

的東西，因為原本想說有些推薦人員，他們會突然過來
的問你說，你是不是需要這種東西，然後我就會想說他
們是怎麼知道說我們需要這種物品，然後過來問我們。

黃主任：今天田博士在他的演講當中，很多的問題解決好像都是
來自於那樣的靈機一動，可是那個靈機一動是需要實力
的，那實力怎麼來就是剛才校長分享的，就是要踏實的
學習，我覺得這個予我予學生都是非常受用的。

余欣樺：在演講和訪談中知道，問題的解決有時候我們都過於
急，然後其實慢下來後換個角度也可以發現問題解決的
方法。

童郁云：剛剛博士有提到說，人的心態最重要，然後只要肯努力
就會成功，有時候我們遇到很多問題，我們如果沒辦法
解決可能就會放棄逃避之類的，聽完演講後，想自己去
試著分析或是不要一直靠別人。

田銀錦：我是希望大家能夠在這段時間，因為國中是人生滿重要
的，在國中之後就是高中，其實比較會有學校之分，如
果你在這邊就取得比較好的起步點，對人生是滿重要，
希望大家能夠在這段時間好好的充實自己，讓自己有張
比較漂亮的入場券。

◎學生心得

★陳泇羿

　　這次的與大師相遇我們訪問到一位專門處理「大數據」的大

師—田銀錦博士，而田博士也是精華國中畢業的校友呢！田博士每天的工作內容都與「數學」相關，談到數學，相信很多人都會頭昏腦脹，但還是有許多人熱愛數學，而田博士就是其中一位，他也讓我見識到原來數學可以很有趣。

在訪談過程中，我發現要當記者真不是件容易的事，從事前的題目設計到過程中的臨場反應，對我而言都是初次體驗。另外，我寫字的速度不夠快，以致於在訪問過程中很多重點來不及記下來。而在演講過程中，我也發現很多數學概念我不是很理解，但這些都是我的學習，我也相信這是可以解決的。

這場演講及訪談讓我對數學有了新的認識，以前的我也不習慣預習，現在我會陸續開始準備，如果可以習慣這模式，我的月考成績一定會大大提升，我一定會加油！

★羅惠怡
今天的與大師相遇，我們遇見了田銀錦博士，他所分享的主題是「大數據」，也是近年來很熱門的工作項目。以前，我並未聽過「大數據」這個名稱，所以心中也充滿了好奇，在演講中，田博士的言談很風趣，也很樂意回答我們提出的問題，更讓我們了解到數學原來很有趣，真的是很棒的收穫！

第三節時，我跟學姐、學妹採訪了田博士，我突然發現，這些看似離我們很遙遠的知識，只要願意去了解，其實它就在生活中。

我也了解到，為什麼常常店員、專櫃小姐都會知道顧客的需求是什麼，為什麼總會特別熱情的招待某些人，為什麼某些商場的人潮總是特別多，透過博士的講說，我都明白了。

最後，謝謝我們的學長—田銀錦博士，您是我們精華的榮耀。

★童郁云

　　田銀錦博士是位處理問題的大師，演講時他提到「人的心態最重要，肯努力就會成功。」從這句話可以看出博士是位非常重視態度的人。採訪中，博士提到一點，「好好讀書，給自己拿一張好的入門票」，這一點我想了好久，因為讀好學校並非成功的保證，未來日子也不一定比較好過，我一再思索著這句話的意涵。但我非常同意博士所說的「解決問題之前，要先搞懂問題」，以前的我，遇到問題總會選擇逃避或是直接求助別人，很少會真正去釐清、了解問題的根本，但是經過這次的與大師相遇活動後，我會試著去明白自己的問題，並有效的解決問題，謝謝田博士這一天的指導。

系列七　陳宛宜心理師

名師講堂

與大師相遇

情愛，
一種關係的學習——
談網路交友

地點：精華國中　視聽教室、校長室

時間：106 年 11 月 24 日　13:00-15:50

對象：全校師生

演講記錄：許哲瑋老師、余欣樺實習老師

訪問稿整理：同上

張老師，這個名詞對同學來說並不陌生，反而有一種心安的感覺：當你傷心難過時，他會陪著你；當你想找人訴說時，他會耐心的傾聽你；而當你遇到挫折的時候，他會給你支持與鼓勵。也許有些人會認為「張老師」是專門為「有問題的人」而設置的，因此，來找「張老師」的大概也都是有問題的人；這是一個不正確的觀念。事實上，在每個人成長的過程中多少都會有一些生活適應上的難題，只是程度輕重不同而已。也許你是個身心健康的人，是個好學生，也擁有理想的工作與家庭；但你難免總會遭遇一些日常生活上的困擾，而這些困擾如能及時獲得協助，則可以減少你的焦慮與不安，達到生活上的和諧。「張老師」就扮演著這樣一個角色，願意與大家一起來探究這些困擾，進而謀求改善與解決之道。

　　陳宛宜心理師，像極了鄰家的大姐姐。那可親和藹的神色，使得同學在下午的課堂中輕鬆了不少，他們好奇著這位大姐姐將會為他們帶來哪些精采的課程，伴隨著救國團的幼幼姐姐的帶動，整個視聽教室頓時活絡了不少。暖身活動結束後，「今天，我

們來談情說愛」陳宛宜說，在人生的過程中，每個人多少都會碰觸到「愛情」這個課題，因為喜歡上一個人是非常正常，也是一件很美好的事情。再者，每個人都渴望被喜歡、被肯定的感覺，所以當喜歡的人也喜歡自己，兩情相悅、墜入愛河是很正常的事情。

青春期的孩子正是對愛情概念萌芽的階段，因而在國、高中時期，很多孩子開始都會對戀愛這回事感到好奇。以現在的孩子來說，戀愛可以分成兩種型態：一是對某個老師、同學、朋友、學長姐，帶著類似偶像式的欣賞或喜歡，這裡面可能會存有羅曼

蒂克的喜歡感覺，但卻不見得一定要跟仰慕的對象進入一份關係中，或者真正採取行動，也就只是單純地喜歡或欣賞。二是能夠和喜歡的對象交往，兩個人進入親密關係。這兩個情況雖然不同，但都會讓人有怦然心動和愛的感受，所以我們在看青少年的愛情關係，不見得只看兩個人的交往，而是要擴大到包括喜歡老師或某個風雲人物，這種沒有採取實際行動的單戀或暗戀，仍然應該算在青少年的戀愛裡面。

不過，就大部分的青

少年來說，戀愛的賞味期限通常會比較短暫。一項美國的研究表示，多數的青少年戀情大概只會維持幾周到幾個月的時間，這點，就台灣的情況，也是可以適用的。

雖然時間不長，不過「戀愛」過程中的高低起伏對同學來說卻是相當重要的，因為在這些關係裡面，提供了一個很好的機會真正去探索、學習。包括以下幾點：

一、性別角色的期待

在兩性交往、相處的過程中，可以逐漸瞭解到對方（男朋友或女朋友）對自己的要求或期待是什麼？而在戀愛對象眼中，自己又是什麼模樣？這一切都是藉由親密關係中的互動、對話，或是爭執、討論、衝突，一點一滴累積而來的。

二、衝突的處理

感情裡不是只有甜蜜、美好，也會有齟齬、摩擦，而要如何經營好一份關係，學會處理衝突？吵架的時候該如何溝通？什麼時候該堅持？什麼時候該妥協？該不該給予對方承諾？什麼又是承諾？這些議題對於同學來說，都是一個很好的學習機會，因為這些是日後我們在任何一份的親密關係中，都會不斷再經驗的議題。

三、性態度與性取向的覺察

透過和異性或同性相處、交往的過程，可以逐漸理解並釐清自己的性傾向，對於性的態度，都可以藉由青少年時期的情感的互動，慢慢對自身有了更多的認識和理解。

網路上的兩性互動，最顯著的現象就是網路交友。事實上網路交友已成為時下青少年與青年新興的交友管道。許多學生透過BBS、聊天室、ICQ、E-mail 等方式，結交來自四面八方的朋友，是非常普遍的現象。

　　所以，**教導同學如何辨識網友好壞是重要的**，建議可以以5W 思考法來辨別。

Who：這個人人是誰？是值得信賴且真實可查證的人嗎？

What：這個人想跟我結交的目的為何？

When：這個人是何時加入我的朋友資訊？他跟我接觸多久？

Where：這個朋友的資料是否來自於值得信任的人或機構？

Why：我能夠說服父母、師長為何要相信他的建議或想法嗎？

　　陳宛宜心理師也幫同學整理了網路交友的兩個口訣：「STOP」與「SAFE」，讓同學更能謹記在心，保護自己。

「STOP」口訣：

Secret：個人資料不外洩。

Tell：要將對象、時間、地點及預定回家時間告訴父母。

Open：交友要公開讓父母或師長知道，不私下交往。

Place：與網友見面慎選地點。

「SAFE」口訣：

Select：選擇，慎選網友及交友網站。

Avoid：避免，宜避免使自己陷入危險之言行。

Forgo：離開，接到網友不舒服的訊息或信件時不要回應，並立即

離開。

Eye：警戒，與網友見面保持警戒心。

　　網路交友之所以大受歡迎，就心理需求面來說，每個人都有與人交善的親和需求，希望別人關心自己、聽自己說話的需求。平常生活中，有時要顧慮對方是否會保密、是否有專心傾聽等因素，而找不到伴說話。而網路的匿名性、互動性、便利性、逃避性與立即滿足性正好提供了這種要求。在網路世界裡，不用擔心自己的身分會曝光，可以盡情的抒發不滿或是愉快的心情。網路交友，雖然能很快速的認識不同國籍、興趣與文化背景的人，但真實性與可靠性卻有待商榷。因此，網路交友衍生的問題便層出不窮：像現實生活的人際關係疏離、網路色情氾濫、網路犯罪……現在網路發達，很多青少年透過網路交友，甚至發展戀情。值得注意的是，透過網路交友，社會上的強暴事件或是交友受騙新聞仍然層出不窮，未曾間歇。

　　可見，錯不在網路，而是在於交友者的自我判斷。網路當然只是一個拓展生活圈的管道，一個結識另一個陌生朋友的地方，不同的只是結識的管道。既然感情是成長過程中都必須面對的課題，不如從小就開始教導同學，讓他們知道自己遇到困難的時候，還有可以討論的對象；同時，讓孩子正確健康地瞭解兩性關係，也可以維護同學的安全，陪伴他們在探索中健康成長。

　　此外，**失戀，也需要練習的**。「分手」，也是親密關係中的選項之一。很多人會覺得同學年紀還小、感情不成熟，就算分手也不會多難過。其實不然。不管幾歲，一旦與喜歡的對象分手或被拋棄，那種難過、受傷的感覺都是一樣的，尤其是初嚐戀愛滋味

的孩子，對愛情期待、渴求的情況下，有些人可能真的很想和對方在一起，並真摯地付出心靈、身體，甚至金錢，但卻以分手收場，那絕對是非常受傷的。青少年有時難以從挫折和傷痛之中跳脫出來，自傷或自殘的事件時有所聞，此時更需要成人的陪伴。

有時候青少年會執著地去要求一個分手的答案，如果對方無法或不願明確解說，就會使孩子更加困惑、不解，也可能解讀成是自己不夠好或做錯什麼。

但是，我們都知道，在愛情裡面有很多事物本來就是沒有解答的。只是，一份感情過後，留下來的不會只是那麼多的「問號」，一定也還有更多東西讓我們成長、收藏的。因此，大人可以試圖幫忙孩子釐清，在這段交往過程中，自己的自在與不自在是什麼？期望從這份關係中得到什麼？這份關係中有什麼是我們可以收進我們的「人生背包」？

不管是交往還是分手，都是幫助同學累積經驗，並且隨著療癒、自省的過程，他們從痛苦中復元的速度可以更快一些，對於自身的認識也可以逐漸加深，包括：原來我喜歡的是什麼樣的對象？我想要的兩人關係是什麼樣子？我希望自己在感情裡面是什麼樣的角色？……這些都會幫助同學在下一段感情中能夠更加成熟。

人生雖然不見得都會照著我們所期待的劇本走，但每一次演出，不論是成是敗，相信都是給予我們人生最寶貴、難得的經驗與力量。

◎學生訪談記錄

哲瑋師：我們很謝謝我們的陳老師，現在同學有什麼問題可以盡量的發問，關於你對於你的生涯規劃或是你覺得陳老師心理師的職業好像滿特別的，很少有聽過或是實際參與過，可以把你們心中的想法問問陳老師，從學姐開始吧！

林靖耘：老師為什麼想要從事這個行業？

陳宛宜：這說來話長，我在當心理師之前我不是做這一行的，我是研究助理，那我是農業方面的研究助理，我以前是念畜牧，後來畢業之後一樣就是做畜牧這個工作的研究助理，就是在一個學術單位，在裡面做實驗做一些行政事項，做了兩三年我就參加張老師培訓，就是我剛剛介紹張老師這個輔導機構，後來我發現跟人接觸滿有趣的，對於跟人接觸的能力好像比跟動物好，雖然畜牧顧名思義就是養動物，就是養雞豬牛羊這些，然後我們做實驗也是以這些動物為主，後來因為參加張老師的培訓就覺得好像自己有另外一個能力，就去發展自我潛能，就慢慢去學習什麼叫諮商、什麼叫做心理學，然後就自己看書去考研究所，那心理師是因為我們有一個叫心理師法，他規定說要當心理師的人一定要去念研究所拿到碩士學歷，還要去學校或是機構，可能在醫院，可能在學校，可能在診所，實習完一年之後你才能夠去考國家考試，所以心理師是一個國家考試所發的一個證照，因緣

際會下就走到心理師這條路，所以

現在我就是因為唸完書了，考完試了，拿到證照開始做心理師的工作。

連佳琪：請問在輔導工作的過程中都在做些什麼？

陳宛宜：簡單來講就是跟人的互動，譬如說在當心理師之前我就是在新竹張老師中心做義務張老師，所以我們的輔導工作就是接電話、寫函件、回信給對方，這個是在張老師的工作，後來開始當了心理師之後工作就比較多，譬如說像今天這樣的演講，或者是帶團體，如果你們學校有一些小團體，像是生涯規劃的團體或者是情緒探索的團體，或者工作坊和

個別一對一的談話，剛我走過來的時候有看到你們也有那個心理諮商室，有時候老師會需要跟同學聊一聊的時候，就像張老師一樣，你有什麼疑難雜症，或是心情不好的時候，你們也都可以找心理師聊一聊然後解決一下現在所遇到的一些瓶頸、困難，所以心理師的工作是在做這些，有一個部分很像就是有時候我們會很像民間習俗求神問卜，我們去廟裡面，問一下最近可不可以考試順利，可不可以怎樣，就是各種疑難雜症他們都會來問說老師這考試不知道怎麼考，你覺得我會不會考上研究所，這一類的問題，老師你覺得我這個女朋友會不會回來，那什麼樣的女朋友才會回來，所以你想的到的不管是生涯的部分、人際的部分、家庭的部分，你個人對生命的探索，我人是因為什麼活在這個世界上，我這一生是所謂何來，為什麼要來到這裡，我這一生要走到哪裡去，這些有關於生命的議題，有關於個人的議題，人際，生涯，家庭等等都可以。

胡至宏：老師你從事這個諮商心理師的職業，家人是對你支持還是反對？

陳宛宜：我覺得這個問題很有趣，你看到我一開始是念畜牧，我以前是念五專，然後後來就念大學，後來才念諮商心理研究所，我在畜牧這個領域從念書到工作大概 17 年，你說要這樣突然轉過來變成另一個行業，其實家人第一個反應是你瘋囉？就會覺得很奇怪，就會覺得說你這個工作做得好好的，然後你的工作接下來就是去唸個研究所考個國家考試當公務人員，就是一個最好最穩定的職

業，怎麼會想要去念諮商心理，而且他們也不懂，因為民國九十年開始心理師法才通過，所以心理師這個職業算是很新很新的，我記得我念大學的時候沒有這個職稱，我們以前那個時候就是師範體系、教育體系的學校，會有叫做教育心理與輔導學系，但是也沒有所謂的諮商所或是心理所，有心理所但是他們是第三類組，然後是理科的，所以我念大學的時候是沒有那個科系可以選，我爸爸媽媽他們也會覺得很奇怪，這個以後是要幹嘛的，然後他們有會以為說是要去醫院當醫生嗎？然後我就說也不是，我們也不是醫生，雖然我們是歸類在醫事人員，我們跟醫生護理師是同個等級，那當然是要花很多時間，一開始他們不了解他們會有一些疑惑，你說支持或反對，其實一開始他們是反對的，他們會覺得很奇怪，好好的工作你不做，年紀這麼大了念什麼書，而且女孩子唸書唸那麼多要幹嘛，他們會有很多這些想法，那當然一開始是不支持，我比較反叛一點，想說既然你們不支持，那我就做給你們看，所以我還是自己去念書，就是自己工作之餘下班的時間、假日的時間念書，花一些時間去考試，我考上的那年，因為我是全職學生，我也沒有辦法半工半讀，我白天都要念書，所以我那時候跟我爸爸媽媽講說我離職了，我之前那工作沒有做要專心去念書，我爸爸媽媽第一個反應就是愣住，後來就問我說你有錢可以唸書嗎？父母那種擔心就會出來，後來他們就比較支持，就會問說現在念書念得怎麼樣，然後他們很難理解，念諮商所比較特別，跟一般系

所不一樣，一般系所念兩年就可以畢業了，但我們有一年要全職實習，要到一個單位裡面，不管是學校、醫院或診所，要去整整一年的實習，在那邊上班，因為這樣就要念三年，父母就會覺得很奇怪，人家不是念兩年就結束了嗎，你怎麼念三年，那時候也是花一些力氣去跟他們溝通討論，讓他們去了解說原來這個行業以後是要做什麼的，所以現在要這麼的辛苦，念完書之後還要寫論文去實習，才能夠完成這個學位，後來他們就會覺得這麼辛苦，就會開始關心你，你有沒有好好吃飯，有沒有吃的好睡得好，就是一般父母會做的事情，那我是覺得這個我就會把他當成是父母對我的關心，因為他們也沒辦法幫我念書寫論文，關心你在生活上面有沒有吃的好睡得好這樣，當然考上那個執照之後他們很開心，你終於可以出去工作了。

哲瑋師：老師可以請問一下嗎？現在學校都會有所謂的專輔老師，那專輔老師跟老師您的職位有什麼不一樣的地方嗎？

陳宛宜：有，我先講一樣的地方好了，專輔老師、兼輔老師或者是心理師，其實我們都是在做輔導學生的工作，就是學生為主，那因為心理師跟專輔老師所受的訓練是比較不一樣，所修的課程也不一樣，那心理師有個部分是如果我們以輔導、諮商、心理治療的一個過程來講，輔導跟諮商有一個重疊的地方，諮商跟心理治療又有一個重疊的地方。專輔的老師其實是在做比較是輔導的工作，比較是初級，我們會把整個教育體系裡的輔導工作分成三

個階級，我們在三級輔導裡面，初級輔導是輔導老師在做的，然後他們也會做到二級，那心理師的工作大部分會著重在二級和三級的部分，所以他會有這樣的不同，那初級的部分譬如說會辦一些團體活動、講座，初級預防比較屬於是教育性的、輔導性的，預防問題的產生，二級就是當學生有些狀況，他需要輔導的時候，或者是他已經出現一些我們說不適應的行為、偏差行為，我們就要開始做介入，所以我們可能就會把一些人際互動上面有困擾的同學集合在一起，我們辦一個小團體，或者是我們就開始做個別諮商的部分，三級的部分就是他可能需要一個長期的介入，比如說他有很嚴重的情緒困擾、心理疾患，那我們就會做三級，如果以一個金字塔來看的話，你可以看到就是初即是在最底層，二級是在中間，三級的話就是在金字塔的底端，如果說以服務的對象來講，都是一樣都是學生和有困擾的一些人，但是就是我們介入的方式會不同，我們採取的輔導策略會不同。

林靖耘：老師如果你自己遇到心情上的困難你會如何解決？

陳宛宜：這個問得很好，如果是以前我沒有學諮商、心理學的話，我以前最常做的事情就是吃東西買東西，尤其現在在周年慶，我記得我以前剛工作的時候開始有賺錢，就會覺得很開心，可以有自己使用錢的權利，就會周年慶到了就失心瘋， 那是一個很好的壓力抒發管道，當下買的時候會覺得很開心、很舒爽，可是買完之後看到帳單，你開始會覺得怎麼這個月花這麼多錢，就會回去反

省一下，可是明年又再來，但是後來開始學輔導、學心理學之後，我就會發現，其實人的一些情緒或壓力，怎麼樣可以去解除，怎麼樣可以去把他慢慢地降低，那我就發現很多其實是來自於你有沒有先覺察到你有這樣的情緒產生，有的時候我們不知道只是覺得很煩燥，然後不知道原因是什麼，也許可能是我工作壓力太大，或者是跟同事相處有意見，但是我沒有去想到這個，我只知道我很煩，那我很煩就是我要去吃東西買東西，開始學了心理學後我就開始會想說，是什麼造成我這個原因，很煩的原因，如果今天是因為跟家人吵架或是被老闆罵，我知道這個原因了，那我就會開始回過頭去看，我今天跟老闆意見不合的時候我可以怎麼處理，也就是說我先做了一個預防的動作，我去了解事情的成因之後，然後我知道下一次遇到同樣的事情時，我可以怎麼跟老闆表達我的想法跟意見，這樣子我就不會造成後面那個結果就是我不敢講、我不敢說，然後心情不好，我就去吃去買東西，那當然這是透過一些學習，後來才知道說，因為學習心理學學習諮商，有很多方式可以幫助自己，因為我們這工作是要幫助別人，但是在幫助別人之前，我發現受到最大的幫助是自己，所以我會透過這個方式，我才知道原來我可以先去覺察引發我這個情緒的問題是什麼，先找到他，下次我遇到的時候，我不會再犯同樣的錯誤，我就可以避免後面我去大吃大喝。那另外一個就是我現在會用的方式「正念」，這是現在很流行的一個方式，他是一個我們在講說減低壓力的技術、覺

察自己的方式，你可以從 google 上找到很多跟正念有關的資料，正是正確的正，念就是念頭的念，這個方式是最近這兩三年我在學習怎麼樣去幫助自己穩定情緒與覺察很重要的一個方式，他不是正向思考，他是你覺察你當下現在此時此刻的想法念頭，念的話是一個今再一個心，就是你現在的心，不是 heart 唷是 mind，你覺察你現在的念頭想法感受等等，也就是當我們可以處在一個正念的狀態的時候，你所做出來的選擇，是比較正確的，也比較符合現實，比較不會做錯誤的決定，因為他是經過西方科學大概三十年左右的研究，他證實對焦慮的情緒、憂鬱的情緒、失眠等等是有幫助的，其實他源自於我們東方的禪修。

連佳琪：老師對諮商心理課有什麼興趣？

哲瑋師：同學要問的應該是老師你在修習這個課程過程中，除了老師之前的轉念想法外，你從這些課堂中有沒有讓你獲得到讓你覺得對！我就是要走這一條的一種想法。

陳宛宜：我覺得在我的生命當中，我不曉得是什麼原因，但是我覺得在我的生命當中，冥冥之中就是有一條路你會去走，即使你走錯了路，但是上帝、上天會給你一些指示，你還是會回來走你原本要走的道路，就像我一開始說我念的是畜牧，但其實我那時候念畜牧也很簡單，就是打開那個自願表，那時候是念五專，一開始是因為沒有考上高中，我爸爸就說那你重考好了，看要不要重考，我就說不要啦，看姐姐念好辛苦，我覺得我念不上去，我就想說念五專好了，念五專應該比較簡單一點，

那時候去填志願的時候我就問我爸爸說什麼叫畜牧，我看都看不懂，但是有一個很吸引我，就是他是一個國立的五專，我那時候就覺得國立那錢應該花的很少，就是學費很便宜，然後我就衝著這一點，還有名額我就填了，填了之後就發現我考上了，我一開始我也不知道什麼是畜牧，就傻傻的念，念一念到了專四專五我們會做一個生涯探索興趣量表，他會告訴你適合從事什麼行業，我們那個年代國中沒有做這個探索，然後我們輔導室的功能也很弱，輔導室的功能就是壞小孩去的，翹課、打架就會被老師拎到輔導室，但是現在輔導室功能已經不止這些了，所以那時候也不太知道自己興趣是什麼，反正有什麼就念什麼，只是到了專四專五發現學校有辦這個講座，我就去參加，才發現我的興趣其實不是在念理工念自然科學，因為畜牧是在第三類組，那個測驗做出來我的興趣是在第一類組，就是念人文，念社會科學的，我就開始懷疑我到底是不是合繼續走畜牧這條路，但是那時候也沒想太多，因為覺得要換一個領域念也不知道怎麼念，那時候也不知道怎麼做，所以就繼續念大學考插大，然後一樣選了畜牧念，因為最簡單，也不用什麼準備只要念念書就去考試這樣，念了之後就覺得說順理成章，念了這科系就是要做這個，你念電子可能就是去園區工作一樣的意思，所以沒想太多，但是其實我對於人、教育這個東西是很有興趣的，但是不知道怎麼開始，所以我說去參加張老師培訓是一個契機，就是他讓我開始了解人文科系、社會科學是什麼這樣，

當我在選擇要去念書跟繼續工作的這個當中，我自己也走了一段路，然後我發現越來越在張老師裡面服務的時候，我是喜歡跟人互動的，比起跟動物或做實驗來講，因為做實驗會需要很多很多的熱情在裡面，做實驗是很枯燥乏味的，做實驗室一直在做，然後數據出來的時候看有成功沒成功，回去再修正你的實驗條件再做一次，這過程是很冗長，在過程當中你不會知道自己到底有沒有做對，你只有等實驗數據出來的那一刻，一翻兩瞪眼，你才知道說你這實驗有沒有做對，但是以人的人文科系來講，其實因為我們一直在跟人互動，我就發現兩個相較之下，我更喜歡做跟人有關係的工作，那時候也是考慮很久，所以說心理諮商，我對哪些科目有興趣，我覺得只要是跟探討人的部分都有興趣，尤其是我們在念這個科系裡面，我們念很多，我們要念所謂的變態心理學，了解人正常不正常或是什麼狀況，了解諮商理論，了解人的人生觀、哲學觀，還要去學習怎麼做測驗這個部分，怎麼帶團體，要學習的方面會很多，學習的科目也很多，但是我覺得裡面來講對我最受用的就是在這些所謂的諮商理論裡面講的人性觀，就是你怎麼看待一個人，我覺得這個對我來講是引發我最大的，比如說以存在主義來講，他就是會告訴你人為什麼活著，人活著的意義時什麼，他不會告訴你人活著的意義是什麼，但是他會告訴你說你只有在去追求一件事情完成一件事情的當中，你才可以找到意義，就像你們現在在做這個一樣，老師叫你們做這個你們知道意義是什麼嗎？你們

不知道，但是也許你們可以透過這個過程當中可以去聽一個人的故事，或是你們在整理資料的時候你才會知道你做這份工作的意義是什麼，我後來覺得其實那個諮商理論可以告訴我們很多跟生命跟哲學有關的東西，這是我覺得很吸引我也是我很有興趣的部分，那因為每個人都他自己的故事，我有我的，我相信老師也有，同學你們也有你們自己的故事。

胡至宏：那老師諮商心理師該具備哪些的能力？

陳宛宜：第一個你要先對人有好奇、興趣，就像我之前做動物實驗，如果你今天很怕動物，你要去做動物實驗，就是雞、豬、牛、羊、老鼠，如果你今天都很害怕去碰這些動物的時候，你連抓老鼠都很害怕，你怎麼做這個工作？如果你今天要當一個護理師，當一個醫生，你當個外科手術的醫生，你今天看到血都會害怕，你怎麼有辦法拿手術刀在那裡畫，所以第一個你要先能夠對人有興趣，就是我做這個輔導老師、心理師，你要先對人有興趣，然後第二個要對人有好奇心，你會想要知道他在想什麼，他是為什麼會這麼想，他怎麼跟我想的不一樣呀，明明對一件事情想的不一樣，有的人會覺得咖啡，這麼苦你怎麼要喝，但是有的人就覺得超香的，他很有療癒性，你要對這些事情開始有一些想法，我想要知道他為什麼這麼想，再來他對自己有沒有足夠的認識，當一個心理師有個部分很重要就是一輩子都在做一件事，那就是「自我覺察」，怎麼去觀察你自己，怎麼去覺察你現在的狀態，要對自己有足夠的認識。因為進來這個學

科裡面會有很多比如說倫理規範需要守，我們不能隨意
地把個案的故事講出去，像八卦一樣流傳，不能像在交
換八卦，我們有一些工作守則要遵守，然後你對自己是
不是能夠除了關心對方之外，是不是也能夠關心你自
己，你在幫助別人的時候，你是不是也能夠幫助你自
己，比如說你要幫助一個人從痛苦之中脫離出來讓他快
樂，那你能不能也先做到這個，這個是一個很重要的能
力，如果當你發現你可能連自己都沒辦法解決你自己，
甚至你沒有辦法找到資源的時候，你可能要想一下我是
不是適合做心理師這個工作，那當然不是每一個人都有
辦法去解決自己所有的狀態，我們也會需要別人的幫
忙，但是我們要怎麼去找到那個資源很重要，我們也是
在教同學你要怎麼找到你的資源，再告訴同學這麼做你
可以有一些行為改變的時候，你自己是不是也能這樣告
訴你自己，你願不願意這麼做，而特質就像我剛剛講
的，你會喜歡接觸人，要溫暖、要有同理心，是一個比
較中立客觀的價值觀，去看待一個人、看待一件事情。

林靖耘：老師在學心理學時有遇到困難嗎？

陳宛宜：有，很多困難，在學心理學的時候第一個我覺得他非常
有趣也很吸引我，所以有時候看書會看很久，會覺得哇
哇！這實驗怎麼這麼有趣，他裡面會講一些引經據典告
訴我們一些過去做的實驗，也會告訴我們怎麼解決，遇
到這個困難的時候要怎麼解決，但是你說在念心理學過
程當中遇到的困難，對我來講最大的困難是寫論文這段
時間，因為心理學告訴你都是知識，所以你只要把他背

下來就好，然後能夠應用的出來，但是我覺得在修課的這個過程學寫論文是一個從無到有，你好像在生一個小孩一樣，你要把他從沒有到生出來這樣，這個是我覺得在修課過程中，比較困難的地方，對我還講算是有挑戰的事，其實學心理學念書都不困難，念書就是你只要理解他，知道他當初為什麼要做這個實驗，他告訴你的目的是什麼，為什麼要探討人的這些行為，但他是有趣的，然後當你對一件事情有興趣的時候你就會覺得再多的困難也不是問題，因為心理學其實是從西方來的，他不是東方所出來的一個科學，所以西方來的東西也就代表你要念很多原文書，其實我英文也沒有很好，但是為了要知道這些知識，你就會想辦法去克服，克服的辦法就是花時間去查字典，也許之前你都不會想去碰什麼英文字典，但是你為了想要得到這個知識，你會花些時間、力氣去做。

連佳琪：老師以後還想再接觸什麼其他有關輔導的東西嗎？

陳宛宜：這個是指……可以範圍再縮小一點點嗎？

哲瑋師：同學意思是說，老師目前是從事這塊領域，那之後例如說可能退休的規劃，還是不管說以後還有沒有在這個工作行業，還會持續的往關於心理方面的層級去走嗎？

陳宛宜：我覺得會耶，因為我已經轉過一次行了，所以接下來我在想說如果我要再轉行的話我可能還要再想一下我還有什麼樣的才能，要先去發展第三專長才行，我會從第三類轉到第一類這樣子來念，我覺得我自己也是經過一些思考跟調整，以明年來講好了，我不會轉行，十年我不

敢保證，因為我覺得人很難講，我十年前我也沒想過我要當心理師，所以你問我未來會不會怎樣，我不太確定但是我給自己一個保持開放的態度，因為我是一個好奇心很強的人，就是我覺得什麼東西有趣好玩，我就會想要去學，但是如果這些東西跟跟助人有關，我都很樂意去學，就像比如說我有另外一個瑜珈，人家會覺得很奇怪，你好好一個心理裡師跟人家搞什麼瑜珈，但是其實在我當心理師之前，我就有在練習瑜珈，只是後來發現原來他也可以幫人，後來我在一些教科書上面，其實如果說有一些人，他可能對自己的身體方面他不是很靈敏，覺察度不是那麼的高，他有時候可能會忽略自己身體的疼痛，身體的情況會影響心理，會讓自己心裡可能憂鬱或是焦慮失眠，所以他就教我們你可以教他靜坐，你可以教他瑜珈或教他運動，然後我就發現這不錯，我自己也用在一些學生身上，就發現的確他是可以相輔相成，他可以來幫助你的諮商工作做得更好，後來我就覺得說好吧！拿一個瑜珈老師的證也沒有不好。

胡至宏：那老師在擔任諮商心理師的時候有遇到哪些特殊的案例嗎？

陳宛宜：我覺得這個分兩個部分來講，雖然說心理師這工作很多都是單獨一對一的，當然我們也會遇到困難的時候，也會遇到我們不會處理的時候，我們在這領域我們有一個叫督導，所以我們就會去找督導，他就有點像是我們的老師，我可以跟他討論說，當我遇到這個瓶頸的時候，怎麼找到一個更好的方式去幫助他，你說有時候我們的

視野比較狹隘，或者我們當時沒想那麼多，但是我們的督導可能會幫我們想，或是他可以給我們一些提示，跟著你去看看怎麼做會更好，這是一個督導的功能，那當然我不諱言，有時候當我有困難的時候，我當然會找督導，因為這對個案來講是一個他的權益，你在做這個工作的時候，你必須要去考量到你所做得事情是對對方有最大的幫助，沒有最大的幫助的話，我們幹嘛做，所以我們第一個要考量的是對方最大的福祉，所以找督導是有這個用意在。然後另外一個你說印象深刻的案例，因為我有在外面接也有在張老師接，有一個印象深刻的案例是在張老師有接一個大概八年的案子，他從他大學念書一直到畢業，然後到工作，這樣前前後後八年，因為他的狀況我覺得也滿特別的，就是他有一些創傷，那些創傷可能是他不想跟別人說的，就是跟法律有關的創傷，所以你們可以想的到比如說家暴、性侵或是虐待，這種就是跟法律有關係，那對我來講印象很深刻是因為我那時候從擔任義務張老師是還沒有領執照的，還沒有去念書還沒有拿到心理師執照，所以那時候我也不知道怎麼做，你會覺得做的很惶恐，因為你不知道你這樣做對他有沒有幫助，但是他跟你談了八年，在這過程當中，我經歷了考研究所，然後畢業拿到心理師執照，我就發現原來我對個案的幫助可能也許只是你的陪伴對他來講就是最大的協助，你可以給他的也許只是在電話那一邊你聽他說，因為他可能真的沒有人可以跟他說話，你聽他說話然後適時的給他一些引導，提供他一些支持

與關懷，在陪他的過程當中，其實我也讓自己成長了很多，所以幫助對方的同時其實幫助最多的會是自己，這是一個我很少可以談八年這麼長的個案，這事讓我印象最深刻的，他也讓我看到，諮商是一個很特別的過程，我們說他是一個重新撫育的過程，就是你重新再長大一次，也許你之前長壞了，你的父母對你不好，打你虐待你，有的父母的功能的確不是這麼的好，有的父母真的是對孩子很好，就是百般的呵護照顧，不管是生活上衣食無缺，精神的照顧也都有，但是有些父母的確也是像你們在新聞看到的，會打小孩虐待小孩，我會發現原來在這過程當中，你重新讓一個人重新在長大，重新慢慢給他安全感，建立一個很好的依附關係，慢慢地他可以重新決定他要怎麼過生活，我從這個案上面就是有看到這樣的一個過程，你看我跟他談了八年，從他對自己很沒有信心，然後一直想自殺，他也曾經自殺過，沒有成功，他的人際關係也很不好，但是慢慢這樣子一個階段到一個階段，從他畢業到去工作，工作當中有遇到很多困難，又換了工作，然後在這過程當中可能跟他伴侶之間有一些爭吵或什麼的，又經歷到一些伴侶關係，已經不是人際是感情的關係，你就看他慢慢的好像會長大的這個感覺，他的長大是跟你談話的過程中，你會看到原來他回到像小孩子一樣慢慢的重新長大，你提供給他的就是一個很溫暖的環境，就像園丁的工作，我們要照顧一個花園，我要讓這棵樹長的好好的，讓這棵花草長的好好的，我們可能要幫他去除一些雜草，然後定時的澆

肥，給他一些足夠的陽光、空氣、水，他就會慢慢的長大，所以我們的工作就很像園丁一樣在做這些事情，就像你照顧動物也是，你要幫他整理環境，如果你養天竺鼠或養小老鼠，要幫他定時的換一些木屑，每天都要幫他換乾淨的水，他才會長的好，然後你不能餵他吃太多，吃太多他可能會撐死，但又不能都不給他吃，餓一天餓兩天再給他吃也不行，就是你要慢慢的去照顧他，他外在的環境都準備好後，他自然而然會知道自己想要往哪個方向去發展，他會找到他自己的力量，所以這個個案給我印象很深刻，他找到他自己的路，他從他不知道他畢業之後要做什麼到他發現他可以做什麼，然後從人際關係還有從伴侶關係裡面，他知道他想要什麼樣子的關係，這是我覺得在教科書上面印證到的，其實也是讓我覺得很感動的事情，因為是真的會發生不是書上寫的。

哲瑋師：因為時間也差不多，我希望利用最簡短的時間，我希望三位同學能夠給陳老師用一句話來回饋，當作今天課程的一個 ending。

胡至宏：我覺得老師就是不管在什麼地方，在生活上然後他發現自己的興趣，他都會去追求，這是非常好的一件事情，因為我到現在都沒有辦法了解我自己的興趣，也沒有很深的去下定論，想不到老師在這之前就已經下定論說他要當什麼了，老師那當時你有跟家人談過嗎？

陳宛宜：有呀，但是我想跟你說，國中都不知道這很正常，因為我也不知道，我那時侯國中選五專的時候只知道說國立

好就選了，這是需要一段時間探索，很正常。

連佳琪：就走五專的那個路感覺很痛苦但是你都沒有放棄，如果是我就會放棄。

陳宛宜：可是念五專我很開心，因為功課壓力很輕，我同學他們念高中功課壓力都很大，都要每天念書，我是玩得很開心。因為他是技職體系，跟學術不一樣，技職體系很多都在實做、操作，跟一直在念書是不一樣的，所以我那時候覺得很開心，因為我會覺得太好了不用一直念書，然後就一直在實做操作。

哲瑋師：這可以給你之後要升學的管道做一個思考。

林靖耘：從今天的採訪中了解要從事心理師這行業不容易，而且要具備的能力也有很多，覺得是一條很辛苦的路。

陳宛宜：不過我覺得很辛苦沒有關係，只要你有興趣，只要你有熱忱，他都可以支撐你走下去，因為他可以幫助你找到你真的想做的事情是什麼，然後他可以幫助你去發展你人生的意義是什麼，就是怕沒有夢想。

哲瑋師：陳老師已經幫同學做一個結論了，只要你心中有夢想，他就可以支持你讓你有一種動力可以一直持續下去，那希望同學就是往你的夢想邁進，那今天謝謝我們的陳老師。

◎學生心得

★林靖耘

　　採訪完陳宛宜老師後，覺得要當上心理諮商師還真不是一件簡單的事。首先，要先取得碩士、博士學位和考取國家考試，才有機會當上心理師。而老師也告訴了我們她一路走來的心得：「再辛苦有熱忱就不怕苦。」這就是學習的一種精神！此外，老師還告訴我們很多的事情，讓我們更了解心理諮商師這個興起的行業。像是：學心理學需要具備些甚麼樣的特質？當你遇到困難的時候可以如何解決？等等……，有很多都是我從來沒想到過的，採訪完老師，我的最大感想是：這是一個人與人互動的時代，同樣對待人也需要同理心和溫暖。我們每個人都不是聖人，難免都會有遇到沒辦法解決問題的時候，所以當他人遇到困難，何妨給他人一點溫暖和同理心，或許就是一種最好的幫助吧！

★連佳琪

　　11 月 24 日下午的演講，講師是陳宛宜老師。講的內容是我們常遇到的問題：網路交友，這兩小時讓我們學到超多的知識，如果有問題想找人傾述或解不開的心結，其實有很多管道可以抒發。像生命電話 1995 或張老師專線 1980 都是很好的選擇。

　　什麼是網路交友？不管是手機、平板或是筆電等能連上網路基地的的 3c 載具，都有可能遇上網路交友，遊戲、交友程式更是聯絡交友更便捷快速的途徑之一，像我就有接觸這些 3C 的程式，因為我想多交一些好友，開拓我的視野。水能載舟也能覆

舟，如果使用的當，它的確能拉近人與人的距離，與人結善緣；但使用不當，它也可能是犯罪的溫床，所以不可不慎！

讓我最佩服的是宛宜老師的上進，之前老師高中讀的是五專，科系是畜牧科，二、三年後因緣際會才開始接觸心理那一類的事物而投入專業領域，剛開始家人不同意，老師當然也很「叛逆」，用她的實力做給家人看，最後家人看到她的努力之後認同她，讓她覺得很窩心。老師說了很多自己的例子，然後再鼓勵我們未來的路自己好好選擇，不要放棄。

★胡至宏

星期五的與大師相遇，老師推派我去採訪宛宜老師，老師是一位心理諮商師，對於輔導與溝通方面有更多的經驗，當時有一股幾絲的興奮與緊張湧上了心頭。在還沒到當天之前，我們要做許多的問題與想法，可以在當天提出來共同分享與討論，我在家中邊看老師給我的資料邊做重點，讓我想起當天採訪，又使我我心裡又湧起了一絲緊張。

到了當天，大約下午三點多，老師帶我來到了校長室，當時，我們是第一個到場的，隨後，學姊們也陸陸續續的到來，才開始我的第一次採訪。剛開始，先由老師來先揭開序幕，進行提問，在老師和我們大家的提問之下，才得知老師原先並不是一位心理諮商師，而是一位農業助理，由於農校辦理的心輔活動才讓老師發覺自己的興趣與長處，讓老師朝著這個興趣去追求、當時家人並不了解心理學，也相當反對，是因為老師的意志與努力，才獲得家人認同。

老師最後有說要當個心理師必須要先對人有好奇心與興趣，同時也要對每個人包含著溫暖，同理心與關愛，所以，一名心理師也是非常了不起的。

　　採訪結束後，才讓我得知一名心理師所需要具備這麼多的能力，並不是一件簡單的工作，這就是我的第一次採訪，使我收穫滿滿，受益良多。

人生的「筆」賽

名師講堂

與大師相遇

地點：精華國中　視聽教室、校長室
時間：106 年 12 月 8 日　13:00-15:50
對象：全校師生
演講記錄：黃琇芳老師、余欣樺實習老師
訪問稿整理：同上

◎導言

　　1968 年生，從就讀師範大學美術研究所碩、博士班起，鑽研書法、篆刻至今，熱愛書寫藝術，任何字體都難不倒他，且樂於推動全民寫字的風氣，著有多篇與書寫藝術相關的期刊、學術論文。

　　悠遊書寫藝術多年下來，蔡耀慶至今仍寫個不停，寫字這習慣已經活在他的身上。「沒有寫字就像沒有過完一天的生活。」即使累到眼睛快要瞇上，蔡耀慶回家後仍舊拿紙動筆。不斷練習，也是寫好字的法門，有些細節，即便細細觀看品味，理解的程度卻遠遠不如直接手寫，如字體的轉折，練習時不斷要求臨摹者臨字，是為了使臨摹者藉臨帖一事掌握眼睛觀察力，以及手控制毛筆的能力，初步成功即是在於能夠重現多少程度的古碑帖樣貌，臨摹字帖，必須要達到此項標準，才能往更高層次邁進（節錄自「大人の字帖」）。

　　定靜生慧，靜心書寫，是修身養性的開端。十二月八日，第八場名師講堂，孩子們氣定神閒的度過了整個午後，獲得的是滿滿的滋養。

　　動筆前，耀慶老師和孩子們聊了他的成長過程。童年時的蔡老師住在嘉義布袋，父母不識丁，但對孩子卻是百分百的提攜，因此蔡老師與毛筆結緣得早，五歲時，父親便給了他人生中的第一支毛筆，這支毛筆，開啟了他的寫字生活，因為這樣的訓練，加上小學四年級時老師的鼓勵而真正愛上書法。一路寫下來平平

順順，直到高中時發現班上有許多寫書法的好手，試著揣摩著他們的筆法、動作後體認到自己不足之處，於是開始大量閱讀，圖書館也成了最佳去處。大學階段就讀電機系，因為必須打工賺錢，所以前後嘗試了二份與寫字無關的工作，下工後總覺得人生都被晃蕩消磨盡了，他決意重拾毛筆，以書法參賽獲取獎金解決生活上的困頓，原以為可以勢如破竹的大敗對手，但事實是入選名單上，自己連影子都沒有，在同學的提醒下，他開始找老師學習，大三時，真真切切的回到書法路上，到了大四便直跨社會組參賽，而這份成就來自於對自己的了解。

蔡老師說道，電機念得實在慚愧，但這就是抉擇、割捨，人生不是任何東西都可以抓在手裡，如果沒有學習放手與割捨就無法定下目標，不要擔心環境如何，懂得方向、了解長處才重要。學習過程

中，什麼事情是一看就會，那一看就會的，便是你的優勢，知道優勢就要想辦法發展，訂好目標，且為了目標奮力，那就是值得的。

隨後，蔡老師帶著孩子體驗筆的魔力，在老師一一的指導下，孩子從寫字中內觀自省，原來日常中，我們是如此的躁進，有時連「好好」地寫一個字都做不來，而透過今天的課程學習，孩子了解書寫的益處，這是一門靜心養氣的功夫，寫字過程中可以促使大腦活絡，寫字時需全神貫注，心靜神凝，仔細觀察每個

字的結構，下筆時，腦、眼、手相對應，如此才能控制筆力的輕重緩急，日積月累下，足以改變人的心理狀態，養成穩定沉著、從容不迫的習慣，專注力亦在無形中被訓練，而練就一手好字亦非一蹴可幾，古云：寶劍鋒從磨礪出，梅花香自苦寒來，唯有下功夫，日積月累方有所成，即使不談藝術，使用毛筆寫字所帶來的「文化感」，更是其他文化、其他方式都不能比擬的，寫過字的人都明白，當一支毛筆在手，在雪白的紙上一筆一畫的寫字，那種安靜、滿足的感覺，足以讓人在繁忙的生活中沉澱下來，進而傾聽自己心靈的律動。

◎學生訪談記錄

鄭茗月：工作會影響您的興趣嗎？

蔡耀慶：我的工作和我的興趣是差不多的，我算是比較幸運的人，所以我是在博物館裡做和美術相關，兩個東西是可以相互配合的，不會因為工作改變我的興趣。

范萱怡：老師最喜歡運用哪種工具進行創作？

蔡耀慶：筆！各種的筆，毛筆，爲什麼毛筆會變成我主要的工具，就好像說你用了 brush，在西方稱這個筆叫 brush，中國稱之爲毛筆，它兩個中間的差異在 brush 意味著單向的，它粗細大概都被控制好了，像油畫所用的那種刷子是平的，可是毛筆本身是圓錐狀的，透過你手的壓跟提會產生會產生粗跟細的變化，快跟慢就會產生線條上面有些比較乾枯，有些比較濃重，它的變化效果會比單純使用 brush 來的更多，所以中國使用毛筆可以去產生像水墨一樣比較大的變化，所以毛筆是我最常使用的工具。

梁雅媜：會用其他的書體進行練習嗎？

蔡耀慶：甲骨文是中國最早形成系統的一套模式，距離現在大概三千多年，在殷商的地區出土，那字比較多是用刻出來的，象形比較多，現在大概有四千多個字，其中三千多個字可以識讀，一千多個字還沒有辦法識讀，用甲骨文可以進行創作，少數幾個字可以創作，但是有些字過去

甲骨文並沒有，現在要創作的話要自己去兜出來，兜的時候到底是不是正確，對我們而言會有壓力，為什麼說會有壓力呢？因為古人沒有那個字，你兜出來不見得理想，舉一個最簡單的例子來講，我們住家的住，我們現在寫法是一個人一個主，如果說你會甲骨文，你知道一個叫人一個叫主，你是不是很容易就把人跟主放在一起，就以為它叫住，但古時候住不這樣寫，那你現在把它兜在一起，是你覺得對，但實際上不符合甲骨文，也就是說你可以用其他書體當作你的創作內容，但你必須花更多時間去瞭解那個書體組成的一些結構，它的運作模式是怎麼樣，不然你就很容易寫錯字。回過頭來講，會用其他書體創作，當你選擇不同的書體，就意味它栽不同環境所產生，它有不同的要求，那你如果符合那個要求，符合它那種情境，也許就可以使用那種模式來創作，舉例來說好了，現在校長要求我要寫一篇公告，告訴全校的同學本校要做哪些事情，校長非常隆重在寫，所以你就不能寫草書，因為可能自己看不懂，同學也看不懂，你可能要寫正楷以示莊重，若上面加上校長訓話，那可能就要用小篆來寫，代表最隆重的正式公告，大概就是不同的要求用不同的書體來處理那是可以的。

鄭茗月：在學習過程中有沒有遇到什麼困難？

蔡耀慶：學習困難多的是，我的學習充滿了挫折，考試考不好就是挫折，我們會對自己的學習有些時候會訂下些目標，但不見得你的目標跟你預期的結果是一樣的，那算不算挫折？那一定是挫折，因為你應該得一百分但實際上只

有七十，七十跟一百它中間的三十分就是個落差，落差它事實上就是挫折，對我而言這種挫折經常出現，回頭要想的並不是說拒絕接受這種挫折，而是想辦法讓這個挫折在下次可以減少它的量，你原本預期我要得一百分，你現在只得七十分，要嘛加油多努力一點，讓你更靠近那一百分，要不然就是要現實一點，你的本事大概就只有七十分，那你就不要老是要求要一百分，那是不是讓你的挫折就少一點，當然你也可以讓自己更安逸，那我下次就設定好標準就是六十分，你設定六十分的話就會覺得人生充滿愉快，我每次考試都七十分，但是你會覺得你每次往後退，比你已經達到的目標往後退的話，那你人就顯得更消極，所以我不會認為往後退是好事，但是也不要有過高的期待，你得要學會看自己的能力到哪裡，訂好符合自己的標準，很努力的有辦法去跨到那個標準，那就是最好的目的地，絕對不會找一個好高鶩遠達不到的目標，也不會說走到一個非常簡單的地方，大概就是要回頭來省思自己能力在哪些地方，想辦法把自己做到最好就可以了，這是我減少挫折的方式。

范萱怡：如果想跟老師一樣在博物館工作，應該具備怎麼樣的經驗或者是訓練？

蔡耀慶：現在台灣的博物館它有幾種管道，第一種管道是透過公務人員高考，有大學學歷之後可以考高等考試，現在好像是高考三級，大概兩年會出一次叫座博物館科，可以透過這個管道進入到博物館，另外一個是透過專業的，比方說你是做藝術史、科技史、做文物的研究的部分，

那現在的學歷要求最低門檻是碩士，碩士以上每年會有招聘的方式，有可能會進到博物館，這是屬於公立博物館，那私人博物館的話就看你是走哪一類的，因為博物館是一個大的項目，它裡面分了非常多細項，有科技類的、歷史類的、美術類的、動物類的，各種類型，那你也可能是針對某一種專業、專長，那麼博物館也可能會聘你，至於經歷的部分，因為博物館它算是一個總和性的，來自各個學科它裡面都有需求，它有所謂的專業博物館學，也有分科博物館學，甚至也會有一般的博物館行政，就看你的興趣是在哪一塊，相關的經歷博物館都能接納，比較不會特別強調一定要哪些人才可以進去。

梁雅媛：小時候父親要你練習寫的時候有反抗過嗎？還是心甘情願的寫？

蔡耀慶：一開始的時候當然不會心甘情願，人家在玩的時候你不能玩，怎麼會心甘情願，只不過是在我那種教育環境底下反抗的力氣不會很大，我不會直接跟我爸講你叫我寫我就離家出走，那是不可能的，但是你說會不會很快樂，沒有，從五歲開始一直寫字到國小四年級這段，基本上就在於寫跟不寫，就好像是一天家人有要求你做哪些事情，你要把這個作業做完的那種感覺，到了國小四年級之後就屬於自己的樂趣，從寫字中間找到樂趣，願意持續在寫，差在這邊，反抗倒是還不至於，我還沒有反抗，可是回過來講，我想要提的是，我爸爸要求我要寫字，那我為什麼沒有要求我的孩子寫字？假設你這樣想的話，你心裡面應該就會知道，在我的內心裏頭其實

父親要求我寫字這件事情，我一開始是會有非常多的不願，可是我沒有打算把這種不願加到我的孩子身上，所以我寧可選擇，他們要寫就教他們寫，但是他們不寫的話我也絕對不會強制他們寫，因為在我內心深處裡面還是會有一段被要求要做這件事的過程，即便我後來是很喜歡寫字，天天寫字，但是我不會把每天寫字的習慣要求我孩子，一定要去接受，這就是我可以給你的答案。

鄭茗月：在什麼情境下最可以寫出好的作品？

蔡耀慶：中國對於寫毛筆這件事情它認為有五乖五合，乖不是乖乖的乖，這乖是五種狀況不適合寫字，五種狀況是適合寫字的，那什麼狀況你會心甘情願寫字？你不用問我，你可以問自己，答案是一樣的，因為你非常高興的時候，很適合寫字的時候，筆好的時候，工具好的時候，你那時候會覺得寫字是很舒服的，你現在是被人家逼迫你要寫字，拿了一支掃把要你寫字，拿了一張爛紙要你寫字，天氣大熱天，七月外面還在揮汗如雨的時候叫你寫字，這些你都會寫不好，換句話說你問我我要怎麼樣寫字寫得好，人事時地物都很恰當的時候，你寫起來就很好，人事時地物都不順心的時候那就寫不好，那大家的想法差不多，落差不大，我唯一要提的就是我們有沒有辦法去把這個外在氛圍加以改變，現在有一個你很討厭的人就在你旁邊，你有沒有辦法讓你的心也安下來寫字，我認為要做這件事情就叫克己，把自己的心性能夠先穩定下來，穩定下來之後外在的這些東西都比較不會變成干擾你的要素，那你還是可以有辦法寫字，要不然

假設你沒有這個克己的功夫的話，你可能對於外在的因素你會把它擴大，明明是你還可以寫字的，但是因為你擴大之後你就沒辦法寫字，舉個例子來說，我們剛講七月大熱天很熱，是不是因為大熱天我不要寫字也不要讀書，我什麼都不要做只要睡覺就好，你說假設這是完全沒有什麼要求，跟讀書是一樣的愛讀不讀沒關係，但是你是學生你還是有需要讀書的這個必需，那你沒有辦法說，天啊！你馬上降溫，所以你就得要去調整，即便是在夏天、大熱天的時候，你還是覺得內心會有些涼爽，你還是有辦法讀書，即便外面有非常煩躁的聲響不斷在產生，你內心裡面因為可以得到安靜，你還會願意念書，那這不是來自別人的改變，而是你內在裏頭讓自己找到心安定的力量，那你就有辦法做事，這大概就是我認為寫字到最後是不斷讓自己透過這個工作把自己心性安定下來一個非常重要的原因。

范萱怡：老師在博物館工作後，生活上有什麼轉變嗎？

蔡耀慶：比較像古董，歷史博物館本身就是以歷史文物為主，書畫創作一部分是要來自傳統，所以我在博物館工作後有更多機會可以直接看到舊的東西，那它會讓我對於傳統

的認識更加的深刻，就創作而言，你也會有機會看到比較多優秀的作品和直接去面對它的機會，就變成你學習的狀況會比單純從書本上的學習還要更直接，可以講它對我的影響比較正面，因為你看到東西會比較多實際接觸的感覺，你會有多一點經驗，另外一個部分，因為你的工作環境，你接觸到的人會比以前其他工作來的廣，接觸到的物又是來自歷史這些重要的東西，你驕傲的氣焰很快就會消失，因為你只要看過人家的東西之後，你就會相信自己真的是如書本上所講的滄海一粟，那很難跟人家比拚，你想要跟人家比拚你就只好加倍努力，所以整體而言，我這個工作對我來講是相當正面而且積極，不斷的想要朝更好的方向前進。

梁雅媗：會不會每天給自己訂一個目標？

蔡耀慶：有呀，我這幾年都在做這件事情，我前幾年每天都有寫字畫畫，什麼雜事都做，但是做著做著你就會覺得好像每天都在做事，但是不知道在做什麼，因為你沒有一個目標，而且它也沒有什麼規範、約束，後來我就想要用一個最簡單的方式來測試自己，就每天重複做相同的事情做一年，我一開始就想到我每天早上起來要喝一杯白開水，你想白開水應該很容易吧！每天早上只要喝一杯白開水，什麼都不用做，要求不高，每天只要喝一杯白開水就好，我就覺得這實在太容易了，我一定有辦法達成，但是實際上做不到三個月，有一天起來我就去上班了，去上班才發現，我的白開水忘了喝，對你們國中生而言不曉得，但對我而言這就是一個非常大的警惕，即

便我們認為目標設定的很短，但只要稍微鬆懈就很可能違背自己下的規範，所謂的戒律不是外面人家要求你要去執行哪些事情，而是你自己對自己的要求，所以從那個時候開始，我大概每年在年初的時候訂一年要做的事情，每天都做一樣的事情，即便你再怎麼累，你就一定要把你這一年訂下來的目標要完成，所以現在每天晚上要抄一首詩，要一年抄三百六十五首詩，每天要寫一件書法作品，要持續做一年，我寫菜根譚也是一年為期，一天畫一張要畫三百六十五張，對我而言既像是每天日常在做的事情，那也變成是我克己的一個功夫，那等到一年結束之後，你就可以回頭去看你這一年到底經歷什麼樣的波折，在情緒裡面是不是可以得到一些穩定，以及一年之後一個非常重要的成果，不擔心做的少，擔心你不做，你只要做了，持續一年、兩年在做，很快就會看到成績，用一個調書套的講法，這就叫做日積月累積沙成塔的功夫，大概是如此。

鄭茗月：您現在的國小生需要書法教育嗎？

蔡耀慶：這個問題問得很好，我不教我自己小孩書法，並不是我認為書法不重要，他們在學校有書法課程，他們要在學校上課我會支持，國小書法教的方式跟現實在講書法它有些微的差異，其中一個很重要的原因是現在台灣國小的書法教育比較接近品德教育，它是透過寫字這件事情讓同學在教室裡面可以安靜下來，那直接把它稱為品德教育我覺得會比較理想，如果說是真的在教書法，它不單單是在教品德，對我而言書法教育牽涉到的是一個文

化教育，因為它想要提供的不是你規規矩矩坐在那邊就好，而事實上是要透過不同書體的演進知道漢字背後的文化意義，知道在什麼時期這些文化大概有什麼意義，那它整個教育不應該只有在國小，而是要整個學習過程中都應該要有書法教育，國小讓它教育品德，國中開始學習技法，到了高中它要去面對整個漢字文化，到了大學之後還是要有書法，那個時候是在討論文化怎麼在新的時代產生新的力量，換句話說，我並不是單純的認為只有國小需要書法教育，而是整個學習歷程裡面都應該要有書法教育，不應該只停留在國小，而是整個歷程裡都要，這是我的期待，但不見得大家都想要上書法教育，把它當作是文化教育就是了。

范萱怡：想請問老師在博物館內的薪水、工作內容？

蔡耀慶：我的薪水不低，因為我是研究員，我的薪俸大概是九萬多，如果在博物館提供的薪俸大概是九萬，但因為我是研究員，博士學歷，所以薪水比較高一點。那工作內容因為我是策展，主要項目是要去策劃一個展覽怎麼樣去執行，從選件到內容，到規劃整個動線、執行，這都是我的工作內容，另外一部分我要負責鑑定，鑑定這個作品的真偽優劣，他可以放置在什麼樣的位置，他屬於古物，屬於是普通的物件，要放在哪邊它有不同的安排，這也是我的工作，所以就博物館來講，兩項，一個是繪畫展覽，一個是古物鑑定，主要是這兩塊。

校長：跟鑑定師有沒有一樣？

蔡耀慶：跟鑑定師在模式上很像，但是我不鑑價，我只做鑑定優

劣真偽，不鑑定他的價格高低。

校長：目前在國家上有幾個這樣有鑑定師的資格？

蔡耀慶：在台灣鑑價的部分一般都是私人在執行，那如果說像國家，我們是負責桃園海關進出的話，大概就三四個，比較少。

梁雅媗：您孩子有問過你為什麼一直練習寫字嗎？

蔡耀慶：我小孩從小就看我寫字，所以他們會覺得看爸爸寫字是一件很習慣的事情，他比較不會有好奇，因為他看我每天下了班回到家裡面，就是磨墨寫字，他們去睡覺了我還沒有睡覺，我還要把他寫完，所以久了他就會覺得這就是爸爸的樣貌，他們不會覺得你為什麼要寫字，他反倒說哪天我說我不寫字，他們才會問我你今天怎麼不寫字，你已經看習慣的東西，這一點可能沒辦法給你一個很好的答覆，因為我天天做同樣的事情，所以他們不會覺得特別，如果說哪天不寫字，他可能問我爸：「你為什麼今天不寫字？」

鄭茗月：您在什麼情況下最想動筆寫字？

蔡耀慶：我聽流行音樂會想寫字，想寫行書，我聽現在一些音樂會寫詩，我讀了書，每天讀書翻到某個句子覺得會受感動我會寫字，大體而言就是透過閱讀、觀看，哪些東西讓你內心會有點悸動，你認為你應該透過筆把它紀錄下來，那麼就會寫字。

范萱怡：當朋友知道你對寫字的熱愛，他們會有什麼反應和想法？

蔡耀慶：這裡面朋友有很多種，一種是以前同學到現在，看到你

寫字就會覺得太好了，同學現在最喜歡講的就是大師大師，隨便叫既像是恭維又像是多年朋友知道你在做什麼事，他會給你相對應的關心，我覺得那就很正面，那當然有一些朋友是屬於點頭之交，他發現你會寫字，那最常見的就是，你會寫字喔，我們家牆壁缺一塊，你要負責寫寫字給我，這是第二類，當然還有過年過節的時候他就會想到你的，因為你既然會寫字就會寫春聯，那就寫一些春聯讓我貼，這也是朋友，意味著你不同時期認識的朋友，不同狀況所結交的朋友，他對你的看法也會相對的不同，他有不同的期待，以至於他們不能同一而論，有些就是很正面的，有些就只是希望你幫他寫寫字的，大體而言對寫字這件事，以現在會寫字的人來說，比較像奇珍異獸，是需要被保護的，因為願意寫字、天天寫字的很少，現在看到你還在天天寫字的人，覺得這跟動物園裡的動物是差不多的，應該被保護。

梁雅媜：那是不是有寫書法的人對文字的文化有比較深的了解？

蔡耀慶：希望如此，那當然有些時候有些人在寫書法他的目標不一樣，有些人覺得寫書法就是我要寫出好看的字就可以了，那他不見得要去了解背後的意義，他可以照著某種字樣不斷的練習，讓他寫的很漂亮，他認為這樣就滿足了，那他不見得要去瞭解背後意義，不見得要去了解整個文字的演變，但如果說這個寫書法的人，他心裡面想要達到的目標，要更深更遠的話，那他就一定得要回到整個大的文化傳統去打轉，他才可以從中間得到更多養分，對我而言，寫字好、漂亮不見得是好字，這是很有

趣的一件事情，寫字寫得漂亮不見得是好字，有些人真的寫的很漂亮，但是不見得是好字，也許這件事情對你現在來講很難理解，好像漂亮就跟好字疊合在一起，但實際上這放在討論藝術的時候，你會發現好、漂亮這兩個是不同視野所產生的內容，真正會讓人覺得感動的未必是漂亮，它可能在殘缺的時候會打動你，那它一點都不漂亮呀，但它是好作品，這就牽涉到當你的視野逐漸在跨過某些簡單的門檻後，你會加諸在它物件上的想法越來越多，你考慮的東西就會越來越多樣，除了這個物件本身之外，它所產生的環境、社會氛圍、所代表的社會意義，那就同時會被你考慮，所以不單單是要寫漂亮，而是你朝更高的目標前進，怎麼樣把字寫好，用一個比較麻煩的字眼，寫字到最後它是叫做字外功，字外面的功夫，不是單純在寫字漂亮而已，是在字外功。

校長：我有個問題就是在歷代書法家裡，你最讚佩的是誰？最喜歡的字體是什麼？知道你在自創體的部分非常的豐富，在自創的過程當中，你覺得你是比較明顯融合哪幾家的特色，變成你的特色？

蔡耀慶：歷來的書法家裡頭，一般來說我們講的那幾個大家，王羲之、顏真卿，這都是大家耳熟能詳的，那就我個人而言，這幾位書家，就從書體的面貌來說，我認為王羲之在那個時代確實有一個特別的地位，不單單是說現在覺得他寫的漂亮，而是他在魏晉南北朝那個時期，以一個武官之姿，能夠去融合一些前人的書體面貌，變成自己的、比較流暢的感覺，我覺得他是我很欣賞的一個對

象。至於我每天在寫的字裡頭，發展出來的面貌比較多是來自漢簡，因為我作篆刻，從小篆一直到隸書的過程裡面，它的過程叫力變，這力變就意味著我們現在所流動的字，現在所謂的楷書是在力變之後的東西，那力變之前的這段時期剛好是百花齊放的時候，他的資料過去沒有，可是在西元二十世紀初期，因為大量的考古，有機會走到了甘肅新疆一帶，它裡面出土了非常多竹簡、木簡，這些資料就讓我們對歷史的資料有一個絕大的改變，那這些竹簡、木簡它的字是在變化中所產生的，從篆書變到隸書中間所變化的，本身的面貌比較多也比較不呆板，所以我會把那部分當成我非常重要的養分之一，另一部分是我花非常長的時間在寫墓誌銘，魏碑、北碑那種墓誌銘，我本身認定北碑他們雄強不單單是因為北方人就有那種雄強的特質，而是因為當時候他們培養一些刻工，有辦法把漢字裡面某種精神用刀的方式刻出來，刀跟毛筆是兩種不同的工具，刀刻出來的東西比較銳利，毛筆刻出來的東西比較柔美，完全用毛筆寫的呢，寫不出銳利感，那透過北碑的學習會讓字比較硬、比較挺，所以我平常在寫就字韻的部分，就會魏碑居多，這個合併來講我會追求帶有書寫特質強調變化，然後本身要把那字寫的比較硬的。

輔導主任：老師請問一下如何挑到適合自己的書法老師？

蔡耀慶：這是很有趣的問題，我自己當書法老師，我一定會覺得說找我當書法老師是最理想的，但實際上我的經驗告訴我，這是不太合理，為什麼呢？當我在年紀輕的時候，

我的手腳很俐落，我會強調在技法上面讓你看到很多技法，那麼如果你這時候是一個剛好想要找技法的人，我這個年輕老師就很適合你，但如果說你現在已經過了要追求技法的時候，而這老師他只能教你技法，他沒有辦法讓你再往上一層跳，那就變成你只是在技法裡面打轉，你就進步不了，你可能找到一個不太會寫字，可是他會講八卦的人，那可能提供你更多的視野，你可能也過了八卦時期，你已經到了七八十歲，整天在想我這終其目標如何同造化進退的時候，這些人也不是你需要的，你可能需要一個坐在那禪修，可以點破你，那可能是你的名師，換句話說，當你要去面對找老師這個問題的時候，並不是哪一個人才叫做你的名師，而是反求諸己，先知道自己現在是需要什麼樣的人，你找到那個人你會覺得比較重要，這個會比較理想，但大體而言我認為所有能夠稱之為老師的，他都一定有他相對應的知糧，只不過是你到底需不需要這種知糧，以及他提供這知糧能夠維持你多久的期待，有些人覺得我提供你可能就是三年，這三年他就可以讓你的需求得到滿足，那也是好老師，你也可能在三年之後發現你有不同的需求，反過來講，也有可能是你去學了之後發現你根本什麼都不缺，那你還要不要找老師，其實我是個很實在的人，我不見得會希望我的學生跟我很久，因為你如果發現你不缺，那你還需不需要來找我？所謂的不缺並不是他真的很厲害，而是假設他已經握有解決問題的本事跟能力，他自己可以嘗試去解決問題的話，那你不見得會比

他厲害，你現在當老師的最大功夫可能只是在旁邊喊加油加油加油！你其他事都不見得要做，那也是一個好老師，這是我的看法啦！我雖然當老師，我常說我當老師的目的，如果有一天可以當的比較好的話，是當學生的參考書，當的不好的話，我就是學生的一個註腳，我期待自己有一天能成為別人的參考書，這大概就是我的目標，當註腳的機會很多，但是你要想辦法讓自己變成人家的參考書。

校長：在今天的訪問過程中，校長看到一個最棒的是老師不斷藉由書法講到一個重要的概念——克己，還有完成一件事，看起來好像是很簡單，可是國父也曾說過一件事情，他要我們立志做大事不要做大官，他的大事其實很簡單就是從頭到尾完成一件事，那他也發現，看起來你要完成一件大事，就像剛才老師所說的，一年裡你能夠不間斷早上起來記得喝一杯水，你看三個月就破功忘記了，你可以看到從這樣的學習克己，其實克己是穩定自己的情緒，不太被外在干擾，而能夠做自己想做的事情，這個歷程來講，其實是他很深的修為，那他也不太去強調自己的興趣，因為他曾經受教於父親的要求，他不太再去要求他的孩子，我們常說師父領進門修行在各人，他提供給我們的是一個很棒的包括在書法裡面一個品格的修為，還有我們所說的文化教育，還有更深的是背後的意義。那剛才校長問老師的幾個問題，你可以看到真的薑是老的辣，你知道他所回應過來的是讀了多深的文化底蘊的部分，他才可能給我們一個這麼好的答案，他用深入淺出的方式回應給校長，如果你

真的有涉略那樣子的基礎或是知識的時候，你就知道他下了非常深的功夫，在這樣子的一個文化底蘊的部分，畢竟他是一個研究員，對於在整個歷史博物館的部分，他們可以鑑定真偽，多麼難的一件事情，可是這就是老師的專業，他在自己的工作、興趣之外，他還是回到修為上，他不斷的就是告訴自己要能夠克己，心不動了外面的風動對他來講就不是問題，今天我也覺得好棒！在老師不藏私的過程當中，我學到了是很深的知識的部分，所以要回饋給蔡老師，真的是薑是老的辣。你們有懂嗎？可以把自己最大的收穫說出來就好，回饋給老師，他把這麼寶貴的時間留給我們，做一個這麼深入的對話。

鄭茗月：握筆的姿勢，把一個字寫得更好，不要只想著要去完成那一本，要慢慢靜下來去觀察那個東西，自己覺得很好再往下，不是連看都不看，就直接去做，然後就覺得很好，不用再改了，可以靜下來完成一件事。

范萱怡：在剛剛訪問的過程中，老師無私地告訴我們一些相關的知識，像是字體那些還有博物館的內容，還有剛剛習字的過程中，我覺得老師他給我一種正面積極的感覺。

梁雅媗：在教我們正確的握筆姿勢，然後教我們如何用字要怎麼樣寫的漂亮，讓我以後對文字更感興趣，會想要瞭解它背後的文化。

輔導主任：我想回應剛校長所講的，其實就是除了我們就學過程中學的書法課程外，我曾經學過一段時間的書法，那我覺得就是老師講的克己的功夫，常常我們回到家之後，就是開始忙小孩忙家事，然後老師剛剛提到爸爸

的樣貌是什麼，我覺得我給孩子媽媽的樣貌就是一直在做家事，所以我覺得這個部分是我要跟老師學習的，我可以有一段時間是屬於我自己的，也可以維持它，讓它變成媽媽的樣貌。

蔡耀慶：我離開國中非常久了，難得有機會可以回到國中，即便我兩個小孩在國中階段，我想要跟他們聊天的機會也不多，然後看到你們三個還有辦法提那些問題，我真的非常感動。我要講的是在於，對我而言，無論是寫字、教字，它本身不單純是在把漢字寫出來就作罷，我們是嘗試著透過漢字去瞭解背後要傳遞的精神，我們今天花了很多時間不斷在打轉，一旦你沒有找到它的精神面，你就很容易只讀它的外型，我剛才說寫字不要貪快，是因為我們社會都貪快了，很快的要達到什麼樣的目的，但事實上做的東西就沒有做到精，那麼這東西久了你就知道是浪費時間，你還不如就安下心仔仔細細做好，那麼有可能你達到的目的會比其他人來的更好，這就是我唯一要跟各位提的，把事情做仔細了，一件事情規規矩矩把它做好，會比你急急忙忙非常粗糙的做事來的實在，那你能夠得到的回報會更多，大概是如此，非常高興今天有這機會來這和大家聊天。

◎學生心得

★范萱怡

　　這次的與大師相遇邀請了「蔡耀慶老師」，在演講前老師提供給我關於耀慶老師的資料時，我的內心其實是充滿喜悅的！因為這次的主題是「人生的筆賽」！

　　在演講過程中令我印象最深刻的是「習字」，我在這部分深刻的了解到「觀察」有多麼的重要！要將字寫得和範帖相同看似簡單，但其實並非如此，因為若少了觀察，結果必定是失敗的！畢竟「魔鬼藏在細節裡」嘛！但只要是細心、謹慎的觀察，並一筆一劃慢慢地寫，成功的機率就滿高的！

　　當天在採訪的時候我不免感到緊張，但老師的熱情與無私地分享讓我感到輕鬆許多！採訪當中我得知關於博物館的工作內容，像是策展與鑑定、想在博物館工作有哪些途徑等相關知識，而且寫字並非單看寫出來的字漂亮即可，重要的是「字外功」！但是令我最感興趣則是在博物館工作後生活的轉變，老師告訴我在博物館工作以後，他除了更認識古文物外，他的人際關係變得更廣闊！因此對他來說這項工作帶給他正面積極的態度！

　　當採訪結束後，心中有種充實、滿足的感覺，從演講開始到採訪結束都能令我得到滿滿的收穫！耀慶老師的分享不僅與他的字一樣多彩多姿，同時，也在訴說著他的經歷與故事。

★梁雅媗

　　這次的與大師有約，讓我學習到了，原來我們一直常用的握

筆姿勢很多人是錯的方法，大師教我們如何握筆寫字，可以更輕鬆寫得更省力，而且書法的握筆姿勢又更不同了。在寫字時，心境一定要穩定下來，要實際去接觸文字才有可能了解那個字背後真正的意思。大師也有告訴我們，從自己的能力，書本的資料，我們所知道的不少，但是不知道的又更多。這也讓我想要去了解更多不同的文字。我們往往在寫字時，忘了真正的寫法到底如何寫，總是用極快的速度，想要趕快把字寫完，卻忽略了原本美麗漂亮的樣子。我喜歡這次的與大師有約，訪問過後也更加的了解字的定義，筆的握法。經過這次的訪問，我會改變我的握筆姿勢，讓寫字更輕鬆，我也會再認識新的字或詞，會更加留意它們背後的意義，或是這個詞或字是如何來的，有可能也會對國文更感興趣。

★鄭茗月

　　在採訪前，老師會給我一份關於受訪者的資料，看到標題「一天不寫字，就像沒過完一天的生活」，我心想，一天不寫字像沒過完一天的生活？這種感覺真特別！

　　在老師教我們如何把字寫好的過程中，我學到了很多，老師說：「寫書法硬筆練習的本子時，不是在比誰寫得快，而是練習完範帖後，在下面空格練習寫一次，然後停下來和上面的範本對對看，而不是寫完就趕緊寫下一個。」教寫字，不是為了好看，而是有辦法檢視自己。聽完演講後，我想了想，其實我也是滿喜歡寫字的，有時候，覺得自己寫的很好看，心情就會很好，偶爾在紙上寫寫字，也是很好的消遣。

　　在採訪時，老師說過：「寫字漂亮，不代表是好字。」有些殘

缺的字、可以感動人心的字，也會是好字。我們可以透過不同的書體，讓學生了解漢字背後的意義、歷史。

　　最後，採訪完畢時，很謝謝老師親手寫給我們一人一段字，在旁邊看著老師寫字時，不得不讚嘆，老師寫的字，真的真的很好看，我想這輩子，我都會想把字練好，越寫越好。

茶趣生活，品茗人生——有樂茶事的生活美學分享

名師講堂

與大師相遇

地點：精華國中　視聽教室、校長室

時間：106 年 12 月 22 日　13:00-15:50

對象：全校師生

演講記錄：許哲瑋老師、彭淑芳老師

訪問稿整理：同上

　　生活是一門藝術創作，樂趣盡在無盡的嘗試與探索。今天著一襲中國風的陳惠琳老師幫大家安排一場「茶事饗宴」，從茶席的擺置到茶湯的品茗，在生活中處處體現茶藝之美。話說飲茶起源於中國，後來傳遍全世界，西方的茶以一種較複方飲料的角色出現，在東方則與宗教、藝術的高度結合，形成意識性的生命觀、宇宙觀的文化，由於民族性格及文化發展的不同，日本重視茶道，韓國注重茶德，在中國則在生活上體現茶藝。以茶待客，便是中國的傳統禮儀之一，自宋代起已十分流行，表示對客人的歡迎和尊重。不僅如此，飲茶還有更深的內涵。

　　在茶事活動中融入哲理、倫理、道德。以茶為媒，通過沏茶、賞茶、飲茶來修身養性、陶冶情操、增進友誼、學習禮法、品味人生、參禪悟道，達到精神上的享受和人格上的完善，達到天人合一的境界。「一生為墨客，幾世作茶仙」的唐朝人陸羽接受儒、道、佛諸家影響，融合諸家思想於茶理之中。把諸家精華與唐代文化的特色結合起來，奠定了中國茶文化的基礎。被後人稱之為「茶聖」。陸羽對飲茶者提出品德要求，喝茶已不再是單純的解渴了。唐《茶經．一之源》記載：「茶之為用，味至寒，為飲，最宜精行儉德之人。」即飲茶者應是注意操行具有儉樸美德之人。

唐末劉貞亮在《茶十德》中把飲
茶的好處歸納爲「十德」：即以茶散
鬱氣，以茶驅睡氣，以茶養生氣，以
茶除病氣，以茶利禮仁，以茶表敬
意，以茶嘗滋味，以茶養身體，以茶
可行道，以茶可雅志。所以茶飲具有
清新、雅逸的天然特性，能靜心、靜
神，有助於陶冶情操、去除雜念、修
身養性，這與提倡「清靜、恬澹」的
東方哲學思想很合拍，也符合佛道儒
的「內省修行」思想。從唐代開始，
中國的飲茶習俗就傳入日本和朝鮮等
地。「和、敬、清、寂」被稱之爲日
本「茶道四規」。要求人們通過茶室
中的飲茶進行自我思想反省，彼此思
想溝通，於清寂之中去掉自己內心的
塵垢和彼此的芥蒂，以達到和敬的目
的。和、敬是處理人際關係的準則，
通過飲茶做到和睦相處、互敬，以調
節人際關係；清、寂是指環境氣氛，
要以幽雅清靜的環境和古樸的陳設，
造成一種空靈靜寂的意境，給人以熏
陶。

　　朝鮮的茶禮精神其實也就是茶道
精神。「清、敬、和、樂」或者

「和、敬、儉、眞」，是朝鮮人對茶禮的總結。

除此之外，陳惠琳老師也介紹了天目碗。「現代人飲茶用具，主要是茶壺、茶杯或茶碗，但在唐、宋流行的「鬥茶」飲法中，只有茶盞、天目碗，尤其是通體施黑釉的建盞最具特色。」這類黑褐茶碗，在國際陶瓷界統稱爲「天目茶碗」，是陶坏土上含鐵量高的釉藥經高溫火燄燒成，形成多樣結晶斑點與絲紋，在陶瓷研究上屬於高難度的專業領域。近千年來茶碗風情萬種，但能燒出窯變像「星曜」閃爍般，浮泛一層藍色光暈，側看時反射光呈七彩光澤，則屬稀世珍品。老師說道，許多人第一次見識到那麼多彩又寧靜、高雅的茶盞，都很驚訝，這些含藏在碗中有金、銀、赤、橙、黃、綠、青、藍、紫……多種色彩，加上千變萬化的立體紋路、深淺夾層，是如何燒在同一個器物上？是用盡各種釉藥，加上精心設計塗繪後再去燒的嗎？答案是：錯了！這裡釉色只上鐵釉，工夫完全在「燒」。觀賞藏色天目的紋樣變化如同宇宙蒼穹，給人豐姿多彩、絢麗光燦的直接印象。

最後，陳惠琳老師給同學品茗示範，「台灣的特產茶「白毫烏龍」又名「東方美人」。早期以「福爾摩沙茶」Formosa Tea 風行全球，在明末清初時，名聲響亮如日中天，當時外銷三箱 45 公斤的白毫烏龍，就可以換一棟樓房，可想像當時盛況吧！據說那樣的天價，大概只有當時國力鼎盛的英國皇室才買得起，英國女皇特別鍾愛這種烏龍茶的獨特蜜糖香，女王陛下在水晶壺裡沖泡，看一心二葉、五彩繽紛的嫩芽，隨著熱氣奔騰在水中舞躍，伴著此茶獨有特殊香氣，類如具豐熟韻緻的美人，女王龍心大悅下故命名爲「東方美人」。

中國畫講究「留白」，言有盡而意無窮，那茶就深諳其道。茶

湯質清而色柔，一般的茶湯以黃綠爲多，白瓷一碗，綠葉在湯，淡淡鵝黃，賞心悅目還在其次，那一抹茶香悠悠轉轉，迴旋而來，最是令人神清氣淡，談吐也變的不俗。中國人寫詩作畫都講究言有盡而意無窮，講究清淡雅緻，看著那畫上甚麼都沒有，寥寥數筆，其實蘊藏了許多功夫在裡面，連接的是另外的時空。這是我們中國人特有的民族韻味，而茶在這其中也有這麼樣一個過程。茶清而酒濁，喝茶使人神智清醒，就是因爲它的味道清淡美妙，越飄越淡，物質也越來越輕，精神也就容易越來比重越大。

有樂茶事，以「樂」出發，快樂分享一杯生活茶的美好。源自大自然孕育的甘霖，給予人最天然自然健康的品飲享受，同時可以提升個人品味。透過習茶培養謙和的品德，用心去感悟來自大自然的一份美好事物。「大哉舞雩，有朋樂然」，期望同學在靜靜

品賞茶文化之美之餘，能在傳統與創新之間，不斷發掘與探索，共同分享精彩的生活瞬間和悸動。

◎學生訪談記錄

許哲瑋老師：感謝陳惠琳老師生活茶席分享。老師您覺得美的定義是什麼？

陳惠琳老師：工作一直和美有關，比方說今天推廣的茶型，是因之前常邀請茶老師分享喝茶，慢慢發現喝茶也可以用很漂亮的品具，藉此機會培養生活美學。我認為天地有大美，處處可以發現萬物之美。

姜佩璇：從何時開始接觸茶？

陳惠琳老師：從小家裡就喝茶，今天來學校分享生活茶席的體驗，和大家分享工作接觸的茶相關的東西。真正接觸生活茶席的展演，是從民國 100 年開始做「好客上好茶」活動，和文化局合作推廣東方美人茶，所以有這個機會開始展演生活茶席以及開始認識茶型。到處喝茶，到處和不同老師學習，保持好奇心，就喜歡上它。

廖彥智：天目碗是用什麼做呢？

陳惠琳老師：天目是來自於天目山，日本天目山取經，宗教交流之下，日本僧人帶茶碗回去日本。因台灣和日本緣份較深所以延用日本名。在內地，天目碗又稱建盞。

楊忠諺：茶在那個季節產量會比較豐盛？

陳惠琳老師：現在大部分兩季採，春茶和冬茶，風味不同。夏茶也是春茶的尾巴，像東方美人茶是在初夏採的。也有人採秋季茶，但對保育而言，兩季是最好的，和稻作一樣和節氣有關，採茶也是和天氣有相關。

姜佩璇：對茶有什麼看法？

許哲瑋老師補充：初入門的品茶，應該由那一種茶開始品嘗？

陳惠琳老師：想要認識茶，一次不要喝太多種，會混淆，可以跟著父母親喝。可以由凍頂、高山和紅玉這三種不同口味先開始，或者是從父母親習慣喝的茶開始了解，學校也可以開課程，讓學生有基本認識。老師建議不要喝加糖的茶，才能品嘗茶的原味。例如普洱或烏龍就有不同的味道，可以和父母親一起去買茶試喝，進而認識不同茶的風味。不同的心情，也可以選擇不同的茶喝。

楊忠諺：如何辨識好茶？

陳惠琳老師：連我自己也還在學習，賣茶的人也在學習，因為現在天氣和製茶方式都不同，例如東方美人茶，因為師父不同，在不同地方就有不同的特色。還有器具的不同及泡茶者也有影響。但基本上可以找信譽良好的商家及看師父技術，多喝也會知道如何辨識茶。外觀不能決定茶好不好，要靠喝才能評鑑。茶葉出口有評鑑標準，三公克五分鐘評鑑杯方式，用100 度去沖茶來評鑑好壞。五種茶同時一起喝，就有辦法比較，可由茶型、茶色及口感來判斷。

廖彥智：這份工作開心的是什麼？

陳惠琳老師：可以喝到很多茶，以茶會友。最開心可以自己喜歡的茶分享給朋友。

姜佩璇：你最喜歡喝什麼茶？

陳惠琳老師：不同時期有不同的愛好。多數時間都是依心情來喝茶，有一陣愛阿薩姆，有一陣子愛桂花烏龍，就依當時喜愛來推薦。有時看狀況，放鬆時就喝桂花烏龍，香香的很棒；吃飯後會喝普洱茶解膩。我是以一種好奇心來品茶，依心情不同選茶，接受各種不同的茶。不同國家也不同的喝茶習慣，配合飲食習慣，例如藏族餐後會配奶茶。

廖彥智：老師是什麼科系？爲何會選擇這個行業？

陳惠琳老師：生活茶席分享只是我其中一份工作。之前是振聲美工設計，設計相關都學，陶瓷、雕塑、水彩、油畫……等。之前美工科背景讓現在的工作很快就上手。我的工作和生活是結合的，工作參觀博物館，也是在過生活，能和美結合讓我可以做這份做很久。

楊忠諺：喝茶可以舒壓嗎？

陳惠琳老師：以前喝茶是解渴，現在是舒壓。接觸這份工作後，喝茶是很輕鬆放鬆的事。

姜佩璇：在家會常喝茶嗎？

陳惠琳老師：當然會。幾乎所有的葉子都可以做成茶，學習愈多愈發現自然中隨手捻來的東西都可以做成茶。

黃琄芳老師：今天謝謝陳惠琳老師的分享，請同學說幾句回饋給

老師。

姜佩璇：今天喝的都是之前沒喝過，是非常特別的體驗。

楊忠諺：今天認識許多茶種，非常有收穫。

廖彥智：喝茶器具很多，學到很多，原來喝茶也可以這麼有氣氛。

◎學生心得

★廖彥智

　　我個人一開始，對於泡茶沒什麼特別的感覺，也不太想去了解這個東西，雖然家裡的人也有喝茶，但我還是沒什麼興趣。但這次老師來演講，說了很多有關茶的一些事，像茶只有一些時候才會採收。

　　在演講中，老師也放了幾張宋朝的畫，讓我發現從那麼久以前就有喝茶的習慣。從演講中，老師提到今年種的茶和明年種的茶泡起來味道會不同，讓我長知識許多。然後我還喝到了一些老師泡的茶，我仔細的喝，我發現每種茶喝起來的味道不同，而且熱熱的喝比較好喝。而且原來新竹有些時候會辦茶席之類的一個活動，而且還會跟柿染做一些結合。

　　之後老師演講完，我跟學長姐做訪問，我覺得有點緊張，但這次的訪問又讓我更了解茶，而且老師對於我們提出的問題，老師都非常認真的回答我們，而且老師喜歡以茶來交朋友，而且老師就讀的科系是美術的，這個工作只是其中一個，謝謝老師這次的演講。

★楊忠諺

我覺得這次訪問我很緊張，還失誤。這次的訪問很有趣，從來沒有做過這種事，訪問一個不熟悉的陌生人，然後去了解陳老師的工作，而這次訪問職業其實是很特別的，是個分享茶席的老師。這個名詞讓我聽起來很陌生，這訪問是很不錯，而對於我們的問題，老師很認真思考，而不是隨便敷衍我們，因為職業訪談，讓我這次有機會接觸到生活茶席。

我一直覺得泡茶應該沒有很多過程，原來需要很好的技術，還要有興趣。雖然這個職業沒有固定的薪水，但老師很熱愛她的工作。原本我是不認識茶的菜鳥，後來認識了很多茶。也讓我知道了茶也可以當藝術，還有它的製作方法，也知道了茶的歷史。我很高興這次的訪問能選上我，我很喜歡這次的訪問。

★姜姵嬑

透過訪問惠琳老師，讓我學習到許多關於茶的事情，例如：如何分辨茶的品質？哪一種茶是好的，哪一種茶是壞的，學習到了很多的知識。在訪問的過程中很開心也覺得很有趣，大家有說有笑的。剛開始進行訪問的時候，覺得很緊張，因為是第一次訪問，所以感到很緊張又期待的興奮來準備。

除了訪問的特別經驗外，在演講的時候，老師跟我們解釋了「茶」的概念，了解到了很多，而且我覺得在演講的過程當中，老師現場示範泡茶給我們品嚐，能夠喝到很多的茶種，覺得很棒，又搭配著動人心弦的音樂，很享受這個美好的下午。

這一次的演講很棒，很開心也很有趣，也很享受音樂。老師的演講，我覺得給了我很多答案和知識，讓我了解到了很多

「茶」的事情，怎麼樣子去品嘗一個好茶，怎麼樣子去享受茶品，我覺得都要謝謝陳惠琳老師的解說。

不虛此行，用心過生活

名師講堂

與大師相遇

地點：精華國中　視聽教室、校長室

時間：106 年 1 月 05 日　13:00-15:50

對象：全校師生

演講記錄：

訪問稿整理：許哲瑋老師、曾榆薰老師

今日的演講，有別於以往，是以座談會的方式呈現。何校長認識周吉人祕書長至少有十五年了，起源於清交大「書香再傳計畫」－「讓每一個孩子都能在七百五十公尺的步行範圍內，輕鬆借閱圖書。」「書香再傳」活動募集近萬本圖書，在各個圖書資源缺乏地區成立「愛閱書坊」，希望在全台偏遠地區成立兩百個書坊，讓想看書的小孩都有書看。也因為這個機緣，何校長與周祕書長成了忘年之交。「周祕書長是一位很棒的人生導師」何校長說道，包括現在同學享用的資源，像是引進工研院「與大師相遇」的活動，這源頭都跟周吉人祕書長有很大的關係。

以下為座談會訪談：

周祕書長：我四十年次，屬兔。如果早婚的話，孫子都有你們年齡了。我很珍惜這次機會與你們座談，隱隱約約有種

力量促成我與孩子面對面聊聊。對我來講，也是很棒的學習。

何美慧校長：請周祕書長可不可以用幾句話，介紹自己。

周祕書長：我出生在屏東縣，我父母親從台南鄉下到屏東落腳作泥水匠，家中兄弟姊妹我排行老三。我一直在家鄉念書到高中畢業，考上交通大學電子工程系，畢業之後又北上念管理研究所，當完兵之後到高雄工作。因與同學聯絡，同學說工業技術研究院有缺，可以好好爲國家做些事，我就落腳新竹前往工作一直到現在。

何美慧校長：分享在求學過程中（國中），讓您難忘的事件？

周祕書長：數學老師曾跟他說：「你如果不想跟父親一樣的生活方式，你要自己多努力！」這句話眞正打動我，因爲父親這樣的賺錢方式眞的很辛苦，每天工作都是髒兮兮回家，讓我心理很有感觸。所幸父母親很重視孩子的教育方式，讓我有機會讀書。所以，數學老師的話讓

我覺得很受用也是印象深刻的。

何美慧校長：您認爲「事業有成」的成功人士，「能力」與「機會」哪一個重要？

周祕書長：我想，這兩者都是必要的元素，但是我們能掌握的是「能力」！「機會」不在我們掌握的範圍內。「機會是給準備好的人」，你沒有具備好「能力」，「機會」來了，你也無法抓住也抓不住。而「能力」的最核心，我認爲是品德。讓別人對你加分的觀感，各位同學可以想一下，你最喜歡結交哪一種朋友？（生：能當成目標成爲典範的、個性很像的、興趣相同、不會大嘴巴的……）上述的特質，跟將來職場公司在挑人的時候，它會挑哪類的人來團隊做事情，就會跟同學講的類似。正向的品德內容，這些都是給自己的期許與努力方向。告訴自己，我也要成爲那種別人喜歡的類型，自己要做這樣的準備。你準備越多，你的「機會」也就越多。因爲價值觀會影響態度；態度會影響行爲；行爲會成爲習慣；具備什麼樣的習慣就會有什麼樣的命運。

何美慧校長：想不到周祕書長跟我的想法不謀而合，還有一種很重要的概念，就是不要做夢想的奴隸，要做機會的主人。當你有「能力」才能去掌握「機會」。所以要有「能力」才有「機會」！

周祕書長：再補充一下，同學在學校學習，相對的也可以跟大自然學習。各位可以在大自然中觀察，甚至有學者從中研究「仿生學」。從荷葉分析了荷葉的表面細微結構，

發現其表面有許多乳狀突起，這些肉眼看不見的小顆粒，正是奈米「荷花自潔效應」的成因，可以讓荷葉不沾染髒東西。於是，科學家模仿了荷葉的表面結構，研製出人工仿生荷葉薄膜。所以說：「花若盛開，蜜蜂蝴蝶自然會來。」同理，你若是有同樣的性質，就能吸引相同性質的人。你能力具備，各方面特質是正向的，自然周邊的「機會」會讓你挑讓你選，否則要強求也強求不來的。

何美慧校長：周祕書長閱人無數，在職場上的態度，對選人的標準有何看法？

周祕書長：職場是人的組合，你重然諾、使命必達、不斤斤計較（吃虧就是占便宜）都是首要的條件，跟你想要交的朋友都是同質性的方向，也是職場要的優先條件。當然，有人會說工作懷才不遇啦、吃悶虧啦，我剛說，其實「機會」會在旁邊發生。生活會有瓶頸、生活不得志，我需要待遇追求更多……有這些想法是不是要想說是自己「自我感覺良好」的情況，不然換到哪裡，永遠都是懷才不遇。如果不是「自我感覺良好」，那些邀約（機會）都會接受，去接受更大的挑戰。優秀的人，你沒辦法給他滿足的東西，腳在他身上，你守不住他的，他就會離開。也是給當主管的一句忠言警惕。因為天才，是把人放進適合的位置。

所以，真的是天生我才必有用。看把人放在什麼地方。回應何校長的發問。

何美慧校長：祕書長在有能力時，都會想到弱勢的人，提供協

助。我記得國父說過一句話：「如果我有一個人的能
力，我會造福一個人；我有百人的能力，我會造福
百人；我有千人的能力，我會造福千人。」周祕書
長提到，優秀的人是不會被埋沒的，因為天生我才
必有用。如果可以再回饋給弱勢的人，他的能力就
能發光發熱。要問祕書長，當你有能力時，你如何
對社會提供回饋？在工作場域如何去協助弱勢團
體？

周祕書長：基本上我的思維與各位分享一下：所謂志願服務、志
工（公益領域）與非公益領域的事情不是涇渭分明，
不是清清楚楚可劃分的。不是說我在公司工作等到我
要退休才要去當志工，從我的角度看是不適當的，或
這樣的概念是有待商榷的。在日常生活裡面，對於同
學在校園裡面，不是法規、校規規定才去做的事情，
好比在校園看到垃圾，同學會發自內心去撿起來。舉
手之勞到處都是。一點一滴，我想，養成自己正面的
習慣，二則結成善緣，不知哪一天，會發揮什麼（好
的影響）而已。

何美慧校長：祕書長客氣了，再問一個問題：您覺得人生中最榮
耀的一件事情？

周祕書長：好像還沒有蓋棺論定，所以沒有最榮耀的事情發生。
（笑）因為它是「最」高級嘛。所謂的榮耀，是有
啦，包括小確幸有某角色出缺，我有幸被選上，高興
兩三下子；念書到一段落，邀請不識字的父母親參加
畢業典禮，讓父母在同輩聊天中以兒子為榮，在街坊

鄰居眼中是光宗耀祖的，自己也會覺得榮耀。我自己回想起來，我沒有刻意去想，要做什麼讓父母親榮耀、也讓自己高興，我只想到父母親是很辛苦的養家活口，加上有機會讓我讀書，所以我很珍惜我當學生的時光，當下念書，多念一點多念一點，因為辛苦所以珍惜當下，做好自己的角色，有這樣的發展，父母很高興；我也很高興。

何美慧校長：祕書長非常珍惜這一次在精華與同學的相處回饋。請問祕書長對時下的年輕人有怎樣的期待？或是給同學較具體的祝福。

周祕書長：我期待包括我自己的孩子、孫子，能積極的用心生活，被自己的所愛，想追求興趣叫醒。讓你迫不及待的完成，用心的、用力的生活，知道自己要什麼，知道自己所要的去實踐它，目標不用很偉大，這個目標在追求過程，有目的性，讓自己過得很充實，用心用力的過日子，我也期許年輕人；也期許我自己，不知老之將至。只要當下對自己有意義的，每天活的扎實。各位既然是國中生，在人生各個階段，你的角色是什麼，你能夠把它扮演的非常漂亮，你的人生就非常豐富，沒有虛度。

何美慧校長：所以，你們（同學）會發現某些人的特質比較會有成就，因為他們會想完成自己的夢想，這個核心，就是你們有沒有夢想。當你能夠廢寢忘食的時候，背後那個目標就是你想要的，你會一直很期盼它能夠成功。當你找到那個點的時候，你的生命就會有

很大的火花。所以祕書長，剩下四分鐘，依你的詮
釋，人生的意義是什麼？

周祕書長：呼應前面的話，簡單的講，就是讓自己覺得不虛此
生。就是說自己當下所要做的事情，有努力去做，不
必然有想要的做到，但我有試過。至於意義的內容，
是白手起家賺到的錢或是有洋房豪宅，內容的本身各
自詮釋，終究拉回來會是對社會有意義。因為我們是
群居生活在一起，所以會考慮到人生的追求所要做的
事情對人有所貢獻，讓大家知道，有這樣一個人來過
世間。今天不論你位置在哪裡，只要相信：只要過得
很充實，從今天開始，這幹練會成為你的態度，就會
成為你的行為、你的新的習慣，養成了更多的好習
慣，你人生的命運亮點就會不一樣！

何美慧校長：謝謝祕書長這次的講座，最後的結論是不虛此生！
如果我們能用心去過我們自己的生活，一樣也會有
一番的生命價值。因為價值觀會影響態度；態度會
影 響 行
為；行為
會成為習
慣；具備
什麼樣的
習慣就會
有什麼樣
的命運。
翻轉我們

契機源頭在哪？就是價值觀。記住：不虛此行，用心過生活！謝謝周祕書長。

◎學生訪談記錄

文浩：您在服務單位有遇到過什麼困難嗎？

周祕書長：有沒有想要了解哪一個段落的服務單位？大概說明一下服務單位的背景，工業技術研究院即將進入 45 年，是一個科技的研究單位，員工大概有六千人左右，其中有五成五到六成的員工有碩博士的文憑，20~30%是大學畢業，表示教育程度是相對較高的，因為要做研究的工作。我在工研院的工作崗位是屬於支援服務部門，服務的對象就是研究室、實驗室做研究計畫的人等等，所以覺得需要面對的困難是，彼此所學的專長

不同有明顯的差異，在我的工作崗位上，要如何去做互動？在談話時，需要彼此去確認主題是什麼？才會知道在談什麼，所以在服務部門，需要下功夫去了解工研院到底是屬於什麼特色的單位？是研究什麼的？平常就要多去涉獵人家在做什麼東西？是什麼領域的？以補自己的不足，有這些背景的準備，也才會讓對方感覺有在進入狀況，對我來說，我是學電子工程畢業的，所以與實驗室的人相處或工作上，可以說是可以稱兄道弟，有時也會指導行政部門，讓他們更快進入狀況。總結：進入狀況是需要準備的，解決跨領域的事情，否則會遇到諸多的困難！

冠廷：請問您在就讀電子工程學系的時候，有什麼是可以運用到生活上的實例？

周祕書長：電子工程運用在日常生活上的，可以說很少，運用在工作崗位上倒是很多，例如手機裡面的 IC，而家人往往會誤會，家中只要電燈電器壞掉，都會找我修理，雖然都有個電字，但與電子是不同的，對我來說，有這樣電子工程的背景，在職場上是非常有用的，因為工研院大都以電子相關研究計畫居多。總結：在學校所學的與職場的相關性較高，在日常生活上相對較低，但也要看學的科系，例如許老師學的是國文，日常生活上像是閱讀等，相對實用性就較高。

芯蕙：當初爲什麼要加入思源基金會？

周祕書長：感謝妳關心我當時的情況。轉折是如此，我從民國 68 年進入工研院，一直服務到 94 年，總共服務了 26 年

的時間，當初 94 年時，工研院有一項鼓勵，針對服務滿幾年？有什麼條件的人？可以申請提早退休，除了沒有強迫性外，另有優渥的退休獎勵，經我與家人的討論是否轉換角色？生活上的開銷是否因爲少了工作的收入而有影響？家人都表示支持，且自己的小孩也都長大能夠自足了，不需要再像小時候那樣張羅吃喝與學校上的事情了，不論生活或經濟層面上，都沒有受到影響與問題，即申請提早退休且通過，雖然當下不是正式員工，但是工研院有些朋友認爲我有空了，就希望我能幫忙他們一些事，另外，有朋友看到我有空了，也詢問基金會需要人幫忙呀！不知道我願意嗎？我想既然自己的母校需要幫忙，當然義不容辭了，而且基金會做得事也很有意義，要去承擔與學習的事情也做得來，自己也就答應了，另一方面想，別人應該覺得我是可以做事的，所以願意給我這些機會。

文浩：您做了很多職務，會不會感覺辛苦？

周祕書長：不會感到辛苦。辛苦這兩個字很微妙，如果在工作的過程中產生價值，其實不會覺得辛苦，就如同我的父母親和你們的父母親一樣，努力工作養家活口，從旁人的角度看是辛苦的，例如日曬下工作滿身流汗髒兮兮的，但是他們不會覺得辛苦，會認爲自己是在養家活口、培養自己的孩子，相對的，如果孩子是很爭氣的，父母親會覺得自己的辛苦是有義意的，所以會繼續做下去，但如果沒有找到工作的價值與意義，以物

理性來看，會覺得工作花的時間長、環境那麼熱，很辛苦呀！以生理心理的看，覺得有價值就會想繼續下去，不會想說要停止，俗話說：「甘之如飴、樂此不疲」就是這個意思。從中得到我要的價值，覺得很有意義，就不會想要停止，自然不會覺得辛苦！

冠廷：您認為祕書長的工作性質是怎麼樣的？

周祕書長：以一個社團來說，祕書長擔任的工作性質就像一切事務的支援者，猶如生活中的油鹽醬醋茶要打理好的一個角色，讓一個家庭或是社團每天都能夠運作支撐下去，更積極的想法是，這個企業經理協進會或是社團，能夠為社會、會員帶來什麼？除了要想新的項目之外，也要想既有的項目是否已經過時？考慮到大環境的變化，需不需要去做調整等，積極的去規劃，而不是只是張羅的基本面而已，這就是社團裡祕書長要做的工作。

芯蕙：您接下來有什麼計畫或是參與其他基金會活動等？

周祕書長：我沒有主動的企圖要去參與或爭取某基金會的什麼角色，例如某基金會的董監事、執行長，某社團的理監事、祕書長等，我沒有這種想法，但以大方向來說，思源基金會是我今天的角色，所以我會主動去想，思源基金會跟哪個基金會或是社團，有沒有共同想做的項目？如果有，就會以事的角度一起來做，但不是說加入成為核心成員，而單純以事來看，這種情況倒是滿多的，例如現在知道精華國中，由何校長帶領，知道教職員工或是學生，想做一些事，而我受到感動，

看看思源基金會有什麼可以加入精華？讓事情可以承辦與進行順利，一旦有可以對談執行的事情，就會持續走下去，就事的角度來說就會很多，逐項逐項去衡量，但對於擔任社團的幹部等，就沒有這念頭，因為成為幹部後，就會有更多的責任，怕會忙不過來。

文浩：如果父母要您國小的時候去打工，您會接受嗎？

周祕書長：我會接受，因為看到父母親那麼辛苦，趕快幫忙加入生產的行列，每天多兩三百的收入，可以明顯增加家庭的經濟收入，也是一個幫助，以一個孩子的立場，合理，當然願意接受，現在倒回來想，當初父母親沒有這樣的安排，我很珍惜感念父母親，所以對於父母親的晚年，就會多一點的照顧！

哲瑋師：請問是在求學的哪一個階段立定您的志向？

周祕書長：其實我也沒有在哪個階段立定什麼志向，但就是持續地告訴自己，自己身處的環境是不容易的，即物質缺乏的環境，父母親給予這樣的空間，我也會珍惜，也感謝師長的教誨，說如果不想像父母親一樣流汗的辛苦工作，就要把握住這個機會，當下就珍惜國小國中時，擔任好學生的身分，課餘時間，家裡如果需要幫忙，工地缺小工，我也要去，幫家務是必然的，因為看到父母親辛苦，總不能自己晾在那不幫忙吧！以我的例子來說，與這邊的學生應該也算類似，就學環境、原生家庭屬於偏鄉，與市區不同，以正面思考來說，對你們來說都是禮物，父母親不識字，課業都要自己來，知道其中的苦，如孟子說的苦其心志，勞其

筋骨的意思相同。精華國中 59 位同學養成很好的革命
情感，未來的歲月裡發揮專才，具備相關的正面條
件，自然會有人來拉拔你，小學校有這樣的好處。

冠廷：您對於兩個月後即將要出生的小孫子，有什麼期望？

周祕書長：希望母子均安，順利生產，往前推 11 月的時候，大孫
子出生的時候，身體多了一些水，著實讓大家緊張了
一下，我也很理智的面對，想解決方法，可以找哪位
專科醫師來做診斷與生產等等，所以還是希望母子均
安了。

校長（結語）：最辛苦的還是周祕書長，對於訪問的內容與筆記，
都很用心的準備，對於校長提供的十個題目，都是經過深
刻的思考準備，才有辦法提供完整的提示，接下來讓各位
來對祕書長分享一句話，針對今天兩個小時的演講與一小
時的訪問，也請祕書長回應一下，對於學生今日的訪談內
容，覺得水準如何？

周祕書長：感受到三位同學都有所準備的態度，覺得很棒，所提
問的題目都很切題。

校長：剛剛在結尾的時候，我也有在做筆記，因為有時在過程當
中，也會遺忘，所以要記錄一些關鍵字，幫助自己回憶一
些流程，結構越清楚，越能抓住知識的核心，所以為什麼
校長要大家準備筆記本，有時會聽到一些很好的生命哲
理，可以當作學習的氛圍，有時拿出來做咀嚼，聽到可以
影響自己一輩子的話，是很值得的，我有一位高中老師，
在我考試的時候對我說過，在做任何事都要抱持著勢在必
得的態度，如果努力了，結果就可有可無，這幾句話，我

都一直思考著，這就是一種態度問題，在面對問題時，不要把困難放在前面，而是有目標願意勢在必得，就會全力衝刺，回應祕書長說的，我們是不是用心的在過我們的理想與目標，有時理想與事實相違背時，也不用太難過，因為忘卻可有可無，如同道家的思維，事實已經發生了，太在意和後悔都沒有用，該去檢討為何失敗與沒成功。這句話一直放在我的心裡。

回饋祕書長的話，一句話覺得很關鍵與重要，就是不虛此行，今天我們來到人間，有我們的使命，生命是很寶貴的，要如何讓我們的生命寶貴不虛此行？過程當中就是要用心過生活，父母親沒有給我們生活壓力，但我們要去自己找生活中的價值，如同演講中說的，價值會變成態度，態度會變成行為，行為慢慢變成習慣，學如逆水行舟，不進則退了，習慣就會變成命運，每次去咀嚼不同大師給我們的生命體會是如何的？經過我們的消化，就會變成自己的東西。

冠廷：我長久以來養成的習慣，可能會影響我的目標。

芯蕙：我知道努力是值得的，而且要爭取機會才能達到自己想要的，專心在自己喜歡的事物上，才不會浪費自己的時間。

哲瑋師：我覺得要讓自己不虛此行，第一個要件是要讓自己全力衝刺，不要遇到困難就退縮。

榆薰師：我覺得祕書長的演講很棒，把很多實例都生活化了，讓各位師長與學生都能夠貼近生活，都能夠聽得進去聽得懂，祕書長還把從小看到父母親辛苦的歷程，分享給我們，讓孩子去思考，對於父母與家庭，能夠再做些什麼

付出與努力？所以我覺得很棒！

珺芳主任：祕書長最讓我感動的話是，面對這群兒孫，這句話讓我覺得很溫暖，值得尊敬的，也因為祕書長的年紀與父親相仿，另外，因為這一場演講是臨時的，但祕書長的專業與認真準備，是值得讓我們去學習的！

文浩：做事情要專注，才能達成自己的目標。

◎學生心得

★羅文浩

在這次演講，讓我學到很多，如：做事的時候，要專注認真，這樣子，就可以很快達成目標；還有做事要認真、努力，不要半途而廢。我以前，只要有麻煩的事，我就很不想做，所以事情就做不完，這次的講師周祕書長是去過很多服務單位，而且是交通大學畢業的，要到這麼多的服務單位，是要花很久的時間，但祕書長卻不覺得辛苦，反而享受在當下，我應該要學這種的學習態度，這種學習態度對我以後比較有用，這樣高中會比較好過。

我問祕書長說如果父母讓您去做小工，您會接受嗎？他回答我說會接受，但是在當時是沒有辦法的，如果可以做小工的話，就可以解決家裡的所有的經濟問題。

我覺得放假時就去做工作，賺點錢，這樣子日積月累，就可以繳交學費，雖然很辛苦，錢得來不易，但為了課業，也只能這樣了。

★陳冠廷

　　今天的最後一節課是我負責採訪周吉人先生，周吉人先生做過了許多的工作，大學時電子工程是他的本科，其中我對電子工程有些好奇，是否有許多運用在日常的實例？周祕書長跟我們說像我們的手機，是由許多片晶體組成的，關於其他的實例就較少。

　　還有他也有做過祕書長一職，祕書長說是為了讓社團生活能夠運作順利而存在的，這讓我想到電視中董事長的祕書也是一直提供資料給董事長，董事長也才能擬定資料，最重要的是在演講時他對大家說機會和能力哪個較重要？

　　我認為沒有能力就沒有機會，就算社會給了你機會但是你沒有能力還是無法去實踐它，所以能力在工作中是不可或缺的！

　　周祕書長還跟我們說了現在我們是甚麼態度就會做甚麼行為，行為會成為我們的習慣，習慣會改變就會改變我們的一生，所以養成好的習慣是非常必要的。
非常感謝周祕書長對我們教導，我會銘記在心，當作我的行事準則。

★林芯蕙

　　很榮幸這次邀請到周吉人先生來我們學校分享他的人生經歷，他說了很多的名言，我印象最深刻的是「機會的主人是自己」和「有能力，沒有機會也沒有辦法，但沒有能力就沒有機會。」

　　前句讓我印象深刻的原因是因為我常常讓機會從我手中溜走，像是跳舞比賽，有機會也有辦法可以報名，但因為畏懼所以

每有機會展示自己，如果我能讓父母或大家看見我的努力和成果，或許爸媽會同意我進入高中的舞蹈班，但是我常常就是讓自己失去機會，所以覺得可惜！

後句則是因為我覺得很有道理，因為多人常會先考慮自己是否具備能力這件事，而沒有想到有沒有機會這件事情，很多人很想像周子瑜一樣，到沒多久就能在韓國出道，可是那也是因為經紀公司「剛好」要推出一個新的女子團體，所以周子瑜才能「剛好」徵選完就出道，有些人當了十年練習生才能出道，所以很多事情必須具備能力和機會，才有辦法達成！

和周祕書長交談的過程我感到非常的舒適，希望有機會他能多來和我們說說他人生這麼成功的案例。

走，愛走，
走讀台灣

名師講堂

與大師相遇

地點：精華國中　視聽教室、校長室

時間：107 年 3 月 2 日　13:05-15:50

對象：全校師生

演講紀錄：黃瑋芳老師、曾榆薰老師

訪問紀錄：同上

學生心得整理：同上

陳玉蟾老師出生於彰化縣福興鄉，國立交通大學碩士畢業，曾任國小教師（主任）30年，目前擔任財團法人鹿江教育基金會執行長。2017年起，在一片「路跑」聲浪中，基金會提倡既經濟又能運動的「遠足」，帶著慣於「宅」在家中的現代人，一起走向自然。

同年，玉蟾老師以「遍路」的足下功夫，重新詮釋了足遠的真義。「遍路」（おへんろ）是日本真言宗特有的一種修行方式，即環繞四國一周，巡禮八十八所與空海大師相關的佛寺。遍路道全長約一千兩百公里，玉蟾老師隻身以四十六天的時間完成了這程淬鍊，長時間的跋涉，途中遇到了許多挑戰，但也同時看見了人性的真、善、美，慈悲是人的本質，而玉蟾老師心中的善，讓她即使隻身亦安穩。

玉蟾老師笑稱已入耳順之年，在這年紀，還可以完成遍路之行，大概是台灣第一人了。我想，這樣的毅力便是來自於老師「可以平凡，但不要平庸」的決心，「俠女」封號實至名歸，彷彿拔刀出鞘那一刻，鋒芒亮了人心，勇往直前的人，意志力是驚人的。

席間，老師分享了遍路者的裝備，原則上，行者可依實際需求決定裝備，但以白衣、金剛杖、輪袈裟為主要。白衣除了可做為遍路者之辨識外，在古時，它是死者穿著的壽衣，因為以前走

遍路是艱難的，能否平安而歸不得而知，故以白衣自我警示；金剛杖除了實際登山輔助工具外，也是象徵遍路道上之精神導師弘法大師相伴的神聖用具，在以前，它也有萬一不慎死於途中做為墓碑豎立的意義；輪袈裟是日本佛教特有的，屬於簡略式袈裟，是遍路者至靈場巡禮參拜的正式打扮，因為輪袈裟亦為正式袈裟，因此，在吃飯和如廁時，需將它取下。而這些裝備所蘊含的意義，讓我們認識到了遍路文化的獨特與深度。

　　一趟旅程下來，玉蟾老師感受到善的關愛，不論是那三顆橘子、那盤魚蛋、草莓冰棒或簡單的柿乾，都成了老師延續愛的源頭活水。訪談時，老師談到了會有這趟遍路行，起因於小歐所著《遍路1200公里四國徒步記》發表會的邀約，訪談後，迫不及待的尋著這本書，「乖乖牌女生心中也有紅火焰」，多麼聳動的一句話，很多時候因著世俗，我們是被束縛著，人生就這麼按著牌理的出牌，時候到了該讀大學、時候到了該就業、時候到了該邁入婚姻、時候到了該生兒育女，就這樣，輻輳而出的便是那平平穩穩的人生圖像，但人世來一遭就甘於如此嗎？遍路，一條不同於

以往的路，不會因為完成了它，生活就會大翻轉，但人生有時不需費力的去領悟些什麼，靜靜感受就很好。

　　遍路，一條梳洗身心靈的道路，不管你出發的目的是什麼，透過這 1200 公里的遠足，足跡記憶於土地，俯仰間細膩感受生命的流動，玉蟾老師透過遍路讓現在的自己與過去重新連結，途中的觀察與體驗成熟為養分，滋養了自己，也在精華的土地上潤澤了師生，讓我們有勇氣出發，走讀台灣。

◎訪談紀錄

★葉騏

Q：當初為什麼想提倡遠足？

A：以你們現在的年代來說，小時候應該很少有遠足這件事了，以三四五年級生來說，每學期都會辦一次遠足的活動，且是學生最期待的，當初也都必須用走路的方式，遠足是一天，媽媽都會準備好吃的便當當午餐，早期的年代，學生較常活動的地方，不是家裡就是學校，但遠足這一天，會去到不一樣的學校，會看到沿路不同的風景、那個學校的環境與不同的人，就可稱為走讀，以前交通不方便，生活範圍小，所以遠足對三四五年級生來說，是一個童年美好的記憶與經驗。這幾年推動遠足，以關鍵字來說就是走路，走路對身體很好，也是安全又簡單的運動，也不用花錢，很經濟，人人隨時隨地都可以做，現代人普遍運動量不足，如果可以透過推動遠足，一方面可以與過去的經驗連結，一方面對身體健康

有幫助，一方面也可以接觸到環境、社區不同的人，過程中會有更多的觀察與關心，遠足這件事情就有很多的好處，所以這兩年內，自己先認眞的去體驗經驗，我這連續 46 天的遠足，其實可以算是一個挑戰與鍛鍊，我們其實可以從半天、一天，離家比較近的地方，比較容易的開始做。

★童郁千

Q：這次日本的旅行當中，最令老師印象深刻的是什麼？

A：我的遍路分別是 12 月與 4 月去的，我分享 12 月的，我原本遍路是打算全程 1100 多公里徒步走路的，但因爲第 6 天左腳踝關節拉傷腫起來，走路變成一跛一跛的，變成跛腳走遍路，當初受傷的時候，心裡當然很沮喪，因爲原本打算徒步走完全程的，現在走的每一步腳都痛，且每走一

步就要停一下，朋友又說了一句打道回府的話，受傷了怎麼走，你回家吧！如果我腳沒受傷，快的話一小時可以走 4.5 公里，腳受傷時速變成 2 公里半，變成要拉長時間，但是我當下辦不到，因為日本七點才天亮，晚上五點太陽就下山了，而且晚上就不適合走了，因為我是一個女生，又是只有一個人，我一定要考慮到我的安全問題，所以印象最深刻的事情，就是腳受傷，這是一個很大的考驗，但也因為腳受傷，我就隨即調整計畫，因為徒步是沒有辦法如期完成的，計畫就是除了徒步，還會加上坐火車與巴士，而利用最多的是搭便車的方式，也因為搭便車，讓我感受到日本人對我和台灣人的善意，在四國的遍路上，搭便車也是令我印象深刻的事，因為每天遇到不同的人，一方面也因為語言的不通，要想辦法用現有的語言與日本人溝通，讓我們搭便車。

★彭筱涵

Q：老師在什麼契機下從事這份工作，鹿江教育基金會的執行長？

A：我認為基金會的執行長不算是挑戰，覺得是人生中的一項職涯，人生在不同的時期有不同的規劃，我在學校當主任，服務快滿 30 年的時候，原本擔任代理校長很風光，因為一年之內轟轟烈烈的翻轉了一個學校，但因為考不上校長，所以繼續在學校擔任主任，對我來說，擔任主任有個缺點，覺得都把時間浪費在沒有意義價值的事情上，例如教育部、縣政府等來的公文，與學生的學習一點關係都沒有，我的人生喜歡有變化，要有進步與成長，所以對於擔任主任的工作時，覺

得不開心，有一天，美國的表哥來電，要成立第二個基金會，要找一位執行長，問我什麼時候要退休？那一通電話讓我打定主意，俗話說：花若盛開，蝴蝶自來，我熱愛生命，我熱愛教育工作，一定會有一個屬於我自己的舞台，不一定是要在學校服務，我認為是一個機會，即與校長和同事提出退休的想法，當時剛滿 50 歲，即退休擔任基金會的執行長，基金會在教育與文化上，對新竹縣的教育也是有幫助的，如：推動閱讀、籌辦音樂會、新竹縣國中小的大樹做義剪，做了許多有意義的事情。

★葉騏

Q：對於第一次遠足的背包客，就要背一個將近六公斤的背包，走那麼多天路，身體會不會有狀況？

A：中國有個哲學的相對論說，世界上很多事情不是絕對，是相對的，舉例來說，以背重來說，一般比較壯的人或是男生可以背比較重的背包，一般女生或是身體較不好的人，就不能背那麼重的背包，或是常常在爬山或運動的人，可以背比較重，我這次去徒步，遇到一個從北海道來的佐佐木先生，他的背包將近有 30 公斤重，對我們來說很重吧！但對他來說，一點都不重，以我的例子來說，8 公斤的背包對我來說，一點都不重，但是當我跛腳的時候，很像喝醉酒的丐幫婆婆，8 公斤的背包在晃，對我來說就很重了，體力好的時候感覺不重，等下午體力差的時候，就變重了，另外，在爬山上坡的過程當中，背包是會變重的，這就是相對論的道理，所以也要看個人的體能、身體狀況，身體是可以訓練的，有一個台

灣的作家筆名小歐，出了一本遍路的書，以她來說，像飼料雞一樣，走路沒幾天腳就起水泡了，一開始從 18~20 公里的走，慢慢的增加到 30 公里，另外，負重越重，當然也會影響行走的速度與體能，有機會讓自己的身體去適應、去訓練。重點是我這個人，有沒有這個能力？這個能力是可以被訓練的。

★童郁千

Q： 在每次的遠足的過程當中，覺得最有成就的一件事是什麼？

A： 這問題好有深度唷！在老師的徒步旅行中，年輕的時候不算什麼，我真正比較認真、長時間的徒步旅行，其實是從 2017 年才算開始，參加了白沙屯媽祖繞境，從苗栗通霄拱天宮走到雲林北港朝天宮，那一趟走了 12 天 300 公里，一樣背著我的包，那時候覺得媽祖繞境是台灣具有代表性的文化與宗教活動，我很想去體驗看看。另外，八月分時，我花 5 天的時間，從清境農場台 14 甲走到中橫大禹嶺，再往花蓮走，將近 100 公里及 3000 公尺以上的高度，四月分就是去日本四國，第一次 13 天、第二次 33 天，去年徒步總共 51 天並超過一千公里，我的個性就是生活有些變化，希望生命是豐富的，不要重複做一樣的事情，要有一些挑戰，所以我會每天設定一個目標，並且去達成他，遍路我應該有寫下一個紀錄，一個 59 歲的女生獨自完成，在走遍路的過程中，與日本人交談認識後，他們覺得我很不可思議，一個台灣女士在冬天，來日本走遍路，對我來說最大的收穫即是面對生命的挑戰，面對人生是可以不斷提升與不斷往前的。

★彭筱涵

Q： 爲什麼老師的徒步旅行會選擇日本，而不是其他國家？

A： 這是一個很可愛的問題，我年輕的時候，北中南橫貫公路、台東到花蓮、霧社到大禹嶺、台灣百岳，我都曾徒步走過，爲什麼去年會選擇日本，我覺得會是生命中的緣分，兩年前，我曾參加過一場演講，台灣有兩個女生自己去日本走完遍路，其中一位小歐就出版了一本走遍路的書並發表，我才知道日本四國有這條千年道路，後來因爲三四月想到日本看看櫻花，又想走路，所以就去了這遍路，但只走了 13 天，到了十月十一月時，到底要留在台灣環島？還是要把遍路完成？那時想，原本我遍路從第 1 番走到第 27 番，心裡想因爲沒有完成，就會想要完成他，所以在十一月決定把遍路完成，也才選擇了日本，今年我也會把台灣的環島完成的。

★葉騏

Q： 每次遠足，最令老師恐懼的事情是什麼？

A： 我本身是一個膽子很大的人，如果在台灣遠足，因爲語言都通、環境都熟悉，我不會感到恐懼，但這次去日本，天色已經很暗了，我一個女生在山上走路，又聽村民說，晚上會有山豬出沒，所以對此有點恐懼，不擔心有壞人，但如果黑暗中在山上跌倒摔傷了、腿斷了、山豬衝過來了怎麼辦？

★童郁千

Q： 對於想遠足的人，有什麼建議？

A： 遠足走讀這件事情其實不難，可以一個人，也可以揪團，要

到國外去、時間長有點難，一天要走三五十公里也有點難，所以可以從家附近，比較短的時間、比較短的距離、比較舒適的季節開始，走讀就可以從學校開始，遠足可以與旅行結合，開車或搭車到目的地下來，用走的觀察地形、自然生態、認識當地的居民等，如果一群同學一起走路，其實是很好玩的一件事。

★彭筱涵

Q：遠足背包裡面一定會攜帶的物品是什麼？

A：在台灣還是出國？旅行的天數也有差別，錢與護照是一定會帶的，我出門一定要帶的是眼罩，因為才能睡得好，也才能夠好好走路，晚上沒有好好睡覺，白天就沒辦法好好走路了。

◎結語回饋

★黃琄芳　主任

今天聽完老師的演說，覺得看到了一線曙光，有時候庸庸碌碌於生活，生活了無新意，生活的意義在哪裡？原本老師的旅行走讀應該也不是在自己的人生規劃當中，後來退休後，有了很多不同的體驗與嘗試，我會覺得我未來的生活當中，還會有很多可以嘗試的，感謝老師的分享。

★葉騏

　　遠足是一個安全的運動，覺得不錯，在遠足過程中，可以看到不同的景觀，也聽到老師說自己是一個喜歡有變化的人，讓我自己想生活多變化一點，不要整天打電動。

★童郁千

　　聽完老師去遠足旅行的經驗，讓我也想用遠足的方式去旅行，因為我每天過的生活也差不多，想讓自己的生活不要都過得一樣，就想用旅行的方式去過生活，讓自己每天的生活不一樣。

★彭筱涵

　　聽完演講，發現徒步旅行是一件很好的事情。

★佳佳幼稚園　園長

　　千里之行始於足下，一個愛字，可以從腳下走過，例如老師分享的，日本老太太送的柿餅、拿著相機與老師合照、沿路看到的休憩所，都是前人留下來的那份愛，如果沒有走過那條路，那份愛就沒辦法體驗到，我們一般的愛都是非常侷限的，但是在老師的遠足裡，讓我們看到，愛是遍地的。

★曾榆薰　老師

　　謝謝老師的分享，呼應園長說的愛的部分，從小父母親也都會帶著我們到處去旅行、走走看看，其實這些旅行、走讀多少都影響著我們，不論是大人還是小孩，未來希望可以把這份愛延續下去，給我們的學生與小孩等。

★陳玉蟾　講師

　　一開始校長當初邀約時，覺得有些惶恐，因爲主題是與大師有約，這也讓我從小時候想起，想想覺得可以帶給精華的老師與學生什麼？後來就慢慢聚焦在徒步遠足這部分，想說以自己生命的故事、生活的經歷與大家做分享，畢竟我已經有 60 歲了，在整理準備的過程當中，我也在沉思與省思，回顧到不甘於平庸的那個部分，過程當中是努力的思考、沉澱來做準備，我很高興有此機會，重新去省思回看自己，一方面覺得學生們表現得不錯，學習態度與互動都很棒，一般學校很難去安排類似的講座與後續的採訪，希望對學生們有幫助與收穫，讓我看到小規模的學校，孩子們認眞的學習，老師們的敬業，這種扎扎實實的學習，讓我看到未來教育的希望，非常感謝。

★何美慧　校長

　　每次大師的蒞校，都讓大家開拓很不一樣的視野，校長平時與老師都是在活動上的配合或是行政上的接觸，很少有這麼深度的分享與對談生命的經驗，演講就需要做準備，看到老師準備的過程當中，不斷的去反省與省思自己生命的歷程，挑戰生命的可能性是很不容易的，也是打破生命的限制，有的人 60 歲了就是含飴弄孫，退休了就是遊山玩水，想想看，遊山玩水之餘，是不是可以走的更深度，像日本人很多都是以立願、苦行僧的概念，走遍路就是身心靈的調整，老師分享的就是一個學習經驗的參考，身體是可以去訓練的，但有時計畫趕不上變化，那個變化可能又讓人看到不一樣的風景，只要願意去執行，願意去嘗試，是可以遇到很多可能性的，做了再說，走了再說，遇到不同遠景的時

候，也不需要去埋怨，反而看到不一樣的風景，也就豐厚生命的寬度與長度，挑戰生命中的可能性，這也就是校長找了許多大師，不侷限於單一的領域，包含了各行各業，這樣學生們是很幸福的。建議也要多閱讀，讀萬卷書；不如行萬里路，千里之行始於足下。

◎學生心得

★葉騏

　　這是我第一次採訪大師，所以非常的緊張，但是在訪談的過程當中，老師不會很嚴肅，而是用比較輕鬆的方式，老師不會死板板的回答我們的問題，老師有時還會邊笑邊說話，撫平了我緊張的感覺，老師說過可以平凡，但不可以平庸，這句話讓我印象深刻，同樣是平凡人的我，欽佩老師有這麼多的勇氣去遠足，而且還是去到國外，自己靠著自己的力量完成，這讓我很敬佩老師。

★童郁千

　　這次的與大師相遇是從上學期以來，最令我印象深刻。因為這一次我是擔任訪談大師的其中一位學生，在陳玉蟾老師分享她人生歷程時，我覺得老師真的很厲害，用步行的方式去了那麼多的地方，而且距離都是很遠的那種，我想一定很累。在我訪問老師時，我問了老師覺得在這麼多次的遠足中，覺得最印象深刻的一件事是什麼？老師回答我說，在這次的日本遠足中，因為不小

心受了傷，所以沒辦法走太多的路，只好在路上請不認識的人載她，但是因為老師的日文不太好，但要告訴那位載她的人為什麼自己必須搭便車？所以只好用比手畫腳的方式去溝通，而那些載老師的人都很熱心的載老師到了目的地。聽完老師的回答，我覺得遠足不只是一項很健康的活動，還可以融入當地人的生活，如果有機會，可以像老師分享的，找親朋好友一起進行，真的是一項很棒的活動呢！希望有機會也可以與家人朋友一起遠足，體驗老師所歷經的，雖然我沒辦法像老師一樣走那麼遠，不過就像老師說的，想嘗試的人可以從近的地方開始，我有時間也會去試試看的，很榮幸這次可以與陳玉蟾老師近距離的訪談，也很謝謝老師這次來我們學校演講，希望之後還能再聽到很多關於老師的演講。

★彭筱涵

　　當天，玉螢老師的演講，讓我了解到人生中一定要有一次徒步旅行的經驗，老師的演講內容裡，有許多我從來沒去過的地方，而日本的遍路令我印象深刻，雖然至今我仍沒有機會到日本去，但經過老師的分享，從遍路到四國，再從四國延伸到整個日本，這是一次令我印象深刻的學習，期待在將來的日子裡，我有機會也有如同老師般的嘗試。

系列十二　江秀真老師
（台灣首位完攀世界七頂峰女性）

雲端上的行腳——點燃生命勇氣，追夢去

名師講堂

與大師相遇

地點：精華國中　視聽教室、校長室
時間：107 年 3 月 16 日　13:05-15:50
對象：全校師生
演講紀錄：黃琍芳老師、吳淑雲老師
訪問紀錄：同上
學生心得整理：同上

故事從 1971 年的台北縣雙溪開始，在那個還屬於生男丁的時代氛圍中，一個查某囡誕生了，而這個查某囡以震天響的哭聲宣誓天地，這一腔的熱血，將帶領著她勇闖世界之巔。

　　江秀眞，畢業於嘉義大學森林系學士、嘉義大學森林研究所碩士；目前在國立台灣大學大氣科學系碩士班測量計算組研讀。從小，在「江氏激將法」中成長，因為父親一句「不是全國的不用拿回來！」種下了「挑戰」的種子，二十四歲那一年，第一次登上珠穆朗瑪峰，在低壓、低氧、低溫的險峻環境下，獲取的是生命的體驗與心靈的盈滿，「下山，才是眞正的挑戰」，我們服膺於心，生命的眞實隱於山中，彷如遁世後的領悟，而我們有幸，以耳、眼滌塵，秀眞老師的勇敢與堅毅成就於珠峰，而我們的勇氣，出於秀眞老師。

　　對於秀珍老師，我們由衷佩服與讚佩，她以女性之姿攀登台灣高山 90 座，並成功完攀歐都納世界七頂峰圓夢計畫，共登頂了

七座高峰，包含：歐洲最高峰——厄爾布魯斯峰（海拔 5,642 公尺）、非洲最高峰——吉利馬札羅峰（海拔 5,895 公尺）、南美洲最高峰—阿空加瓜峰（海拔 6,962 公尺）、北美洲最高峰—麥肯尼峰（海拔 6,194 公尺）、大洋洲最高峰—查亞峰（海拔 4,884 公尺）、南極洲最高峰—文森峰（海拔 4,897 公尺）、第二次登頂珠穆朗瑪峰／南側路線（海拔 8,848 公尺）。這是場不留情面的試煉，2007 年，位於南美洲安地斯山脈，阿根廷與智利邊界上的「阿空加瓜峰」送來前所未有的風暴，那是令人聞之喪膽的「噴射氣流強風」。黑夜中，持續的暴風雪，生死的掌控權全握在老天手中，老師也在〈阿空加瓜——風〉中寫下了當晚的驚心動魄——「席捲一切，包括我的靈魂，狂奔的巨浪舞動大地。我臣服在你的斗蓬之下，無力反抗，靜待平息，渺如砂粒任你滾動。持有力量來自四面八方，而無人能敵。儘管是怒吼或是掀起的任何巨響，那種強勁，足以令人魂飛魄散，無從拾起。直到化為煙、塵、氣流而盡失。」歷經苦與難歸來，錘煉出「堅毅的標準」，極

限存活後，發願「行腳每一所學校」，而這一場，是老師的第1045 場，生命因分享而富有，老師種下的種子已然開枝散葉，影響著每一個勇敢的人。

上峰親臨巍峨壯闊，下山體悟生命無常，老師由山知命，藉著與家人相處的點滴與對父親的思念，涓滴化為語言、化為文字，流入每一個聽者、讀者的心中，就這樣發酵著，祝願每個人的人生都能少些遺憾，甚而沒有遺憾。

尾聲，斗大的「福爾摩莎山域嚮導登山學校」出現眼前，一座江秀眞老師完攀世界七頂峰後即將再邁之高峰，學校致力於推廣「登山安全與生命教育」，

這是山給的恩賜，也是台灣的福份，但這條長路需要更多人的投入與參與，登山學校是一所以全民為主體的學校，在能力許可下，也期盼國人、企業或團體以實際行動支持，出錢出力，讓登山學校得以早日造福社會。

◎訪談紀錄

★蔡侑辰

Q： 如果當初沒有愛上爬山你現在會做什麼？

A： 這個問題很棒，這個問題有兩個大學生問過我，一個是彰化女中，一個是台中二中畢業的學生，我在台灣大學演講的時候，他們也問了類似的問題，如果姐姐不去爬山，當時會選擇做什麼？

姊姊還沒有去爬山的時候，很想去做海外志工，為什麼呢？

因為海外志工有三個月的語言培訓，然後要簽兩年的合約，雖然薪水很少，但是可以住在國外，看看外面的世界，所以姊姊如果沒有爬山，應該是以志工的身分環遊世界，反過來說，他們受到姊姊的影響，去當了海外志工，利用他們的專長，成立了一個協會，幫助尼泊爾的小朋友，因為地震過後，資源匱乏，他們在台灣募款讓當地小朋友可以重回學校讀書，因唯有教育才能讓窮困的孩子脫貧，這是他們的理念，現在進行到第二階段，姊姊五月會去尼泊爾參觀當地的狀況如何，他們做出了相當棒的成果，所以姊姊雖然沒有當海外志工，但因為演講而使播下的種子發芽。

校長：他們是哪個協會？

江老師：叫做「遠山呼喚」，上網
　　　　看就能了解他們在做什

麼。

★黃子偼

Q： 登上七頂峰的感想每一座都一樣嗎？

A： 當然不一樣，因為人生就是個階段性的成長，乾媽給了我很
多智慧，假如人的一生有一百歲，二十五年為一個階段，共
分為四段，前二十五年都在學習，就如同作文般起、承、
轉、合這就是我們的人生，所以在爬七頂峰的過程，短短三
年半的時間，每一座高峰都讓姐姐學到很多，除了心靈的成
長以外，也看見國外對於山的領域如何管理、設置制度與登
山安全及各方面做得很完善，包括登山推廣、登山教育這
些，所以學習到的不只有登山，文化、歷史這些都會接觸
到，甚至交到朋友，藉由七頂峰挑戰的過程，收穫不是自己
所預期的，有太多是意想不到的，就因為未知，這樣的挑戰
才有意思，所以收穫最多的就是碰到跟體悟到許多意想不到
的事情。

★林靖耘

Q： 老師能堅持爬山最主要的原因是什麼？

A： 因為我喜歡，為什麼我喜歡？因為爬山可以認識自己。
在爬山的過程中無法與同伴聊天，大部分的時間是自己一個
人在走，透過自己與自己的對話不斷地反思，這樣的過程可
以獲得許多智慧，所以收穫最多的是可以讓自己更認識自
己。
另外喜歡爬山的原因是風景很美，百花盛開、雲海這類都是

我拍照的素材，所以姐姐喜歡爬山的原因是可以看到美麗的風景，而且可以長時間與自己相處。

★蔡侑辰
Q： 有想過什麼時候要退休不爬山了？
A： 我曾經有想過，但想歸想，姐姐的想法是可以退而不休，姐姐沒有把平日與假日分得很清楚，只要有時間就是假日，沒有演講就去玩，但假日有演講那就算是工作日，姊姊一周七天都是工作日，但也是假日，所以不會明確的定出一個退休的日期，姐姐心裡也希望六十歲可以退休，但只是希望，所以姐姐希望在六年內可以成立學校，成立後就到世界各地募款，讓學校可以永續經營跟國外交流，這段話可能有點難。
校長：就是當下，想得比做的多，但我們就是去做。

★黃子健
Q： 創辦學校的招生制度為何？
A： 姊姊希望是五專體系，為什麼呢？因為希望多一點原住民可以加入，原住民小孩在筆試上比平地小孩差一點，但他們還是有優勢存在，希望他們在山區可以主導食衣住行、環境維護及山難搜救，因為他們是山的子民，在山裡是很強大的，希望國中畢業的原住民小孩就可以進來，而且引導他們不只是會爬山，讓他們未來能有固定的工作，甚至可以去考消防員，有能力去涉獵他們想做的工作，透過登山學校的學習與協助，為什麼是五專，因為除了讀書以外，身心靈都要很健康，而健康可以透過登山學校給予，因為登山學校不是只教

爬山，還會教登山科學，包括天氣、繩索、地質，且登山不只是登山，還包含了溯溪與攀岩，所以要去了解地質、繩索的力學、定位，這樣才不會迷路，再加上環境生態、環境教育、人文素養、登山科學管理等等，希望可以訓練一個全方位的孩子，未來孩子不只是登山，在休閒運動或其他領域可以佔有一席之地，從登山學校出去他的自信跟熱情都有，這是姐姐希望的。

★林靖耘

Q：老師覺得爬山最大的樂趣是什麼？

A：除了美景之外，爬山能讓我心靈成長，因為我喜歡在山徑裡跟自己對話，然後與大自然對話，當然收穫不只這些，只是收穫最大是我個人心靈的成長，也因為個人心靈成長讓我擁有自信、毅力、包容力，這些都是跟山學習而來的，因為具備這些，對於我將來要完成的夢想就能好好完成它，所以山是我的導師、母親、好朋友。

★蔡侑辰

Q：爬山時要帶的食物有哪些？

A：要考慮時間與行程，以輕量化為主，思考待在交通方便的地方時間有多久？交通不便的時間有多少？可能會致命的地方時間又有多少？例如：登頂，從八千公尺到八千八百四十八公尺再回到八千公尺，所以這十九個小時分分秒秒都是要人命的，但是你要吃什麼，要帶什麼裝備，所以到最後一天的裝備是不一樣的，要保暖、氧氣、水、乾糧、羽絨衣、眼鏡

以及通訊的無線電都是一些保命的物品，但是要注意的是不能超重，大概在七公斤到十公斤之間，爲什麼呢？因爲雖然只有十公斤，但是跟平地相比要乘以三倍，在八千公尺上相當於三十公斤，爲什麼要乘以三？在八千公尺上氧氣只剩百分之七，以這個理論去推測，在平地氧氣占百分之二十一，八千公尺剩百分之七，所以爲什麼是三倍，導出七公斤的物品帶到山上變爲二十一公斤，在山裡走起來的感覺就好比在平地背三十公斤一樣，因爲環境是不一樣的，所以帶的東西要分階段，像基地營還可以煮快炒，往前一段則用太空食物加上快炒來替代，最後只剩下太空食物，所以依照行程的安排來選擇攜帶的物品。

★黃子健

Q：你現在最想登的山是什麼？

A：有，登山學校的成立，山，永遠爬不完，姊姊覺得教育沒有辦法立竿見影，需要一點一滴累積，姊姊覺得這跟登山很像，這也是姐姐覺得最不好爬的一座山，但姐姐想要將它登完，或許這輩子無法完成，因爲我無法預測未來，但盡力將它完成，如果沒有完成，我願意下輩子再來完成它，所以我決定後的事，一定要將它完成，對我而言，這是我覺得最難爬一的座山，因爲這不是帶裝備就好，像校長要管理一所學校也不容易，他也經過長時間的學習與累積經驗，才有辦法管理好一所學校。

★林靖耘

Q：剛剛姐姐演講時，說到有次爬山過程曾經放棄登頂，除了那次以外，還有哪次曾想過要放棄？

A：姊姊一直都不願放棄，在設定夢想時，你有想過放棄這件事嗎？沒有，因為一開始設定夢想的時候都是最美好的，不會想到不好的事情，所以遇到挫折的時候，我不會把放棄擺在第一位，所以當有了放棄念頭該怎麼辦？你要回頭想想為什麼要下定決心做這件事，為什麼要設這個夢想，這叫做不忘初衷，這樣就不會想要放棄了。

★蔡侑辰

Q：問題都問完了

A：你可以把書看完，從書裡面找題材，可以從後續開始看，那一段是姐姐跟爸爸之間的紀錄，我最喜歡的一段。

校長：可以跟作者如此近距離的接觸，上次也說過作者已死，當書已完成後，它是記錄一個片段，但今天作者在現場，作者對於書的內容有特別的感受跟想法，所以當要選擇從哪裡看起時，作者建議從最後那個篇章開始看起，其實在第一時刻，覺得這個演講者很特殊，他一直強調跟家人的關係，因為以往的演講很少人會從家人開始講起，最後我體現了那個過程，在讀書的過程或生命的歷練中，朱自清的那篇背影，顯露出東方人的思維，那種關愛跟西方人不一樣，西方人會立即性的表達出關愛，但是東方人不會；再來經過這些歷練，就會知道放棄比堅持更難，就像人說的三個境界「見山是山，見山不是山，見山又是山」，江老師

那時候為什麼要放棄，因為要衡量所有的狀況，要保留實力，如果有智慧是不該逞強的，未來還可以回去，所以江老師再爬的第二次，但是第一次跟第二次的心境是不一樣的，所以我還是希望說在你們學習的經歷過程中，很多事都可以去嘗試不要急著放棄。

★校長

Q：爬玉山最好的時程是什麼時候？

A：大概是秋季，颱風過後冬季還沒到時，約十月下旬會是最好的時間，三月是最不要去的時間，因為季節變化最大，會下大雪、下雨又起大霧等，台灣的雪山跟玉山在三月最容易出現山難，還有雪季，台灣的雪質屬於鬆軟型難以操控，不像聖母峰的雪質屬硬厚型。

Q：前面的鋪成就是為了讓三年級的學生環島，那五月分畢業旅行適合去合歡山嗎？

A：可以啊！五月的時候花開得很漂亮，那合歡山首選的原因是交通方便，而玉山是適合老師的行程。

Q：如果先坐火車到台東，再逆向走去宜蘭，這樣的行程可以嗎？

A： 可以啊！環島天天都有美景，但是天氣不好可以看到更美的
　　風景，叫做「人情味」，你會發現台灣的人情味比風景更美，
　　所以如果用走的環島，就能看見什麼是台灣最美的風景。

★黃子倢
Q： 如果想要爬山，會推薦哪一座山當作入門的山？
A： 可以從家裡附近比較低矮的山開始，譬如新竹附近的十八尖
　　山、獅頭山、飛鳳山、大霸尖山。

◎結語回饋

★黃琂芳　主任
　　從上次的演講者到這次的江老師，我覺得最大共同點是：「想
就去做」，之後的收穫是不可預期的，第二個是江老師所說的堅毅
的標準與瀕死的經驗，我也曾有瀕死的經驗，懷雙胞胎的時候，
我有嚴重的妊娠毒血症，所以生產的過程我差點死亡，現在回想
起來還是心有餘悸，聽了這場演講，這兩個部分最讓我有所感
觸。

★蔡侑辰
　　我覺得爬山這件事讓我感觸很大，因為我有跟家人一起爬山
的經驗，有次爬山過程，媽媽一直很喘，媽媽叫我陪他下山，因
為山很高，這讓我感受到生命的價值，所以謝謝老師能讓我們體
會，山上的風景就像老師說的一樣漂亮，我想下次再去爬一次獅

頭山，看看那邊漂亮的美景。

★黃子健

　　真的很佩服老師，因為國小畢業旅行是去合歡山北峰，當時覺得很累，沒想到秀貞姐姐可以完成七頂峰，感覺很厲害，如果有機會的話，會再去爬一次合歡山。

★林靖耘

　　聽完老師的演講後，讓我覺得夢想就是要一步一步完成，老師當初有要登頂看美景的夢想，才會一一去完成世界這麼多的高峰，所以我覺得只要有心，夢想就一定會成功，而會成功的另一個原則就是要堅持到底，不要輕易放棄。

★江秀真講師

　　姊姊為什麼要跟妳們分享跟家人之間的關係，因為我發現國中這階段很容易跟家人起衝突，並且最難化解，因為自身的經驗，知道國中生這階段的年齡是很多變的，而且思想上容易走偏，所以才會特別提出。

◎學生心得

★林靖耘

　　聽完秀貞老師的演講也和他近距離的採訪後，感受到他對爬山有無限的熱情以，也勸勉我們珍惜當下的重要。

這場演講跟以往的演講感受到的不太一樣,比以往的有趣多了,在訪談的過程中,我問老師在爬每座山時有曾經爬到想放棄的想法嗎?老師給我的回答是:沒有想放棄的想法,在攀爬每座山時並不會去預設立場,所以在爬的過程會遇到甚麼困難沒有人能知道,回想當初為什麼會想爬這座山就有動力繼續往前,「莫忘初衷」這四字是最好的說明。

這就像在追求自己的夢想一樣,設定自己的夢想是什麼之後,一步一步的去完成,但過程中難免會遇到挫折,但只要想起當初追求這夢想的原因,就有動力繼續前進,這是老師教會我的一個人生哲理,所以每當我遇到挫折時,我會因為老師的那句話而堅持的。

★黃子健

這次的與大師有約是我訪問的第二次,每次聽完大師的故事,都有不同的感想,但這次最令我印象深刻!因為是台灣第一位完攀世界七頂峰女性!

江秀真,台灣第一位完攀世界七頂峰的女性,來自北縣雙溪,原本的職業是玉山國家公園保育巡查員,後來去專精爬山了,這是她的夢想。她說沒爬山的話現在可能會去當海山志工,因為可以教小孩,也能環遊世界,有兩位大學生因為問了姐姐這個問題,成立基金會幫助尼泊爾的孩子。

有一次在爬南美洲最高峰—阿空加瓜峰,遇上生平最恐怖的暴風雪,差點死掉,但還是活下來了讓她很難忘,也讓她改變了人生觀,要把握當下。

我也問了姐姐堅持爬山的理由是什麼,姐姐告訴我:可以透

過獨處，不斷反思，認識自己！爬山的樂趣除了美景，還有心靈成長。姐姐說：「山是導師、母親、好朋友。」

姐姐也說，爬山也學習到其它國家推廣登山的方式，也碰觸到人生可能不會體悟到的事，而人生就是由這樣的起、承、轉、合所組成。她也希望創辦一間學校：福爾摩莎山域嚮導技職學校，招生制度大概是五專，有更多原住民加入，主導食、衣、住、行、搜救、環境教育、人文素養、登山科學……除了讀書外身心靈都要健康才是重點。

我覺得這次的大師有約對我來說收穫很多，讓我學到勇敢追求夢想是在人生中最重要的事之一，還有認識自己，和與家人相處要把握！每個人的人生只有一次都無法重來，遇到自己喜歡的事都要把握機會努力去實現自己的夢想，只要努力就一定會嘗到甜美的果實，讓自己活出精采的人生，擁有美好的未來。

★蔡侑辰

我覺得江秀眞老師很偉大，因為她敢爬上超高的山——海拔八千八百四十八公尺的世界最高峰：「珠穆朗瑪峰」，又稱「聖母峰」。如果是我，我敢爬上山頂，但是下山對我而言是很大的挑戰，因為實在太高，很恐怖！眞的佩服秀眞老師，竟然有爬下來的勇氣，我都沒有。

聽完這次的演講，讓我獲益良多，比方說：永不放棄堅持到底、環境的保育……等的精神。希望每個人都要有保護環境的概念，這樣我們的自然環境才能永續的維持。

秀眞老師還送了我一本書，書名叫《挑戰，巔峰之後》，看完之後我學到了做事不要輕易放棄，要勇於挑戰困難，不要逃避。

演講中，老師要我們珍惜與家人相處的時光，也要把份內的事做好，父母在工作上已經很操勞，不要再讓父母擔憂。雖然我現在無法真正登上高山，但我會用心於課業，朝夢想一步步邁進，謝謝老師今天的分享。

夢想有多大，世界就有多大——築夢踏實，夢想成真

名師講堂

與大師相遇

地點：精華國中　視聽教室、校長室
時間：107 年 4 月 27 日 13:00-15:50
對象：全校師生
演講記錄：許哲瑋老師、曾榆薰老師
訪問稿整理：同上

如果缺乏夢想，就要好好思考反省，因為你可能正在浪費生命。

周星馳的經典對白說，人如果沒有夢想，同條鹹魚有何分別。我相信夢想是生命中極重要的一環，沒有夢想或不敢追夢的人，就是不斷浪費生命，年老時將後悔白白的過了這一生。

陳芸醫師，亞東紀念醫院教學副院長。台大醫學系畢業，是台灣唯一小腸移植醫師，也是國內極少數擔任醫學中心副院長的女性。她目前完成 19 個小腸移植案例，領先亞洲各國。「我很喜歡小孩，醫學院六年級時就決定走小兒外科。孩子單純可愛，前一分鐘還因為打針大哭，打完針一蹬下床就笑了，還會對你說謝謝。外科可以動手，開完刀縫傷口治好病的成就感很迷人。」台灣一年約有 20 位小腸衰竭的病人需做小腸移植，才能擺脫靠靜脈注射存活的命運，亞東醫院是現在台灣唯一可進行小腸移植的醫學中心。

陳芸醫師致力於腸衰竭病人照護、小腸移植、小腸幹細胞再生研究、小兒神經母細胞瘤研究等成就而獲頒醫療典範獎，陳芸說這不是她一個人的功勞，除了感謝家人的支持，相關醫療成員的加入，一起共同努力，才會有今日的成果。

　　陳芸醫師說，剛開始投入研究真的是「校長兼撞鐘」，做小豬小腸移植實驗，要自己開著小客車去火車站載小豬，久了火車站附近的人都認識她了！ 團隊雖然慢慢壯大，但投入研究也不可能一次就成功，前二次動物實驗都失敗，讓她很挫折，還好第三次終於成功了，她後來從不斷失敗的過程中，慢慢學會「感謝失敗」。「感謝失敗，從這些不是很滿意的結果中，可以讓我們得到一些經驗和學習，慢慢的修正、改進，最後才能得到好的成果。」

　　國內各種移植開展幾乎都是跟著國外的腳步慢個幾年就能完成，但小腸移植成功卻整整晚了國外 19 年，主要原因是因為小腸富含免疫細胞容易排斥、病人腹部沾黏嚴重手術不易、再加上術

後照顧困難、腸衰竭的患者較少等……開展不易，陳芸醫師說，當初會想投入這冷門的小腸移植研究，因為她本身是小兒外科醫師，小兒外科醫師面對很多小病人多半都能夠處理，但唯獨面對是腸衰竭、短腸症的患者，讓她很挫折，更立志要為這些罕見但無助的患者，投入更多的心力。

演講過程中，陳芸醫師不藏私的與我們分享了她最近在研讀的一本好書：深度工作力。一次只做一件事情，且百分之百的專注在這件事情上。在書中，強調的「深度」是要避免所有會受干擾的事情，包括社群、即時訊息、電子郵件等。最好就是完全隔絕與外界的聯繫。「對於時間的運用，每個人都在學習與練習。所以不論是在學習或是在工作上，培養深度工作、專注力這件事，絕對是一個非常重要的課題。唯有如此，才能讓時間運用得更有效率。」

此外，陳芸醫師也大方的跟我們分享了快樂的來源。「工作帶給我們成就感與快樂，**快樂對每個人來說都很重要，每個人無一不是在追求更快樂的人生，但當你試著追求快樂時，反而無法變得更快樂，原因在於快樂不是求來的，而是你本身具有的習慣。**」英國一間研究機構，做了一項調查，總結出最能夠快樂的 10 個習慣，並歸納出 GREAT DREAM 準則，供我們大家參考。

1. Giving（給予、幫助）：do things for others.
2. Relating（連結）：connect with people.
3. Exercising（運動）：take care of your body.

4. Appreciating（感恩）：notice the world around.

5. Trying out（勇於嘗試）：keep learning new things.

6. Direction（有方向與目標）：have goals to look forward to.

7. Resilience（韌性）：find ways to bounce back.

8. Emotion（正向情緒）：take a positive approach.

9. Acceptance（接納自我）：be comfortable with who you are.

10. Meaning（歸屬感）：be part of something bigger.

　　每個人，心中都有夢想。有的是人生大夢，是終其一生要達到的境界；有的是生活小夢，在事業之外，渴望追尋人生的平衡。為了讓夢想成真，都需要有計畫、有系統、有紀律的實踐。日本管理學者大前研一做了結論：

「這輩子都不要說『我以後要怎樣怎樣……。』如果有『以後』想做的事，現在，沒錯，就請現在去做！」

　　所以，**夢想的成功來自持續的堅持、不輕易放棄！**，只要你願意，相信築夢踏實，夢想便會成真！

◎訪談記錄

★茗月

Q： 當醫生那麼多年，有沒有遇到什麼挫折？

A： 例如開刀的過程不如人意而感到挫折，比方說前幾天有一個需要進行小腸移植的病人，移植完兩年多，都可以正常進食與生活，但後來發生了小腸的排斥現象，決定再把小腸取出來，病人又回復到需要打點滴的狀態，從原本的不能自主進食到可進食，又變成不能進食，大家真的都需要做心理的調適，承認敗戰，收拾殘局，再又重新開始，我建議可以有個信仰的寄託，去拜拜，向神明求個順利，如果遇到了就處理，再慢慢接受，就知道如何處理下一步，否則有時猶豫再三，耗費時間，就會讓病人處於危險當中，反而不好，這是在處理病人上面對的挫折，又因我有兼許多的行政工作，有時無法爭取想要的東西，都是挫折，雖然會難過，但是就是接受他，調適並收拾心情，繼續往前走。

★郅錞

Q：從事這樣的職業，需要具備哪些能力、特質、價值觀或其他？

A：當醫生其實最需要具備的就是同理心，會站在對方的立場去想事情的能力，這是很不容易辦到的，例如兩個人吵架，即使很生氣了，也要以如果我是你，我也會很生氣的，這就叫做同理心，再來就是還要有一顆利他的心，就是想幫別人的心，這兩個能力具備了，剩下就是努力用功念書才能考進去，醫生是還滿競爭的，需要衝進全國前 1300 名，才有可能，畢竟醫生有總量管制的科，也就是需要心無旁鶩地念書，才會比別人有機會。

★雅涓

Q：在工作中，曾經面臨過哪些壓力？

A：壓力有很多，我覺得承擔的責任越大，壓力就越大，我覺得我壓力最大的事件，應該就是協助醫院打教學評鑑的部分，醫院每四年就要做一次醫院評鑑，評鑑攸關醫院會不會成為全國最好的醫院，所稱為的醫學中心，醫學中心有分等級，醫學中心、地區醫院、分區醫院、診所等等，我在進入亞東醫院時，我是負責教學的部分，管教學行政的很多事情，最激烈的記得是在 102 年，有四間醫院要去爭一家醫學中心的名額，其中有一間是雙和醫院，而醫學中心也有總量管制，原本北區有八間，想要把亞東醫院拉下來，變成醫學中心，其中不知道會不會有人會動手腳，所以那個過程，致使我壓力很大，要如何去克服，就是要有萬全的準備，那一場評

鑑，每一場的晨會、教學活動，都去參與，看哪些地方需要補強的，索性大家都很互助很幫忙，那次的評鑑結果，很令人滿意，即所謂承擔的責任越重，壓力一定越大，但是萬全的準備，早一點備戰，壓力就會越來越少，如果是遇到沒有時間準備的短期壓力？例如董事長等等要來，要準備一份簡報，這種壓力要怎麼處理？就要搬出活在當下的功力，心無旁騖，世界上只剩下這份作業，非常專注，就會以很高的效率，完成這件事，這是我的體認。

★茗月

Q：除了小腸移植手術之外，最具挑戰的手術還有哪項？

A：其實我做了小腸移植手術，其他手術都會覺得簡單，其他具有挑戰的手術，例如高位無肛症，無肛症有很低位的，較簡單容易，做出來就好，但高位的就是在很裡面，就必須要很仔細的評估手術，動完手術功能又要健全有功能，是否會大便失禁，還好這種病症的刀，以台灣新生兒而言較少，而且較有時間可以先做檢查、準備與模擬，必要時也可與專家和同儕一起討論，我有個同事是馬偕訓練的醫生，我在台大訓練，剛好可以一起截長補短，有夥伴一起討論合作，不要每件事都非你完成不可，俗語說三個臭皮匠勝過一個諸葛亮。

★郅錞

Q：這份工作對你的生活造成的影響有什麼？例如社交或休閒活動之類的。

A：醫生這工作一定會有不便，習慣就好了，最大的不便，我記

得兒子小的時候，雖然我在值班，但還是帶小孩去萬里海邊玩水，小孩剛要下去玩水，就接到電話，有個大腸穿孔的小朋友掛急診，大腸穿孔就是腸子破掉的腹膜炎，這時候就要全家準備回程，去進行那個手術了，在什麼環境下，小孩其實就會去適應變得很乖，那也還好，這種事並不會一直的發生，也因為當時小兒外科醫生人數很少，我當時一年也值班 365 天，所以才會遇到，當醫生如果沒有這樣的體認，就不要當，小兒外科也是自己選擇的，就要承擔與認命，沒有什麼好抱怨的。

★雅涓

Q：曾經有後悔當醫生這份工作嗎？

A：不會耶！我覺得醫生這個工作一直都在幫別人，之前一位台大林教授說過，人要怎麼樣才會幸福？前提就是道德，醫生每天都是在實踐道德，就是每天都在救人，每天回家道德就執行完畢，每天就會很快樂，實踐了道德，老師也是一樣，作育英才，每天都在實踐了道德，這都是一種很好的工作，但商人就不一樣了，他們想的是要併購哪一間公司等等，下一步就為了精簡人員而裁員，裁員完就很多人失業，就做了很多害人的事，商人之後就會去捐錢、拜拜，以彌補這種不好的感覺，每個工作的型態不同，我喜歡這份工作，就是因為能夠一直在幫忙人。

★茗月

Q：如果妳沒有當醫生，會想要做職業？為什麼？

A：我曾經想過，但我不知道耶！如果我沒有當醫生，我可能就

會去當老師，可能我又沒有什麼專長，我念書這方面比較屬害，就會把唸書得到的知識帶給大家，我可能不是做生意的料子，做生意要知道買低賣高，還要建立人脈與應酬，是另外一種學問，我覺得做老師就可以執行道德的事，很好，就會感到幸福了。

★郅錞
Q：對於做醫生的成就感，主要來自於哪一方面？
A：平常很多的小成就，就是將危急的病人救起來，例如來的時候，病人已經休克、敗血症、送進加護病房等，我幫病人手術完，通常家長會很感謝，讓我有比較小的成就感，大的成就感，就是把小腸移植這件事完成，那時候犧牲了很多假日，動物實驗與手術，都是假日完成的，助理可以排休，自己卻不能排休，犧牲了許多時間，在申請小腸移植的過程中又遇到許多挫折，很生氣，與衛福部公文的往返非常頻繁，

一下需要補件一下又說缺什麼，這一來一往就經過好幾個月去了，但也不能生氣，總要解決，感覺一直不想讓我們申請通過，那時有許多醫院都在做，一直審核不過，也有可能亞東醫院規模較小，後來來文，需要把十對動物實驗的病例個案報告繳交過來，也因為我有事先的設想到，十對豬的病例個案報告，我都有很完整的紀錄，就用一個紙箱快遞寄送過去，不到一星期，就審核通過了，我們普通人，就是要做萬全的準備，才能對抗那些大鯨魚，如果跟他們一樣，可能就沒有機會了。

★雅涓

Q：當你工作很累的時候，是怎麼撐下去的？

A：睡覺，工作很累的時候，就是睡覺，我睡覺的品質很好，只要遇到床，不用五分鐘，一定可以馬上睡著，遇到真的很累的時候，沒有什麼比睡覺更容易解決的，我最愛睡覺了。

★哲瑋老師

Q：在家庭與事業中，怎麼去取得平衡狀態？

A：我先生是神經外科醫生，夫妻都很忙，都會有突發狀況的，我和先生基本上是平等的，做飯洗衣服兩人都會，誰先到家就誰先做，先生是可以都事事幫忙的人，而父母又住在樓上，有時兩方都要開急診刀上班時，就請父母親看一下，家人的支持很重要，對於生活，其實沒有什麼要求與挑剔，食材就是簡單料理，生活也是簡單為主，衣服可以再穿一天的，就再穿一天，省一份工，選衣服就是選擇易洗快乾免燙

的原則，家中也有一台掃地機器人，很方便，其他家事就是隨手做了，節省時間與省事。

★校長

謝謝陳醫師，醫生都非常如實的把生活態度回答各位，其中充滿許多生活智慧，也說明人必須要先有萬全的準備，又醫生個人的特質，同理心、利他，執刀又必須要專心、精準，才能幫助解決病人的困難，非常讚嘆醫生，看似輕鬆，但要成就一件事的時候，後面的準備是看不到的，讓亞東醫院小腸移植變成專業的申請，過程非常不容易，醫生也非常樂觀，剛提到衛福部申請的部分，剛開始申請不通過，大小醫院的競爭，後來因為堅持與持續努力，責任越大壓力就越大，壓力如何去做分配，問題就可以得到解決，陳醫師做事的態度是非常謹慎的，你可以去預備的時候，就該去做準備，不論大小的成就，是一個很棒有道德心的工作，而平淡簡單就是一種生活哲學，內心是相當盈滿的，當我們可以去服務別人的時候，是一件非常快樂的事，舉一個我們學生的例子，羅生在參加全縣的定向越野賽跑時，因過程中協助了一位小弟弟找爸媽，致使沒有拿到較佳的成績而進入前六名，我們學生有利他與協助弱勢的態度，我感到非常驕傲，也相信是非常重要的，羅生分享說明當時的情況，我就是看到小朋友在哭，就覺得他需要幫助，當下覺得輸贏已經沒有關係了，這個決定是正確的。

◎結語回饋

★茗月

　　剛在投影片看到堅持就是遇到困難挫折，繼續努力前進，就想到自己從四年級開始學畫畫，過程中遇到挫折，就覺得辛苦想放棄，但想到可以做自己有興趣的事，又可以減輕家裡的負擔，我就繼續堅持下去，一直堅持到考試那天，把學習的都用上了，考試當天很順利，就覺得很有成就感，很開心也很感謝父母親的支持與鼓勵，從陳醫師那得到的啟發就是想開一點，不要想不開，遇到困難想辦法去處理，遇到挫折不要太快放棄。

★郅錞

　　我覺得醫生這個職業很偉大，為了救人，本來可能車禍倒在地上奄奄一息快要死的人，用盡心力心思把病人救回來，讓他恢復以前的樣貌並展開笑顏，讓我覺得醫生很偉大，讓生命有了新的開始，很棒很偉大。

★雅涓

　　佩服醫生每件事情都很正面的想法，做這份工作都是想怎麼幫助別人，每次有壓力的時候，都會去做萬全的準備，把事情做好，很佩服這樣的過程。

★哲瑋老師

　　聽完老師的話，會覺得，其實複雜的事情簡單做，簡單的事情重複做，相信持之以恆，一定會成功，雖然沒有像老師那麼有成就，但相信未來會有另外一片天的。

★榆薰老師

　　謝謝老師的演講，回應剛剛哲瑋老師問得問題，其實事業與家庭要取得一個平衡是很不容易的事，有時做不完的工作會帶回家做，有時工作上會有挫折，也會抱怨，其實這些都影響了生活品質，也曾經想要放棄過，但今天聽了老師的演講，就告訴自己堅持下去吧！

◎學生心得

★鄭茗月

　　一開始在訪問前，我們都會去查相關資料，在查詢的過程中，心想，陳醫師的資料真少。

　　在聽演講時，讓我聯想到一部韓劇 Doctors，劇裡面的女主角也是一位厲害的醫師，像陳醫師一樣聰明厲害，擁有豐富的醫學知識，令我感到稱羨。我常在想，當醫生除了知識豐富外，臨床

經驗也不可少。不然手術會有極大的風險。

當醫生會犧牲很多假日，可能當你正在享受那美好的時光時，突然來了一通電話，不得不讓你和家人分開，或許會覺得很掃興，所以我覺得，如果無法承受這樣的壓力，還是不要往醫生的職業路線走比較好，就像在訪問過程中說到的「自己選得，自己承擔」。

還有一點，就是「猶豫太久，反而危險」，陳醫師提到，他在執行小腸移植手術時，是成功了，病人從不能吃東西到可以吃東西，但後來小腸反應排斥，陳醫師決定再進行一次手術，她再次強調「猶豫太久，反而危險」，像是你猶豫太久，就會錯過時機，失去那個機會一樣。

★詹雅涓

這次的與大師有約，很高興可以聽亞東醫院陳芸醫師的演講。聽完大師的演講，覺得陳芸醫師是一個很勇敢的人，投入這份職業，是因為興趣，所以也不害怕，當我看到簡報上陳芸醫師開刀的照片，都起雞皮疙瘩了。醫生這份工作我覺得很困難，因為人體器官是如此的精細，稍有分神都會造成不可逆的傷害。陳芸醫師說在做這份工作時是很有趣的，讓我相當驚訝，手術會看到血肉模糊的樣子，很難想像它會是有趣的，所以能在工作中找到樂趣讓我很佩服。工作中也會面臨許多壓力，壓力要怎麼克服？陳芸醫師說就是要萬全準備。我覺得她能在壓力之中又讓自己更強大是很了不起的事。而且她說喜歡這份工作因為是可以一直幫助別人。醫生是每天都在做道德。她的思想都很正向也是我佩服的一點。也讓我學到：「我有的別人也有，所以要比別人更屬

害更強大才能贏別人。」也讓我覺得，就算沒有特長，但可以努力學習，訂下目標去完成自己喜歡的事。

★羅郅錞
　　一開始在聽講時覺得陳芸醫師應該是個很難親近的人，事後整個採訪的過程，我認為副院長是個很開朗的人，陳芸醫師很認真的回答我們的提問，但也有談笑風生的時候，就覺得其實還滿好親近的，在採訪完後，我深深覺得醫生其實很偉大，他們可以犧牲與家人相處的時間，也能犧牲放假休息的時間，只要有緊急的事他們就會火速趕到，又或者在路上有發生車禍的患者躺在路邊奄奄一息，她們可以用盡心思只為了救一個人，這個壓力非常大，因為成功了就可以看到那位患者重新恢復笑容，但失敗了就只能看著亡者的家人失聲痛哭，雖然會感到挫折心酸，但還是得振作精神繼續醫人。
　　醫生這個職業，付出多少努力只為了看到人們健康，它能得到名聲，也能得到好的經濟來源，雖然對每個人來說在乎的不一

定這件事，但醫生的偉大，是一般人所能了解並無庸置疑的。

走讀人生

名師講堂

與大師相遇

地點：精華國中　視聽教室、校長室
時間：107 年 5 月 11 日　13:05-15:50
對象：全校師生
演講紀錄：黃瑞芳老師、吳淑雲老師
訪問紀錄：同上
學生心得整理：同上

看見采珍老師，總讓人想起杜甫的《春夜喜雨》：「好雨知時節，當春乃發生。隨風潛入夜，潤物細無聲。野徑雲俱黑，江船火獨明。曉看紅溼處，花重錦官城。」老師如詩中好雨，以輕、以靜、以柔之姿綿綿灑落。采珍老師思緒清明，目標準確，總如春雨在適當的時機飄然而至，在萬物萌芽的時節裡，灑灑而落，這般的潤物無聲，他日，紅溼之處，必當花叢叢。

而一個有著大格局的人也必須是充滿勇氣的，采珍老師從民國六十六年推動角落教學開始，到民國八十五年培訓台灣第一批的故事媽媽，再到向教育部申請推動閱讀計畫，所有的想法都是劍及履及。勇氣，是一種特質，但格局是可以培養的，在還沒有足夠能力走透世界前，閱讀便是培養格局的最佳方法，這場演說是在閒聊中度過，采珍老師再次印證「學習來自學習者」的力量，我不明著告訴你，是你，你

從中學習到了什麼、體驗到了什麼。

「本事」，你有嗎？而讓學習者不斷的自我學習，便是采珍老師的本事，這讓我想起多年前的一篇文章，文中主角是演員郭書瑤，十七歲那年，父親因病離世使得家中生活驟變，機緣下拍了一支家喻戶曉的廣告，雖然酬勞豐厚，卻也引來撻伐的言論，所幸，在前輩的指點下，她明白要走得長久，就要有自己的本事。蔡康永鼓勵她要多多學習，培養自己的能力，於是《志氣》這部電影便成了她人生中的轉捩點，甚至獲得金馬獎的肯定，令人另眼相看，為什麼呢？因為她做了大家不敢做的事，吃了大家無法想像的苦。她提到在開拍《志氣》這部片前已經換了三個女主角，她們在開始受訓後，因為受不了嚴苛的訓練而退出，在這個比照國手訓練的過程中，她不僅手磨破皮，腰部、背部也受傷。直到殺青那一刻，她都不敢相信自己居然能夠撐完全局，這過程實在辛苦，但也因為過程中的努力學習，她有了詮釋各種角色的本事，使自己在工作場域中有了一個明確的定位。不謀而合的是，同采珍老師給孩子的提醒，文中也提醒大家在人生的道路上要懂得「求救」，不要將所有事情都扛在自己肩上。少有人一輩子都是風順水順的，遇到難解之結、百思不得其解的困頓時，記得要求救，找回那個勇敢的自己。

而勇敢的你，勇於面對挑戰，勇於承擔失敗，勇於承認「我真的不行了」，敢於面對，敢於說出，慈愛便降臨，這份慈愛會轉換成為力量，幾經試煉，磨出強大的內在，它讓我們有能力面對紛雜的外在環境，而這就是采珍老師的智慧。所以，當你努力過了卻依舊困頓之際，別逞強，勇敢求救，因為這是走出困境的唯一出路。

潤物無聲的智者，春風化雨無數，讓所有人學習於隱隱之中，她，便是采珍老師。

◎訪談紀錄

★童郁云

Q：老師您讀過這麼多本書哪一本印象最深？

A：《我喜歡你》。

玗芳：老師可以示範導讀嗎？想看看老師怎麼導讀。

A：我喜歡你，而且，我知道為什麼，我喜歡你，因為，你是一個好人，逗人喜歡，我喜歡你，因為，當我告訴你一件特別的事，你就知道它是特別的，而且，你會記得，很久～很久，你說，記得嗎？你以前告訴過我，那件特別的事，這樣，我們兩個就都記得，當我認為某一件事重要，你也會認

爲它重要，我們有很棒的想法，當我說好笑的話（笑聲：哈哈哈），你就笑，我覺得自己好笑，你也覺得我是好笑的，我喜歡你，因爲，你知道我哪裡怕癢，你不會來搔我那裡，但是，有時候，你會來搔那麼一下下，不過，如果你來搔我，我也知道要搔你哪裡，你很會裝傻，所以我喜歡你，真的，你真是傻瓜一個，遇見你以前，我沒有碰過比我更笨更傻的人，我喜歡你，因爲，你知道適可而止，不再裝傻，可能是後天，可能永不停止，哇……太遲了，已經傻過頭了，我們總是在一起鬼混，有時候我們默不作聲，在籬笆下擠來擠去，偷看祕密的地方，如果我在屋頂上發瘋，大叫大鬧（很大聲哇～），你也會和我一樣，如果，我假裝快要淹死了，你就會假裝來救我，如果，我準備要拍打紙袋，那你就會預備好要被嚇一跳，那是因爲，你真的喜歡我，你真的喜歡我，對不對，那我也真的喜歡你，你喜歡我，我喜歡你，每天，不停的，我們就這樣，喜歡來喜歡去。可以了吧？好玩嗎？所以念故事很難，但念故事比說故事更有趣，爲什麼念故事比說故事更有趣？

Q：念故事會帶有情緒比較生動。

A：會把文字裡的意思帶出來，人家說還沒學會說故事，以前他們覺得念故事很簡單，但並沒有，因爲你要透徹了解那些字，而且字裡的情緒、表情、包括它的聲調，都會融合在一起，所以念故事除非你對那篇故事很熟悉，不然沒有辦法操作。

★余泰豪

Q：老師您好，我是 801 余泰豪，我想問您大約閱讀過多少書籍？

A：這樣說好了，目前為止，平均一個月 50 本，現在在我車上有 30 本書，是我經常在閱讀的書籍，那在家裡的就不只這些書。

★廖眉婷

Q：老師您好我是 701 的廖眉婷，我想問您在工作、家庭及朋友間角色上會不會造成衝突？

A：角色衝突？你是說我玩別人，還是別人玩我？

Q：哦～工作、家庭、朋友會不會造成角色衝突？

A：如果在玩樂裡面會不會衝突？

Q：不會！

A：所以？我不會啊！

★童郁云

Q：老師您在演講過程中，有提到交往的底線，提到結婚的話就要分開，那在一起也有感情，那分開的時候是如何調適心情的？

A：觸及到底線，他對我是有目的性的，不是真心交往，他跟你說他跟你在一起第一個想親你，第二個好奇你，我為什麼要變成別人好奇對象，所以當他有目的性的時候就一點也不好玩，我不想被綁住，但是我也不綁人，所以我從來不會打電話給人說：「你在哪裡？」不會，都是別人打電話問我在哪

裡？我就說我在這裡，彼此
要尊重，完全尊重、信任，
就這樣！

Q： 謝謝老師！

★余泰豪

Q： 支持您推動閱讀的動力是什
麼？

A： 台灣的小孩要一起好，不能
只有我家小孩好，我家小孩
很好，但台灣這塊土地有太
多這種小孩，一定要一起
好，這批小孩長大以後，要
更多小孩一起好，要一起有
質量、有能力，要一起為台
灣這塊土地，愛這塊土地，
所以我們要愛所有的小孩，
不能只愛我家小孩，你覺得
我的概念對嗎？

Q： 對！

A： 所以我到處告訴別人要愛小
孩，不可以打小孩、罵小
孩，這樣對嗎？我告訴所有
父母、老師要愛小孩，要好
好地愛小孩，你將來也要愛

你家的小孩，可以嗎？不准打、不准罵。

Q：好！

A：眞的喔？！

Q：眞的！

A：打勾勾，你看我成功傳播一個呀！

校長：所以他很有自信的跟你說他做得到。

A：我剛剛只有溝通，溝通就好，你好好愛他，你就有辦法教養他。

校長：他剛剛給你的回應很自然，而且很肯定，不錯！

★廖眉婷

Q：老師我想問您，您希望閱讀像哪種未來？

A：什麼意思？

Q：就是～啊，好的還是壞的。

A：什麼意思？所以你到底要問什麼？幫忙學妹想一下，不然他快問不出來了。

童郁云：不要緊張。

Q：你的問題到底是什麼？你再想清楚。

校長：你再想一下。

★童郁云

Q：老師您 13 歲的時候決定將來不結婚，那您都沒有結婚，您會想要生小孩嗎？就是在沒有婚姻的基礎下您會想生小孩嗎？

A：全世界都是我的小孩，只是剛好有四個從我肚子裡出來而已，在我肚子裡住過，全世界都是我的小孩，你們也是我的

小孩，你覺得我不夠疼你們嗎？

Q： 我覺得很棒！

A： 你覺得我沒有疼你們嗎？

Q： 有啊！

A： 有啊！對啊！

校長：你們晚上的餅乾是她。

Q： 有時候麵包啊、資源啊、好東西都拿來。

校長：這是因為他愛你們，不然他不必大老遠帶來。

Q： 好，謝謝老師！

★余泰豪

Q： 老師您在閱讀過程中，對您來說印象最深的是哪本書？

A： 閱讀這件事情印象最深刻的是什麼？

Q： 對！

A： 沒有什麼特別印象最深刻的？

Q： 那您感到最挫折的是？

A： 也沒有耶！怎麼辦？

校長：你在讀書的時候有遇到困難嗎？

Q： 沒有，只有在唸英文的時候。

校長：那你覺得讀英文的時候為什麼覺得困難？不懂，像天文數
　　　字一樣，是嗎？

Q： 對！

校長：所以讀書過程遇到英文應該會覺得很痛苦。

Q： 對！

校長：那你有想辦法突破、或想要解決它、或詢問會讀的同學，

你怎麼看英文的啊？

Q： 還沒有。

校長：所以你遇到問題還沒有想辦法去解決。

Q： 以後會。

校長：那你現在問老師是要問他有沒有讀到不懂的書嗎？還
　　　是……？

Q： 讀到不懂的書會不會有挫折。

A： 不會啊！就不要讀就好啊！我有那麼多的時間，那麼多的
　　　書，我小孩現在在做一個數學題目，如果他不會，我會告訴
　　　他這題很難不要再學，我另外給他十個相關且簡單的題目，
　　　等他簡單的十個題目都做會，那這題也會了。

校長：那也要有個像你這樣的媽媽。

A： 不多啦，所以哪來的挫折，挫折是為了考驗我們的智慧，考
　　　驗我們解決問題的能力，當你都有的時候，哪來的挫折、問
　　　題。

校長：那個智慧就是你要學會用方法去解決你的困難，你就會突
　　　破，當你突破了困難就不在了。

A： 我遇到不能馬上處理的事情，就說我不會了，如果老天爺不
　　　下來幫忙的話我就做不了了，老天爺就來幫忙你了，所以求
　　　救很重要嗎？

Q： 很重要。

A： 對啊，「走入困境，求救就是你唯一的出路」但是不知道為什
　　　麼大家不教小孩求救，這是奇怪的地方，當我們遇到困難的
　　　時候，是為了考驗什麼？

Q： 智慧。

A： 還有？解決問題的能力，校長這樣對不對？

校長：沒錯，所以剛才老師特別提醒大家在問問題的時候，你要先想清楚，提問的時候就可以得到你要的答案，那你就可以得到跟別人不一樣，因爲你懂得在這裡面找到方法，那剛剛老師特別提到挫折是考驗我們的智慧，但是我們遇到一點點的挫折我們通常就會放棄，不會想辦法去解決，或者是求救，因爲還有一些智者會給建議，但過程還是需要我們去發現，那解決問題的能力這非常重要，所以剛剛老師有一句話我很喜歡「走出困境，唯一的出路是什麼？」泰豪是什麼？

Q： 智慧？

校長：不對。

Q： 能力？

校長：不對，你還是沒有抓到關鍵，走出困境，唯一的出路是什麼？剛剛不是講過嗎？很多人都沒有教，你要會怎樣？

Q： 求救？

校長：對！所以你們今天三個獲得了我們可能沒有深度思考到的問題即核心部分。

Q： 要學會求救

校長：他們在紀錄並且寫出心得，但是現在他們在對應你的回應要記錄下來。

A：ok！

★廖眉婷

Q： 老師我想要問您孩子向您求救的時候，您會怎樣幫助他？

A： 第一個了解狀況，第二個知道他的困境是什麼，第三個步驟性的讓他明白沒有那麼困難，第四個讓他結構性的知道哪個步驟一環一環都做到了事情就迎刃而解，如果在哪個環節沒有想清楚就可能被困住，有些事是小孩解決不了的，媽媽就隻手遮天幫孩子把困難先解決了，讓他不必承受不必要的挫折，不需要去接受無謂的困難，小孩就長大了，這樣小孩會得到幫助嗎？會嗎？

Q： 會！

A： 為什麼？

Q： 他會知道自己錯在哪裡。

A： 或者哪個地方沒有想清楚，或者知道可能是自己性格上、觀點上侷限住自己，當突破後就好了，ok，沒有這麼難，但通常都是自己陷害自己，讓自己在裡面轉不出來，所以要幫他把這一塊解開來，他就有能力站起來往前走，成就感來自誰？

Q： 自己。

A： 對啊！這樣他才有動能往前走，不是我能幫他做什麼，路是要自己走。

★童郁云

Q： 老師您在演講中有說到每件事情喜歡由自己主導，幾乎每件事情都成功，那您覺得一生當中最成功的事是什麼？

A： 活到現在。

Q： 呵呵呵！

A： 你笑什麼？這樣你就接受囉？

Q： 我只是覺得這個答案很特別。

A： 不然你預期是什麼答案？

Q： 當第一個創辦人。

A： 聲曉的創始人啊、第一個做開放教育的人、第一個帶領全國做角落教學的人，你以爲是那些喔？！那些都是小事，沒什麼，當我沒有活到現在我怎麼有機會講我過去的事，對嗎？

Q： 對！

A： 那我最得意的事是我可以活到現在。

Q： 謝謝老師！

A： 這個答案你滿意嗎？

Q： 挺好的（哄堂大笑）。

A： 你活到現在爲止覺得人生最得意的事是什麼？

Q： 沒有。

校長：沒有嗎？

A： 沒有最得意的事？長這麼漂亮沒有？牙齒這麼好沒有？

Q： 沒有。

校長：你上次跑來跟校長說：「我 A++」那個時候我看到你的自信與喜悅。

A： 你給自己太高標了。

Q： 可是我後來覺得 42 題，一般只有 A 而已。

校長：所以又打擊你的信心。

A： 不要給自己這麼高標，每天可以快快樂樂活著就已經很不簡單了，每天都可以很安心地對自己說「我今天過得很好，我

這天過得很精彩。」這就很了不起了，所以當過了一段時間或一天結束之後，你要問自己說「你今天過得好嗎？」想一下，真的還不錯喔！我今天做了對人有貢獻的事，我今天幫助了別人，我今天做了這些事情娛樂了我自己，這些都是很了不起的事，不要給自己太高標，每天為了高標搞得自己氣喘如牛，然後什麼都沒有得到還有憂鬱症，這實在太為難自己了。

★余泰豪

Q：老師您第三個女兒叫什麼名字？

A：不跟你說，我小孩門票一張 450 元，你買十張我就跟你說。

Q：多少錢？

童郁云：4500 元，加一個零啦！

Q：今天沒帶錢

A：你真的可以買嗎？他真的滿偶像的，我放一首歌給你們聽。

校長：你拿到一個優待的機會。

A：你想聽嗎？

Q：好。

A：想聽新歌還是舊歌？

Q：都可以。

A：這樣很難決定。

Q：那聽舊歌。

A：我以為你對新歌比較有興趣。

童郁云：那新歌。

校長：你們也變化太快了吧，要有自己的想法。

童郁云：我本來就想聽新歌。

A：那放一首舊歌給你們聽好了，這首歌還滿好聽的。

（放歌中）

> 早上起床發現眼鏡找不到　刷牙刷一半發現土司烤焦　盆栽
> 以奇怪的姿態無奈得枯萎　我還是找不到人生目標　我不知
> 道　我不知道　你是不是真的喜歡這樣的我　可是我好喜歡
> 你　喜歡到想大笑
> （哼哼哼哼哈哈哈）　想每天和你一起曬太陽　想每天和你
> 一起吃一個便當　你知不知道我呀　我喜歡下雨的晚上　和
> 你聊天　泡一杯茶
> 雖然你　有時候真的很難搞　雖然我　個性常常庸人自擾
> 但那不重要對吧　我知道和你一起　就是生活的美好

好聽吧？！好，再一首。

Q：可以告訴我們歌名嗎？

A：不行，換一個方式套我

（放歌中）

> 九月開始　每天都是我最喜歡的天氣　風輕輕地吹　就算是
> 雨天都好　明天開始　就不能這樣糊裡糊塗過日子　要早早
> 起床　要好好減肥才行　我啊　總是忘了告訴你　那天你背
> 著光前進的背影　它讓我想起　我們剛認識的樣子　那麼簡
> 單　就可以開心

這首歌就是有一陣子她去國外，跟她男朋友去澳洲打工，回
來以後，她就說一年之內就要巡迴開始，要做幾首新歌，那
天就說「媽我做了一首新歌彈給你聽」，然後就唱這首，變
成人家在傳唱的歌，她就說九月開始要好好吃飯、好好睡

覺、好好減肥。

校長：當新娘子？

A： 沒有。

童郁云：要演唱會？

A： 不是，就是要好好過日子，你看這首歌很有趣吧？！她的每場巡迴都是爆滿。

★廖眉婷

Q： 老師您推廣閱讀，那您的小孩會陪您一起看書嗎？

A： 當然不會。

校長：但是他的兒子會分享他看書的部分。

A： 我老大作資工，然後會做機器人 AI 以後的法律責任，所以常常問如果這樣應該是人該負責還是機器人該負責？我的大女兒一個月念超過 50 本的課外書，我常跟我小女兒說如果你想要持續在觀眾面前有質感，如果沒有讀書觀眾很快就厭倦了，不是有一句話那樣說嗎？你們會說嗎？

校長：三日不讀書便覺得……

A： 駒～國文老師是誰啊？！（哄堂大笑）我小兒子每天加班到八點或十點，他回到家要讀一小段或一本的書，不然他整個禮拜沒有讀超過三本書，我就會說你都在幹麻？這麼貧窮，過著乾扁的日子，所以他很多的訊息、設計都來自於讀不同類型的書，所以我們看到這個人的書架上都是同一類的書籍，要趕快逃走，因為那個人一定很貧窮、乏味。

Q： 那老師您的孩子會跟您一起分享書嗎？

A： 當我們看到哪一本好書時會分享出去，像最近看到一本好

書，我就告訴我女兒說你要送十本出去，那本書很好要買好多送人，你的一舉一動足以影響、改變世界，就是我的小孩要有能力買書送人，一起朗讀、分享裡面的概念、一起玩樂、一起閱讀。

★童郁云

Q：如果您可以任意回到人生中任一時段，您想回到什麼時刻？

A：兩歲。

Q：為什麼？

A：因為我可以重新開始，從新設定我的人生劇本。

Q：那您想要做什麼？

A：我就不會坐在這，我這輩子自廢武功，過完全沒有能力的生活，所以我不用外面的資源，不求名、不求利，但是如果我可以從回我人生的某個點的話，我要回到兩歲。

校長：這樣聽起來好像有點後悔？

A：沒有後悔，因為這輩子死後就不再回來。

校長：不是看這一世，而是看永世，所以在經營的部分就不會短視近利，所以現在老師做的事叫做「利益眾生」。

A：兩歲你有沒有嚇一跳？

校長：應該說有。

Q：我以為會是十六歲之類的。

A：為什麼？十六歲那時候我已經過的很精彩了，我為什麼要回到那個時候，但如果我回到兩歲，我會有完全不一樣的人生跟精彩。

Q：所以您想過一次不一樣的人生？

A：當然，不然我幹嘛回去，我就希望我十歲的時候，我爸媽把我送出國去深造。

Q：我也希望我三歲的時候他們把我送去學鋼琴。

A：這樣我們就會有不一樣的人生，對不對？

★余泰豪

Q：老師您的小孩最出色是哪一個？

A：四個，我有四個不同類型的小孩，我四個小孩個個面向都非常出色。

Q：那您覺得最出色的是哪一個？

A：選一個是不是？

Q：對！

A：先去掉最沒有能力的那個老三。

Q：為什麼？

A：就爛啊！

校長：他還是比較格啊，去掉一個還有三個。

A： 沒有辦法取捨，那你沒有問為什麼。

Q： 為什麼？

A： 因為我偏心啊！這樣你就接受答案了？

Q： 對！

校長：因為你說了他就相信啊！

A： 我也是啊，但是你沒有問為什麼啊！

Q： 為什麼？

A： 因為他雖然某個部分看起來光鮮亮麗，但是他是我四個小孩裡，最不積極、最不認真的一個，這樣不行嗎？

Q： 可以！

A： 所以是你，你要選優的在身邊還是不努力的在身邊？

Q： 優的。

A： 對啊！所以當我的小孩要非常努力認真，不是靠虛名就可以，內在能力要非常強大，不然在媽媽這裡喜歡或不喜歡有什麼用？他去到外面要去對抗外面的人，他要對的是外面的人，不是媽媽愛她或不愛她就有用，所以我的小孩要建立強大的內心力量跟強化才華，這樣可以接受我的答案嗎？

Q： 接受。

A： 理由？

校長：你開始要有判斷能力，不能別人說了就是。

A： 對啊！你的理由是什麼？為什麼可以接受我這樣說明。

Q： 因為我相信。

A： 因為你相信我什麼？

校長：但是我就想要反駁。

A：等一下，因為你相信我什麼？你問了一個什麼問題，所以你現在相信我什麼，你剛剛的問題是什麼？

Q：您覺得最出色的是哪一個小孩？

A：所以我告訴你說四個，但如果有一個被我拿掉的話會是老三，當歌手這個，理由是什麼？

Q：最不積極。

A：對，內心最不強大，所以要當一個好的孩子，你內心要非常強大、積極並充實自己，而且你每天都要進步，這樣不是只有我愛而已，每個人也都愛，所以他才有能力去這個世界跟別人相處或競爭，不然他怎麼會有能力，足夠的能量去外面的世界，他不能一直在我身邊，這就是我對我的小孩的教養，雖然我的小孩都知道我非常疼小孩、寵小孩。

★廖眉婷

Q：老師我想請問您，您說您去過三十個國家，哪一個最令人印象深刻？

A：台灣。

Q：為什麼？

A：什麼都好，自由，台灣人的品質好，和善，到了 11、12 點出去還有東西吃，安全、安靜，沒有哪個國家比我們台灣更好，即使它有一方面夠好，還有其他方面不夠好，台灣最好，所以我去世界旅行只為了證明台灣非常好，我有許多印度、西藏的朋友，他們都跟我說老師你快來我們西藏，風景好什麼好，如果你們真的覺得好，你們為什麼會想要來台灣，不留在西藏？你們一直想要離開西藏，卻把外面的騙進

去，這是場騙局，我到世界各地旅行，最大的心得就是只為了證明台灣非常好。

Q：那除了台灣哪個國家讓您印象深刻？

A：你說讓我印象深刻的國家嗎？地理環境及其他都算在裡面，我可能對西藏的印象還不錯，因為他們叫我女神仙，他們叫我女神醫啊，不只這樣，還有另外一個故事，去那邊有個特別的經歷，而且有特別的奇景，所以那個地方令我印象非常深刻。

Q：可以講出來嘛？

A：可以講出來嘛？ok，我參加一個非常特別的法會，那個法會12年一次，那這12年一次的法會大家都會集中到沙也市，那個地方會有個特別的活動，那天去就只為了去沙也市參加法會，所以那附近在深山、洞穴裡面修行的修行人，有的人是一輩子都還沒出來過一次的，有的是12年會出來一次，所以他們會集體起來修法，那我們會去供養，供養是無限大的福或者是非常大的神力在你身上，當我拿著一把供養金，我這樣一個一個給予的時候，我看到的不是他們，而是我跟他們一模一樣的人，我看到的是我曾經修行的道友，完全一目了然，當我看到他們的時候，眼睛一對，我們好像幾輩子就相識的親人一樣，那種感動就像幾輩子沒見一樣終於彼此相見了，或者他說你終於回來了，所以幾百個人供養完後，我哭到無法自己，我不想回台灣，一點都不想，然後我坐在那看到我修行的山洞、樣子，所以過去我想住樹屋，現在我想住山洞，我覺得人類應該住回山洞去，這輩子如果還要換個地方住我就要住回山洞，這樣有沒有很特別，這就是我人生

際遇裡面很特別的一段，我告訴我的小孩說將來我死了以後，要把我的屍體運到西藏去作天葬，天葬就是把你的肉割開餵禿鷹，包括你的頭顱要整個剖開餵禿鷹，我的小孩哭著求我不要，他們捨不得，我說死了就是一塊爛肉有什麼好捨不得的？我小孩不肯，所以等到我快要死了時候，我要去住西藏。

Q： 跟美國一個地區的葬禮一樣，但是我忘記在哪了。

A： 這個天葬應該都是西藏傳出去的，他的背後有個慈悲心的故事

校長：因為時間到了有沒有非問不可的，再給一次機會，有沒有已經準備好的題目你覺得非問不可，可以給你一次機會。

★余泰豪

Q： 老師您第三個小孩到底叫什麼名字？（哄堂大笑）歌名叫什麼？

A： 那個

Q： 那個？

A： 就那個。

Q： 可以提示明顯一點嗎？

A： 提示二，他的一首歌的創作叫《九月》。

廖眉婷：回去找《九月》的創作人是誰。

★瑨芳主任：

Q： 老師可以問一下嗎？如果孩子喜愛閱讀的程度到他會偷藏書。

A： 那這個媽媽太失職了，怎麼會讓他有機會偷藏呢？

Q： 在寫功課時就默默帶著一本課外書到書房去。

校長：他喜歡看書就給他看啊！

Q： 我就在想我到底要不要給他看？

A： 不是這樣子的，責任、興趣跟你想要發展的你要釐清楚，如果功課是責任，責任做完了什麼事都可以做，責任沒有做完前什麼都別想，所以要釐清的是這個概念，而不是他偷不偷藏書的問題，跟他喜不喜歡閱讀沒有關係，只有一個，他的責任是什麼，現在的責任就是把功課寫完，可以花五分鐘寫完你要花五十分鐘，我可以幫你花三分鐘、五分鐘寫完，其他的時間都可以看書，但是不可以告訴我說五分鐘不想花，但是你要拖五十分鐘來告訴我說你要偷看書是因為你的嗜好，這樣不行。

校長：好像哪個部分故意逞罰他不讓他看書，哪個作者的部分，因為他們看書很痴迷，但是界定是非常重要的，好，那如果沒有問題的話，那感謝剛同學問了一個非常有深度的問題，那現在他們要做結論

A： 期待中。

校長：結論是今天的訪問你有什麼收穫？

◎結語回饋

★余泰豪

我最印象深刻的是 40%是靠語言、20%是表情、20%是肢體、其

他是 20%。

A：對於語言跟學習。

Q：對！

校長：但是那個給你怎樣的啓發？你只是說出語言的功能、文字
　　　的功能佔多少，但是你並沒有把他用在你身上。

A：意思就是說爲什麼你覺得這段是今天印象最深刻的？

Q：出國可以用這個方法，可以用表情、肢體。

A：所以表示你以後不會害怕出國嗎？

Q：對！

A：所以出國這件事情對你很重要？

Q：還好。

A：還好的話爲什麼你覺得這句話讓你印象深刻？

Q：假如有外國人來，我不知道英文，我可以用這個方法。

A：沒錯，任何一國語言都可以，請你不要害怕。

★童郁云

剛聽完演講覺得老師跟我姑姑很像，因爲老師有說到一句「本事
在自己這裡」，姑姑也常講說就算你是女生，你也不要想依靠別
人，自己要有本事，因爲你依靠別人，等沒有人可以依靠的時
候，你就會發現你什麼都沒有。

A：你最大本事是什麼？姿色？

Q：不是。

A：最大的本事是什麼？

Q：好像都沒有。

A：長這大還沒有本事，不是很奇怪？

校長：剛才的訪問過程當中，沒有給你一些不一樣的啓發嗎？因爲你的部分還停留在演講，但這場你比別人多學了很多不一樣的東西，你要不要分享一下。

Q： 讓我想一下。

★廖眉婷

就是本事在自己身上。

A： 爲什麼這句話重要？

Q： 本事是自己發現出來的，那是他自己的，怎樣用都可以。

A： 所以你的意思是說你想要以後不要依靠別人，所以你要你這輩子有什麼本事？最大的本事是什麼？

Q： 同理心。

A： 這個本事很重要，爲什麼重要？

Q： 因爲假如別人遇到的困難跟你一樣的時候，你可以發揮同理心去告訴他怎樣解決這個事情。

A： 所以這個本事在你身上有什麼好？你爲什麼可以靠它賺錢？或者將來靠它養活自己，或者靠它增長你其他本事，同理心這個本事很厲害啊～但是你怎麼依靠它？你選了一個對的項目，但是不會用，不就等於教你一套武功，碰到要用的但你不會用，那不就糟了，再想想，你（童）要補充什麼？

★童郁云

從剛才的訪問中，我覺得老師是我採訪三個裡面您是最特別的。

A： 我長得最特別。

Q： 不是，就是想法很特別，然後看法也很特別，剛剛您告訴我

不要給自己太高的標準，每天過得好就很了不起了，事情要自己主導是很棒的事情。

★琇芳主任

我很敬佩老師，就是徹徹底底知道人生的每個階段到底要做什麼，然後一身是膽。

A：沒在怕的。

Q：格局夠大，可是卻又雲淡風輕，這種感覺。

A：無欲無求啊，你要給我很多錢，我說為什麼？為什麼要給我很多錢，我還要保管那些錢多麻煩。

Q：我真的感覺到老師就是無牽無掛的，我會覺得到處都是牽絆。

A：為什麼，你瘋了。

Q：對啊，我也覺得瘋了，可以跟你一起去修行了。

童郁云：一起住西藏嗎？

A：我告訴你修行在哪裡？修行在生活分分秒秒之間，沒有一個地方叫做修行地，你所在的地方就是最好的修行地，沒有哪一個大師教你的修行方法最適合你的，你自己就是，所以不要想依靠別人就可以修行成功，很難，不要迷信別人，迷信自己就可以了，把自己的每個部分做好就是了，加油！

校長：這應該是有漸進式的，那我到精華我覺得後半段遇到很多貴人，我覺我前世應該有修行，所以剛剛提到在山洞裡似曾相識，我覺得更重要的是把我們這世，不是只有這段，而是更長的，而這樣的修行來講可以變成來去自如，如果掉入這一世，福氣用完了就沒了，但我們都在現世的

修行，那就是挑戰要去面對，劇本在我們誕生的時候就已經寫好了。

A：寫好了你才來。

校長：那面對考驗來講，要用敏銳的心境，就可以觸動，就考驗你面對的能力，那應對能力越好的時候，自然就會過了，萬一真的面臨到很大的挫折，最重要是那個視野，逆來順受，剛剛他提到幾個字我很喜歡，就是一身是膽，然後又沒在怕。

Q：一身是膽、格局很大，可是卻又可以雲淡風輕，「行到水窮處，坐看雲起時」就是那種感覺，可是我覺得這種境界……

A：放輕鬆。

★校長

然後你們三個的部分，我是要特別的提醒你們，我們這幾次的大師，來到學校演講，你們會發現他們有共通性，而且今天他提到了他的家庭，有一個最大的共通性就是讀書是最快獲取知識的，三日不讀書便面目可憎，如果你要迎合時代的變動，你就要看書，這是不可以偷懶的，那有時我們會覺得我們有小聰明，很好很了不起，就可以獨自學習，學習如獨行舟不進則退，所以校長要給三位同學的就是要做個行動派，好好多看書，就可以從書中找到「書中自有黃金屋，書中自有顏如玉，書中自有千鍾粟」這些東西不管有形的還是無形的都會帶給你們很多智慧，在現實生活中活用這些智慧，你就會像采珍老師一樣悠遊自在。

A：告訴你們我今年年底要開一個書法展跟小畫展，所以你看我有多努力，我每天要寫多少個字，今年我要出六本書。

校長：他每天都在看書，每次在談課程的時候，老師信手捻來有
　　　很多資訊可以用，像上次《急著吃棉花糖》還有《好一個
　　　餿主意》我把繪本看完後，覺得我們會掉在餿主意裡，下
　　　次還有機會再把那本書跟你們做分享，感謝各位同學。

◎學生心得

★余泰豪

　　這次來的大師居然是我們有時會見面的大師，她工作是閱讀
說故事，她來當大師讓我們很驚訝，因為我們大概都有上過她的
課，但是我們不知道她的生活和家庭還有最大的成就，我第一次
看到不用投影機，她要我們問問題，剛開始我們不敢問或是不知
道要問甚麼，大師說她有四個小孩，第三個是歌手，我最記得
的，結束後呢，我去訪問大師，因為輪到我了，我問了一些為什
麼會想往閱讀走下去，她說：「我的孩子過的幸福，那其他孩子也
要過的幸福」我聽到了這番話，老師就反問我：「你以後會給你小
孩好嗎？不會罵他不會打他」我就說會阿，老師就跟我打勾勾，
再來還有一個問題是我一直很想問的，大師的第三個女兒到底叫
什麼，大師說她不能跟我們說，但大師跟我說她有首歌，歌名叫
《九月》，到了放學我遇到大師，大師請我幫她提東西，到了很少
人的時候，大師就跟我說她女兒的名字，但大師說不能說出去，
我到了腳踏車車棚，701 的學弟妹就跟我說大師女兒的名字，我
很好奇為什麼他們知道名字，原來是老師去查了 youtube，學弟
妹才知道。

★廖眉婷

　　我覺得采珍老師是個開朗的人，在演講時老師讓我們問她問題，我們就問很多問題，比如說：老師您跟您先生的戀愛過程……，老師還說想要調戲男生問她就對了，老師說她有四個孩子第三個孩子是創作歌手，我們就問老師說老師您的女兒叫什麼名字？老師賣關子不跟我們講，就這樣兩小時過去到了訪談時間，我的心臟跳的很快還冒冷汗，因為太緊張了怕出差錯，而且這是我第一次訪談，在訪談時我的手不聽使喚的抖，學姐告訴我說放輕鬆，不要太緊張用平常心就好，校長和老師們也一直鼓勵我，余泰豪一直用膝蓋撞我叫我快點問問題，我的腦袋一片空白，我聽到學姐跟采珍老師聊得好開心，老師還說挫折是考驗智慧和解決問題的能力，還有走出困境唯一的出路是求救，這句話影響我很深，老師說得沒錯不要把自己逼的太憂愁，所以我就放輕鬆一切很順利；老師很喜歡看《我喜歡你》，還念給我們聽，念得相當傳神還調戲主任，下課時校長問我們有沒有學到什麼，我說本事在自己身上，要怎麼用都可以，如果沒有本事將來會很辛苦，所以我未來一定會好好努力的。真期待下次的與大師相遇！

★童郁云

　　採訪了采珍老師，也聽了她的演講，老師給人一種視世間萬物於九霄之外的感覺，不管是那飄逸的白紗洋裝又或是那輕柔、嬌羞似少女的談吐，簡直就像從仙界掉到人間的仙子般！

　　在老師所說的句句真理中，我印象深刻的一句是「本事在你自己身上」這讓我想到我姑姑。我的姑姑是位自小獨立的女性，從小吃了非常多的苦，於是姑姑經常叮嚀我們凡事要靠自己，要

有本事讓自己過得好，不要想要依靠別人，想依靠別人也只能看人臉色。

　　從兩位偉大的女性身上可以知道凡事都得靠自己，而老師視萬物為塵的態度告訴我，若將每件事都比作石頭般重，就會被每件事所牽絆住，反而過得不快樂。我非常喜歡這種生活態度！

辛勤耕耘，開闢青農新田園

名師講堂

與大師相遇

地點：精華國中　視聽教室、校長室
時間：107 年 5 月 25 日　13:00-15:50
對象：全校師生
演講記錄：許哲瑋老師、曾榆薰老師
訪問稿整理：同上

　　你可曾發現，近幾年來，台灣農村與農業正進行一場無聲的革命？過去務農人口大多是中壯年及老年人口，但政府推廣「新農業運動」後，無數熱血青年陸續返鄉，他們有的堅持有機栽種、有的專注品種研發，甚至自創品牌、行銷海內外，並善用科技、資源，進行農產品改良，一步步翻轉農村。

　　1985 年生，今年 33 歲的劉政育，兒時仰慕父親開耕耘機耕田的風姿，從小學三年級就立志當農夫，國中一年級已能開曳引機下田幫忙。高工機械科畢業後，劉政育選擇繼續升學，原因還是為了延遲當兵，好繼續協助家中農事。

　　新竹新豐劉家世代務農，劉政育從小到大也從未離開農務。2009 年，父親劉展維響應農委會提倡的「小地主大佃農」計畫，透過農會媒合，開始大舉承租休耕農地，耕植面積由原來的 30 多甲，逐漸擴增到百餘甲。在劉家三位七年級的手足打拚之下，造就北台灣最大佃農的規模。

　　炎炎酷夏，正值北部二期稻作的插秧期，劉政育常頂著當空烈日，開著插秧機來回跑。「眼看苗場的秧苗一直長，我就壓力大到睡不著覺，」劉政育說，為了趕時效，也為了躲太陽，最近劉家兄弟還晚上點燈插秧，做到三更半夜是常有的事。到了收割期更是不能鬆懈。「前三天沒稻割，後三天割不完，」割稻得跟時間

賽跑，稻子一旦過熟，邊收割邊掉粒，損失慘重。

　　農夫雖忙，但很有成就感。劉政育說，這些年採用無毒、友善環境的耕作方式，保障自己的健康，也找回了土地的健康。這塊土生土長的地方，一度為了要殺福壽螺，環境都破壞了。六年前劉家帶頭使用苦茶粕來防制福壽螺，鄰近農戶也跟進，幾年下來環境大改善，蚌、河蟹、鱉、鰻魚、毛蟹、泥鰍……等過去失蹤的生物都回來了。

　　劉家選植不同品種的稻米，以供應不同需求，也是少有的特色。生產面雖穩固，但劉政育已無暇兼顧銷售，原在長榮航空擔任地勤人員的太太許毓姍今年初辭去工作，邊帶小孩，邊透過市集、縣農會及網路銷售自家特色品種米。許毓姍表示，後來她陸續開拓了工研院合作社、新瓦屋農民直銷站等駐點，並透過辦活動擴展人脈。

　　建立「大口吃米」品牌，為配合雜糧轉作政策，去年 9 月闢一甲半田地種黃豆。但黃豆收成時，發現採收、剝豆都費人工。劉政育聽妻子許毓珊建議，舉辦「親子搞非基─從認識到體驗黃豆的點點滴滴」活動，讓親子一同採收黃豆。許毓姍表示，黃豆收成，最高平均 25 公分、最矮僅 10 公分，「太矮」無法利用機器採收，只好靠人工採收。但聘雇人工，會增加大量成本，不利銷售，乾脆邀親子來採黃豆。不僅供體驗採集，也做食農教育，讓

年輕爸媽與孩子知道黃豆如何生長，也體會農民的辛苦。採黃豆活動今年已經連辦五年，一場活動來吸引 500、600 人來參與，好不熱鬧！

　　演講結束，劉政育夫婦帶給全校同學一份驚喜，大家一起手做三角飯糰，透過手做，同學驚訝說：「原來這就是我們常吃的飯糰」，合影完畢大口吃米，

　　那份滿足更讓人學會珍惜！

◎訪談記錄

★仁浩

Q：從創業開始覺得最辛苦的地方在哪裡？

A：可以分成品牌創業與農業創業兩個部分來說，品牌創業會歷經許多的虧損，例如：一開始的客源在哪裡？要如何去做行銷？剛開始是利用網路的方式，因為速度最快，可以建立粉絲團與參加農民市集，讓消費者知道我們在做什麼事情？所謂的虧損是什麼呢？就是從品牌的設計到商標的註冊申請，因為商標會有著作權的問題，要防止別人仿冒，剛開始要投資的成本多寡是很難去拿捏的，logo 貼紙的設計費等等，都必須要先去衡量與計算，當初沒有預設太多立場，慢慢做並走一步算一步，本來沒有真空機或碾米機設備等等，先用很古老的機器在運作，等賺到一些錢的時候，再去慢慢買設備，資金資本額夠了，再去投入更好的設備與投資。

　　農業的部分，虧損又更多了，現在我們從水稻轉到雜糧，需

要投入更大的資金與精準的眼光，以機具來說，不同的種類需要不同的機具，例如一台只能收豆子的收割機需要 300 多萬，一台播種機需要 80 幾萬，那賣作物的錢要在最短的時間內讓這些機具的成本回收，否則買的機具也只是放在倉庫，政府的政策推廣完，機具賣不掉，虧損會更大，現在就是想辦法如何把作物加工，農村市場很大，希望帶動其他農民一起做，利用代工的方式，將購買機具的成本賺回來，而有的農友還在觀望，我們就要想辦法說服他們。

★ 筱昀

Q： 現在種豆子，以後會創新的產業嗎？

A： 我們有自己的品牌，當然會，未來會做豆漿、優格、布丁等，以台灣的豆製品來做。

★ 嘉崎

Q： 請問農業對生活上有什麼影響？

A： 農業就是對生活一種負責的態

度，也認為農業是很重要的，當糧食不足時，是會影響大環境的，稻米的價格下跌的時候，其實不只對種植的人有影響，對於運輸、資材、生計相關的人都會連帶受到影響，政府也不能一直用進口的方式引進糧食，如果國外有旱災，雜糧無法進口，糧食無法連續接應時，台灣的人民就可能有糧食危機，我從小看家裡這樣，如果我放棄了，就等於整個新豐鄉放棄，會有更多年輕人不願意進來做，一個一個慢慢淘汰，而為什麼我們會成功？因為現在老農越來越多，有的也退休了、做不動了，就該是我們年輕人上來做的時候，而當栽種的面積越來越多，管理不到時，風險就會越來越高，虧損也會更大，例如 100 甲的地，一年就大約需要 600~800 萬的成本做周轉，希望做到平衡，減少人力，當地主看到借我們耕種的地，都弄好弄整齊，樹都修剪整齊了，就會傳出去，地主就會越來越多地讓我們耕種，放棄的話會很可惜，從小的時候看到滿遍的稻田，景色很美，但某政府執政時，約有十幾年都在休耕，又來從 95 年左右開始又復耕，感覺很感動，休耕其實會影響空氣與生態，例如紅火蟻，也就是因為約兩季的休耕而引起的，紅火蟻怕水，盡量建議政府不要休耕，因為會影響環境，也會人力斷層，希望農業可以傳承，而不是都往科技業發展，而現在農業技術也越來越先進了，沒像早期用鋤頭人力下去，現在年輕人都會用電腦來控制水與溫度等，蔬菜、水果和水稻生長的時間不同，水稻要四個月，菜 15~20 天就可以採收了，農業與生活息息相關，農業就是對生活一種負責任的態度。

★仁浩

Q：氣候會影響到收成，要如何防治？

A：氣候一定會影響的，其實無法預防，像五月本該梅雨季，但都沒下雨，就要想辦法去找水，例如池塘等，灌溉就需要池塘裡的水，如果真的沒有水，水稻現在正在出穗，乾的話就會變空包彈，這也是損失很大的，水稻種植的時間非常長，四個月內種植水稻，一月開始育苗，二月開始種植，而一直到清明節天氣都是冷的，冷的時候水稻不長，會凍傷，就需要技術了，面積大的話，水沒有控制好，會長雜草，一冷一熱之下，福壽螺又會長出來，沒管理好的話，最後一個月要收成的時候，又遇到旱災，這樣一來，產量直接減半，插秧、整地、肥料的人工成本等，都會受影響而虧很多錢的，從早到晚是非常辛苦的，氣候無法控制，就是看天吃飯。

★筱昀

Q：任職於航空公司將近十年，離職是什麼原因？

A：去年才離職，是因為小孩，小孩晚上會想要找媽媽，但因為我上班的時間都不固定，有時會在公司待命，可能 12 到 14 個小時待在公司，很少回家，對公司也有需要負責任的態度，也不能先回家，家裡也沒照顧好，這樣兩頭燒不是辦法，就想完全好好的照顧小孩與輔佐先生的事業，幫忙行銷。

★嘉崎

Q：如果對農業有興趣，做一位青農還需要有什麼條件？

A：真的要很有興趣，剛開始不可能有很多錢去買機具設備，建議可以先從農場開始去做，像有人也會到我們這來學習，我們先教他們怎麼管理，等做熟練了，就可以到外面去承租土地，用代工的方式 慢慢去接觸，就變成他的一份工作，也可以去農學院報名上課，或是擔任農耕士，先學一些技術回來，再思考是不是真正想從事這個行業，不要全部投資進去，當貸款還不起的時候，就會壓力很大的，例如之前政府推青農返鄉的計畫，但後來倒掉的青農很多，例如種有機蔬菜，因為量不夠，無法養活自己，用青農返鄉的貸款去買了機具與承租土地，但技術或產品不夠時，就無法供應與生存，又都回到了科技業。

★仁浩

Q：會後悔小時候志願當農夫，會抱怨嗎？

A：不會耶！我從來沒有抱怨過，我從小從沒有電腦的機器開到現在有電腦的機器，很多機器現在都變電子化觸控式了，而且我的興趣可能與家裡環境不同有關，人家是比較雙 B 與跑車，而我對農機比較有興趣，會與朋友一起討論玩農機，如何買到好的農機？農機使用三五年後，是不是還可以賣到好的價錢？不會折損太大，但耕種的農地面積要夠大，才有可能去玩到一台要四五百萬的機具，而一天如果要開農機 10 到 16 小時，就會去注意環保、噪音、冷暖空調等，現在一台曳引機將近六百萬，裡面設備都很齊全，有冰箱、觸控螢幕，還可以連接 wifi 等，與之前的農機完全不同，會去了解收藏更新，有興趣就可以自己去動頭腦，也有很多商機，因對機

器有興趣，而就讀內思高工的機械科，學到許多機械相關的基本概念，國中時期，我都會自己拆一些機具的零件，自己摸索學習，有時候幫忙家裡修理農機時，也會詢問學校的老師，請老師幫忙，自己去鑽研。而且做農需要團隊一起進行，單打獨鬥是無法完成的，我們會分三組，各組去進行不同的工作，年輕人負責放水的工作，我們以為放水很輕鬆，但放水也需要學問，需要圓滑，因為水經過鄰田會變少，就要好好跟地主溝通。也要有耐心，從二月到清明農忙時，就要在農機上待滿約 700 個小時，要坐得住，耐得住無聊，還好現在有中華電信網內互打，而農地耕種面積大的話就要縮短耕耘的時間，現在我一個人可以整全部的地，連客人的130 甲地都是我，大家都很佩服。

◎學生心得

★羅筱昀
　　一開始以為是一個美女來報告，沒想到他們卻是夫婦檔來演講。這個特殊的組合讓人跌破眼鏡，但也吸引了大家的目光。演講過程中，有一部分提到說防治福壽螺的方式和福壽螺可以賺錢的方法，一個月好像可以賺到不可小覷的數目，我聽了這個方法覺得非常實用，因為家裡的田就有一大堆福壽螺，之前為了防治的工作就傷透了腦筋，現在有了解決方法—苦茶粕減少稻田的損失或用果皮讓福壽螺聚集賣個好價錢，真是一石二鳥之計！後面介紹他們的品牌是「大口吃米」，伴隨而來的是他們帶來煮好的米

香，聞著都餓了。最後的時間讓我們親手ＤＩＹ做三角飯糰，真是非常的好吃。今天採訪的過程還滿放鬆，很感謝老師告訴我們那麼多關於米的知識，也讓我體會到農夫的辛苦、老天爺的賜予。更要好好愛惜食物不可以浪費。

★彭仁浩

　　今天是訪問大師的日子，我跟我們班的同學和七年級學妹一起訪問，大師有兩個人，都是「大口吃米」的員工，而且還是學長創立的品牌，演講快結束時學長還準備了飯糰讓我們 DIY，我們班我做得最多，因為可以大飽口福。訪問時學長告訴了我們田裡害蟲要如何防治，像福壽螺雖然抓得很辛苦，但是一個月可以賺到很多額外的收入，因為都要活的，有些漁夫為了要釣魚，所以才會需要大量的福壽螺。

　　農夫要小心的是有些機器（像耕耘機）不能在路上走，如果撞到其他的車子，那賠罪的還是農夫，加上機器本身的維修就很貴，所以他們常常提早出門，晚晚回來真是辛苦。「糧食危機」相信大家都耳熟吧！種田辛苦現在有些農夫都不做了，因為除了要靠天吃飯的不確定因素、年齡斷層出現，再加上現在的年輕人也鮮少繼承父業做農事，總希望事少離家近的工作，我在想，這也是引起了「糧食短缺」的原因吧，加上如果都是仰賴進口的食物也對我國農業會有影響，衝擊了農夫的生存空間，所以學長很想多找一些有志一同的青農來一起耕種，除了能貢獻自己的長才，也能為這社會盡一份心力。

★涂嘉崎

　　我覺得從事「農業」要考慮清楚。農業事務要有了解才去做，像是割草機、耕耘機，施肥機、割稻機、插秧機、噴霧器等等……這些機具都是要了解，要是不了解的話，要從事農業很困難，還有種稻、種菜等等技術活，如果遇到颱風的話，就要重新去把菜架起來，像是一些南瓜或長豆，這些就要特別注意，因為遇到颱風不僅倒光光，甚至還會損失成本，稻子也是一樣，遇到颱風會被淹死而不會倒光，要看情況，小小的雨是不會被摧毀，但菜就不太一樣了。

　　靠天吃飯對生活其實有影響，最近的缺水還有種子育苗成本……，容易虧損的財務會比較多，再來你要還預借的錢，就會多好幾倍壓力。種那些稻米也是要有功夫，巡田水、除雜草、預

防病蟲害。所以馬虎不得，因此我們就不應該浪費食物和飯菜，因為種稻、種菜不容易，颱風一來，價錢就會一直上漲，那麼我們要買菜就要花更多更多的錢。

現在年輕人都不大愛種稻、種菜，只會想從事輕鬆的事情，如果種稻、種菜沒人去種的話，那麼我們就只能吃進口來台的蔬菜、稻米，國內的農業將岌岌可危，所以種菜、種稻一定要有人去繼承才好，但我個人是在想，等我退休再去培養興趣做那些農業會比較好，年輕就先去外面工作，等退休再去種菜，不但多一個養生之道也能有額外收入。

系列十六　周麗婕（Lijie Zhou）、Chuck Eesley

異國文化互動與理解

名師講堂

與大師相遇

地點：精華國中　視聽教室、校長室
時間：107 年 6 月 14 日　13:05-15:50
對象：全校師生
演講紀錄：黃靖芳老師、曾榆薰老師
訪問紀錄：同上
學生心得整理：同上

今日，講堂中與師生們分享與交流的是來自美國的 Chuck Eesley 和周麗婕（Lijie Zhou），二位學有專精的成功人士。

Chuck Eesley

　　美國史丹福大學管理科學系副教授，他是史丹福技術創業計畫的成員之一，他的研究有關高成長科技創業的制度因素和大學環境，他曾經接受中國國家科學基金會和 Kauffman 基金會的支持，研究教育和政策環境如何創造大學校友的經濟與創業的影響力。由於卓越的研究能力與成果，Chuck 也在各國會議中扮演重要角色，包括：美國、智利、台灣和韓國。Chuck 在 2002 年於杜克大學就讀大學期間創立第一家企業 Biological Basis of Behavior。在 2002-2005 年間他在杜克大學醫學中心進行早發性痴呆症的研究，以及在杜克健康政策中心研究疫苗創新。

周麗婕（Lijie Zhou）

中國山東省青島大學中文系學士，並在美國取得兩個碩士學位。她在俄亥俄州（Ohio）Toledo 大學取得第一個語言學的碩士學位，以及在舊金山州立大學（San Francisco State University）取得第二個電腦科學碩士學位。麗婕對教育充滿熱誠，她在 Vassar 學院教授中文，她也是一個教育新創企業的共同創辦人，以推廣模擬聯合國（Model United Nation）至中國。她也相信科技可以改變我們學習的方式，是一位推動學生接受科學、技術、工程與數學（STEM）教育的積極倡議者。

親和力十足的麗婕老師是第一次來台灣，而挺拔的 Chuck Eesley 已四度來台，一場異國文化的互動在中英文雙聲帶中拓展開來。

綜合此次講堂內容共有以下四個議題：

議題一：中西文化的差異性。

　　演講中，Lijie 和 Chuck 以二部短片帶出中西方文化的不同，文化的差異，並無絕對的是與非。文化，是一種社會現象，亦是一種歷史現象，它是社會發展滾動中約定俗成的現象。現代社會中，資訊技術飛速發展，地球村概念形成，不同文化背景的人交流越來越頻繁，所以瞭解不同文化差異，提高文化適應性，對於當今的人們有著十分重要的意義。今日，學生學習瞭解台灣與美國的文化差異性，有利於視野之擴展，並體認到各個文化之間都有著差異，大家應該尊重包容，讓世界更美好。

議題二：勇敢走出舒適圈 （comfort zone）。

　　Chuck Eesley 給了孩子們一段話——「The greatest danger for most of us is not that our aim is too high and we miss it, but that it is too low and we reach it.」 ——*Author：Michelangelo*

　　舒適圈，指的是一個人所處的一種環境的狀態，和習慣的行動，人會在這種安樂窩的狀態中感到舒適並且缺乏危機感（維基百科）。在舒適區我們心手相應，因為在一個熟悉的環境，不論是人、事、物無一不在自我的掌握當中，但這無疑是一個危險的區域，人們的目標都是習慣性的目標，所了解的知識都侷限在做著熟稔的範圍內，一跳脫便不安，這樣的 comfort zone，讓人們失去了成長的機會。所以，Chuck Eesley 讓學生理解舒適圈固然安穩、無挫折，所有目標卻都是觸手可及，但這卻是人生中最大的險境，他鼓勵學子別害怕走出舒適圈，因為這是通往成功之

徑。

議題三：持續學習（Keep learning）。

　　學習是一輩子的事，專家指出人每隔五至十年必須學一樣新東西，而且必須跟以往的經驗切割，這同時符合了跳脫舒適圈及持續學習的概念，而擅長學習的人，總是不斷地思考，並提出好問題，另外，也別害怕犯錯，真正有能力的學習者在學習上日益成長，也會容忍自己犯錯。

議題四：走出困境的能力。

　　學習中，難免會遇到挫折，Chuck 提及要讓自己有走出困境的能力，自己在學習歷程中也遇過許多困難及失敗，但要以開放的態度來看待挫折，把挫折視為一種機會，另外也有擁有能正面看待問題、解決問題的朋友，他們是人生道路上重要的支柱。

　　成功非單靠天成，唯有自我的豐厚才能突破環境的局限，Chuck Eesley 來自於美國的小鄉

鎮，他明白唯有好好讀書才有機會去探索世界，而現在成功的他，探索著世界，也貢獻自身於社會，看見問題及需求，解決問題、滿足需求，什麼地方最美？他答道：「下一個我要去的地方，最美。」

◎訪談紀錄

★子偉

Q： 生活中影響你最深的人？

A： Chuck 老師——影響我最大的是我母親，因為我母親是老師，母親受到祖父的影響，從小就希望我多讀書，我從母親那邊受益很多。

★郁萱

Q： 當你第一次來台灣的時候，對台灣的第一印象是什麼？

A： Chuck 老師——第一次來台灣，對台灣有非常好的印象，因為我有與工研院合作，而工研院有非常先進的技術，在史丹佛有相關的研究，讓我可以學習，所以非常喜歡，也覺得台灣人非常友善友好，而且在這裡吃的東西感覺到新奇與好吃，所以非常喜歡台灣。

★萱怡

Q： 請問台灣教育與國外教育，最大的不同點在哪裡？

A： Chuck 老師——台灣教育與國外教育最大不同的地方，在於

國外教育比較強調的是創造力，還有老師與學生的互動，只有老師與學生之間有互動，才可以互相了解彼此的想法，對學生是有很大幫助的。

★子倢

Q：印象最深刻的國家？

A：周麗婕老師――每個國家是不同的，但覺得台灣很不同，雖然與我的國家祖籍山東，語言上沒有什麼不同，但因為台灣讓人感到貼心，到哪裡總是都會得到幫助，所以覺得台灣是個很特別的國家。

★郁萱

Q：曾去過哪些國家，讓你覺得最不適應的地方在哪裡？

A：周麗婕老師――剛開始覺得不適應的地方，應該是與自己國家的習慣不同，例如在美國讀書的時候，雖然學了許多年的英文，但總停留在讀與寫上，等到真正要與別人對談交流時，那種學習又是不一樣的，所以未來在學習時，我都會先考慮思考以後要如何運用到？除了學習書本上的東西之外，最重要的是會想如何解決問題？讓學習更有效。

★萱怡

Q： 學校的大小會影響未來的發展與學習成效嗎？

A： 周麗婕老師——這個問題很有意思，當我要去美國讀書的時候，我需要做類似的選擇，因爲如果選擇大的學校來就讀，大學校就沒有獎學金，我就需要擔心學費，而選擇小的學校，學校就會幫忙協助繳交學費，不用爲學費擔心，所以我會先選擇小的學校就讀，讀完書以後，我會選擇到大城市去工作，因爲機會比較多。

★子健

Q： 爲什麼會想要做研究？

A： 我主要的研究在於創新與創業，如果有一個想法，想要成立一間公司。我大學的時候，有一門課程是到印度學習當地的文化，在印度的時候，是一個偏遠的地方，當地主要是種一些作物，那邊經常會缺水，如同剛演講說的，這是我第一次離開舒適圈，去到一個不熟悉的環境，去了那個村莊，因爲缺水，沒有很多的糧食，當地居民只能吃一餐，留下糧食去賺錢，因爲如此想要幫助他們，回到美國大學時，就找一位生物學的老師，研究在沒很多水的情況下，玉米也可以熟成的技術，也因爲這樣才接觸到創業，有一個新點子新技術，可以解決問題又可以幫助很多人，這可能是非常長的答案，這就是爲什麼要走出自己的舒適地帶，如果我沒有走出舒適圈去到印度，就不會發現問題，也就不會想學一些技術去認識與幫助當地的人了，這是一件很好的事情。

★郁萱

Q： 領導別人覺得困難的事？

A： Chuck 老師——領導別人最重要的是要去說服別人，讓別人
知道要做一些犧牲，而去幫助更多的人，如果能夠說服他
們，讓他們知道自己做的事情很有意義，這樣才能成為一個
領導人，這是一個非常好的問題。

★萱怡

Q： 台灣與美國小孩有什麼不同？

A： Chuck 老師——覺得台灣的孩子與美國的孩子真的沒有什麼
不同，今天參觀學校後，就想到我就讀的初中，我的初中也
是小學校，我也是從很小的學校考上大學的，今天來學校演
講，發現有一點不同，美國小孩會更大膽的回答問題，不會
害怕自己說錯不會害羞，而今天看到一個嬌小的男同學，敢
第一個起來回答問題，讓我覺得很感動。

★子健

Q： 走出舒適的環境，面對不適應的地方，最好的解決方法是什
麼？

A： 周麗婕老師——其實就像我們看到的短片一樣 just do it，如
果給自己很多的假設，如果我丟臉了怎麼辦？其實這些事情
不會發生，即使發生了又怎樣？我只是在這過程當中學習到
很多，下次我就不會有這些錯誤了，如果以後永遠以這想法
去學習，就會成長很快。

★郁萱

Q：學習英文要如何說得流利？

A：周麗婕老師――我從小學一年級開始學英文，到美國讀書時，已經 24 歲了，英文已經學了將近十五年了，但我還是沒有辦法與別人交流，所以去說是最重要的，如果有機會到需要說英文的國家，你會進步最快，如果不在一個可以講英文的環境，我會鼓勵你去多看一些美國的電視劇，可以聽很多，時間久了可以去練習背誦裡面的對話，或打字交一些外國朋友，這些都可以幫助你學習英文的。

★萱怡

Q：未來想要創業，關鍵是什麼？

A：Chuck 老師――如果想要創業，其實從現在學校開始可以有很多練習，例如想要組織大家，需要訓練自己的領導能力，別人不敢回答問題的時候，你有勇氣做第一個回答的人，這都是一個很好的訓練，還有呢？如果有一個問題想要解決，想要幫助別人，會想到在印度的時候，當作遇到困難時，會想持續的做下去，找一件可以激發自己做下去的動力，以這兩點去想，就可以想自己一個創業的公司了。

★子健

Q：如果要學習計算機，有什麼要去注意的？

A：周麗婕老師――很多人會覺得學習計算機很難，女孩子是不是不可以學習計算機？但是我覺得計算機很有用，因為未來做的任何事情都會與計算機有關，不要去想很難或女孩子做

不了，要用開放的心態去看待它，覺得這很有趣，讓我去學習一下，看看會如何？如果用這想法與態度的話，你會慢慢喜歡上計算機的。

★郁萱

Q： 當你遇到挫折時，會如何擺脫低潮期？

A： Chuck 老師——非常好的問題，每個人都會遇到低潮期，這時候都會需要有人來幫助你，或是你自己需要有一種能力，能很快從這困境中走出來，其實我經歷很多的挫折與失敗，每一次失敗都不同，我會從失敗當中學習到，我會認識一些朋友，這些朋友的特性就是會用一種開放的心態去看待挫折，他們會非常快的反彈，就是用非常快的速度從這困境中走出來，當你和這些人經常在一起的時候，慢慢自己也會用開放的心態去看待挫折，在史丹佛的時候，大家都會這樣看待挫折，就是會從機會的角度來看待挫折。

★萱怡

Q： 工作的時候遇到瓶頸，要如何去克服？

A： 周麗婕老師——這問題非常好，因為我是做計算機的，感覺我非常努力但看不到自己的進步，但我想，有時自己的進步，不一定是可以看得到的，會在有一天，突然發現，其實自己是進步了，當成功的時候，回想起來，自己當初其實是在成長進步的，只是那個時刻自己沒有看到，瓶頸就是說當下自己的努力過程，還沒有一個結果，應該要更注重過程而不是結果，也要相信自己最終一定會成功。

Chuck 老師——你們都以為我有一個非常成功的事業，但其實我經歷了非常多的失敗，在我第一次申請研究所的時候，所有學校都拒絕我，沒有一間學校錄取我，我感到很難過沮喪，第二年我又再試了一遍，再考一遍，因為第二年有前一年的經歷，結果那些學校都有錄取我，最後選擇麻省理工學院。

★子倢

Q：在美國留學時，有什麼不習慣的地方嗎？

A：周麗婕老師——剛開始在美國讀書的時候，很多東西都很貴，很多事情都要自己做，平時在家有家人可以幫忙，在外面念書，雖然朋友會幫助你，但他們也都很忙，所以要學做很多東西，除了學習上要學習不同的語言，還要熟悉不同的教學方式之外，生活上還要做每一餐飯，要自己去計畫每一件事情，雖然很忙，但從那時候開始，都是自己在學習規劃自己的生活，覺得很棒。

★郁萱

Q：有想過去美國以外的國家留學嗎？

A：周麗婕老師——其實沒有耶！因為在美國才會有獎學金給留學生，申請別的國家，可能就不會有獎學金讓我付學費。

◎結語回饋

★子健

　　成功之前都會有很多的失敗，但熬過了就會成功，謝謝今天給我們這麼好的學習機會。

★郁萱

　　謝謝教我們那麼多東西，學習如何從失敗中走出黑暗時期，讓我們可以更進步。

★萱怡

　　關於今天大師的部分，不論是演講還是訪問，不論是關於創業還是踏出舒適圈的議題，給我們很多啟發，也提供給我們很好的經驗去學習。

★Chuck 老師

　　今天覺得你們問的問題特別好，如果可以把今天學到的運用到生活點滴中，會很棒會有一個非常不同的將來，這過程當中會有很多的問題，當有這些問題的時候，可以寫電子郵件詢問我的。

★靖芳主任

　　今天這場訪談從上學期到現在是第 16 場了，開心看到孩子不論是第幾次的訪談，看到學生的進步，也很感謝大師都看到了偏鄉孩子的問題，給孩子很多學習的機會，很感動，而且精華好多年都沒有外師到校了，相信這會在學生心中種下種子的。

★榆薰老師

　　感謝賢伉儷到校演講，今天很能觸動我的主題是舒適圈（Comfort zone），當初從私立學校教書將近有十年的時間，後來考到公立學校，其中經歷了許多挫折與困難，也算是離開原本熟悉環境的舒適圈，而今天兩位老師講的內容與給我們看的短片，都是很好的題材，也讓學生不用飛到美國，就能感受到美國學生的不一樣，更希望能體會自己需要努力的空間還很大，也將今天聽到學到的，變成自己的態度，未來用在生活當中。

★校長

　　感謝讓孩子有一個這樣的視野，發現異國的文化，清楚的看到沒有城鄉的差距，從發現問題到創業，其中很重要的元素就是愛，解決更多的問題以來幫助更多的人，這是我看到非常感動的地方，剛在聽演講的時候，問了一個問題，為什麼 Chuck 會選擇麗婕當終身的伴侶？Chuck 的回答是，因為麗婕是一個很喜歡學習的女孩，其實就是喜歡學習的人相當有魅力，那份魅力是從自己身上散發出來的，那會吸引更多人對你的尊敬與喜愛，偏遠不代表弱勢，希望大家能夠昂首闊步，向兩位老師一樣，跨界到全世界。

創業的關鍵在於第一能利用每一次的機會去組織大家、領導大家與做義工，也是這次兩位老師來的關鍵，也希望能做第一個的提問人，因爲當你提問了，就表示在做深一層的學習。第二就是希望能夠問問題，並想辦法去解決問題，以此激發面對挫折時繼續做下去，另外也要結交些正向的朋友，提供協助與能量的。

　　最近閱讀到一句話，覺得適合送給大家，「你的愛好就是你的方向，你的興趣就是你的資本，你的性情就是你的命運，簡單的事重複做你就可以變成專家，重複的事情用心做你就可以變成贏家，美麗是屬於自信者，從容屬於有備者，奇蹟來自於執著者，成功是屬於頑強者。」

★Chuck 老師

　　我是從小山村考上大學的，能理解偏鄉孩子的沒自信，自己也經歷這些心理過程，現在我了解只要學到了一些知識，就應該對自己要有足夠的信心。

◎學生心得

★范萱怡

　　這一次的與大師相遇或許是我所參與過最特別、最有趣的一場！平時要和外國人近距離談話的機會真的是少之又少，這次真的給了我一個前所未有的學習機會。在演講時。雖然只有兩個短片，但收穫卻不少呢！在這當中，提到了「舒適圈」，同時也引用了一句話「The greatest danger for most of us is not that our aim is too high and Weiss it ,but that is too low and we can reach it. - Michelangelo」這句話讓我領悟到人不能只待在舒適圈裡，不然永遠不會進步。在訪談中，我了解到在成功之前一定會遇到你不管怎麼努力卻無法克服的瓶頸，又或者是不管做了多少努力耗盡多少的力氣、時間都看不見進步，但我想只要堅持，就能達成，可是我們注重的不應該是結果，而是過程。最後我想感謝老師們給予這個機會學習，更要感謝 Chunk 及麗婕老師向我們分享了許多自身的經驗，不管是關於創業又或者是自身經驗，都使我得到了最特別的經驗，期許未來我也能和兩位講師一樣站在台上分享著豐富的人生經歷！

★黃子倢

　　這次的大師有約是這學期的倒數的 2 次，也是我第 3 次參與採訪，這次請來的是一位美國人 Chuck Eesley 和他的老婆周麗婕，我知道後就覺得這次的大師有約肯定很有意思！

　　一開始麗婕老師介紹了他跟 Chuck，各自是哪裡人在哪唸書，聽到 Chuck 流利的英文，覺得有點害怕！他們給我們看了兩個影片，都是關於台灣學生去美國留學時遇到不一樣的地方，之後延伸說了走出

舒適圈到了完全不熟悉的地方如何去面對，麗婕老師說：「Just do it！」即使發生又怎樣，想太多不如勇敢去做，不要害怕別人怎麼想。

這次大師有約後的採訪學到了很多東西，對於 Just do it 的印象很深刻，還有就是 Chuck 老師雖然有成功的事業，但其實有很多次的失敗！所以他教了如何面對失敗，分兩種一種是自己有能力走出來，另一種是有人幫忙你走出失敗，Chuck 老師說：「交的朋友，要有可以從困境走出來的想法，常常在一起就會也有這種想法。」

我覺得這兩個是每個人都會經歷的，走出舒適圈和面對失敗，所以我會努力學習 Chuck 老師和麗婕老師教的方法，讓自己變得更好！

★羅郁萱

在這次的訪談中，我得到了許多珍貴的人生經驗，也覺得只要自己努力沒有甚麼事是可以難倒自己的。其實在這次訪談的過程中，兩位老師分享了自己的故事，真的讓我受益良多，多聽別人的人生經驗，也可以幫助自己成長，在訪談的過程中，雖然我聽不懂 Chuck 老師在說甚麼，但是經過麗婕老師翻譯之下，我也感受的到老師們經歷過很多事，他們也是經過一番努力後，才有今天這麼漂亮的成績。

人生總是會遇到些難關，雖然第一次的成果也許不是這麼理想，但如果一直走在平順的道路上，你的理想就不會有進一步的發展。在失敗的過程中，也許自己會想放棄，但在經歷過那段艱難的日子後嚐到的果實跟喜悅是一般人無法體會的。

人生總是像山谷一樣起起落落，種種的挫敗中可使人成長，重新找到屬於自己的方向，他們讓我體會到「天下沒有白吃的午餐」，每個成功的人一定會經歷過我們無法想像的事，其實再怎麼辛苦，只要我們撐過去，成果就會是自己的，就像是這次的訪談過程中，自己領會到的，就是他們給我在人生中最好的禮物。

海濱植物的繽紛——
談生物多樣性保育

名師講堂

與大師相遇

地點：精華國中　視聽教室、校長室

時間：107 年 06 月 08 日　13:00-15:50

對象：全校師生

演講記錄：許哲瑋老師、吳淑雲老師

訪問稿整理：同上

每種生命形式都是獨特的，無論它對人類的價值如何，都應該受到尊重！為了使其他生物得到尊重，人類行為必須受到道德準則的約束！

～世界自然憲章

近年來，各級學校正逐步建立起校園生態化的共識。為了讓精華的師生也能對校園生態環境以及生物多樣性保育有更深一層的認識，特別邀請到陳超仁教授來本校演講「生物多樣性保育」。陳超仁教授是國內生態保育領域的專家，著有《生物多樣性保育與校園生態環境與營造》，並經常參與輔導全國校園及社區生態環境的營造工作。

陳教授說：「生物多樣性的內涵極為廣泛，簡單的說，包括基因、物種和生態系等三種層次的多樣性。而人類是生態系的成員之一，與生態系的各物種一同享用地球資源。人類的生存既然無法脫離生物多樣性，就應該嚴肅的看待這項生命議題。」

陳教授在談話過程裡，陸續和我們分享一些他曾經參與過的生物多樣性保育經驗，像是台灣野生稻的復育，這是幾百年的進

化才有如此的成果。他以幽默爽朗的口吻，搭配著各式圖片，導引我們進入生態保育的情境，開始學習尊重並且保護各類物種。

「每種生命形式都是獨特的，無論它對人類的價值如何，都應該受到尊重！為了使其他生物得到尊重，人類行為必須受到道德準則的約束！」這是 1982 年聯合國大會通過之「世界自然憲章」中的共識，文中並且提及：人類屬於自然的一部分，其生命依賴於自然系統的持續發揮。

陳教授以五個國際公約說明了生態保育的進程，那就是：國際重要濕地公約（一九七一年）、保護世界文化和自然遺產公約（一九七二年）、瀕臨絕種野生動植物國際貿易公約組織（一九七三年，又稱華盛頓公約 CITES）、野生動物遷移物種保育公約（一九七九年）、生物多樣性公約（一九九二年）。

最前面兩個公約，著重於棲地保護；中間兩個，著重於物種保護；最後則是回歸到人。生態保育之所以由溼地開始，是因全世界最易受威脅生態就是濕地。前四個公約簽訂後，影響有限，因為缺乏人性關懷。生物多樣性被提出後，卻有一百八十八國簽署；也改變了亞里斯多德以來，所有動物皆為人類而生的觀念；

強調物種平等，並強調以下精神：鑑於地球上生物資源是維持人類經濟活動、社會發展之基礎，人類應充分瞭解並維持地球上生物多樣性，以保護對我們及下一代子孫之重要資產而成立。主要目標在達到：保育全球生物多樣性；永續利用生物資源；使用生物基因資源所產生之利益要公平分享。其中，利益的公平分享使發展中國家樂於加入。

陳教授表示，雖然我們不是聯合國的一員，但是仍然必須跟上國際潮流，遵守生物多樣性公約。現行我國關於生態保育的法規有：野生動物保育法、文化資產保存法、森林法、漁業法、發展觀光條例、國家公園法等，基本概念就是來自世界自然憲章和自然生態保育方案。

陳教授不斷地強調所有的野生植物和原生物種，都是我們向後代子孫借來的財產，保存它們才能提供後代子孫有選擇的價值。他說明「河馬效應」的意義，指的就是生物多樣性消失之原因。包括：棲地破壞、外來物種之入侵、污染、人口增加、過度利用。根據估計，目前世界上每天都有上百種的野生物種在滅絕，其速率是自然滅絕的一萬倍以上，生物多樣性淪喪的速度引發了地球上許多的連鎖效應，直接或間接威脅到人類的生存。

陳教授不厭其詳的介紹了台灣環境的多樣性、生態系的多樣性、豐富的物種和特有種，以及我們要如何保育生物多樣性。在他的解說下，讓我們從生物多樣性的角度，重新認識了我們所居住的台灣——一個蘊藏了無數豐富物種的美麗寶島。同時也將學會更加珍惜與善待，和我們一起生活在地球上的各式各樣的生物。

◎訪談記錄

芯蕙：老師您從事這份工
　　　作幾年了？

師：三十年了。

芯蕙：那您爲什麼想要從事這份工作？

師：因爲我喜歡大自然，自然界中動、植物
　　展現出生氣蓬勃的樣子讓我感到很興
　　奮，當觀察大自然的時候可以得到許多
　　啓發，對於精神上有促進的作用，所以
　　大自然可以讓我感受到生命的喜悅，從
　　另一方面來看植物是活的，我把它們當
　　朋友，當可以叫出每一種名稱時，那是
　　多麼大的成就，所以在野外的時候會去
　　叫出每種植物的名字，如此一來就會刺
　　激我的學習，讓我成長更進一步去認識
　　這個環境，當我發覺這樣的樂趣時，生
　　活充滿著意義，例如我們今天看見的海
　　茄苳，它生長在海邊不可能會在公園裡
　　看到，這時會去追究爲什麼？因爲它們
　　經過演化後所適合的環境在海邊，就會
　　思考爲什麼有這樣的結果，並且從很多
　　角度跟脈絡去了解自然的奧妙，所以希
　　望大家可以培養對環境的敏感度，叫以

提升心靈，因爲我深受喜悅，所以也希望大家也跟我一樣，這樣環境就不會受到破壞。

梓瑄：老師您爲什麼會研究這些植物？

師：因爲這些植物也有生命，台灣的植物有四千多種，每一種都有它不同的姿態，每種植物都是新鮮的，像金五十花，早上還沒開花，中午照到太陽後開花，到了傍晚就花謝了，不同時間觀看可以看到不同的樣貌，所以看到這些生命我感到非常喜悅，因爲它們用不同姿態跟我打招呼，我也可以藉機了解它們，知道這些植物與環境、植物與動物之間的關係，這些都是很好的故事。

晏安：原生種的種類豐富，那有沒有比較快的方式來分辨？

師：原生種跟外來種有什麼不一樣以及如何分辨？原生種是人類還沒有干擾的時候就在這邊，台灣是歐亞大陸板塊跟菲律賓海板塊碰撞在 600 萬年前浮出水面，這個時候沒有任何植物，後來因爲冰河現象，很多生物爲了要避寒從北方往熱帶地區移動最後到了台灣，這是自然的力量，外來種是藉由人類的力量來到這的，那原生種與外來種如何分辨，其實就是多到野外、多看、多查資料並且詢問專家，利用資料來佐證是原生種還是外來種。

梓瑄：假如您不是做這份工作，那您會做什麼工作？

師：我喜歡這份工作跟我小時候有關，因爲小時候在農村長大，看到田裡很多蝌蚪、青蛙、野花野草印象非常深刻，所以非

常嚮往這類的工作，假使我從事不是跟自然有關的，但內心是嚮往自然的，所以會利用閒暇時間去親近大自然，我覺得喜歡自然這件事是一輩子的事，這是人的本性，因為人本來就跟自然生存在一起，之所以會離開大自然是拜科技所賜，讓人們忙得無法接近大自然，可是人的內心是渴望接近大自然的，所以當你感到疲累時，接觸到自然精神馬上變好，因為人在演化過程都跟自然環境有關，所以鼓勵大家多接近大自然。

晏安：海濱植物體內都含有鹽分，有沒有海濱植物是含有毒素的？

師：很多植物體內有許多化學物質，每一種植物都是一座化學工廠，有些對人類有害，有些對人有益，而所謂毒性是人類去碰到或食用時，會產生不良反應，這叫有毒植物，每個人的體質不一樣，但今天在紅樹林裡看到一種植物叫海芒果，是

夾竹桃植物，是有毒植物，不小心食用會死亡，所以我們要去認識它，懂得如何處理，像南部有種植物叫咬人狗，碰到了會癢，但不是每個人都會起反應。

芯蕙：老師未來幾年大自然被破壞您會以如何型式去保護？

師：人類為什麼會破壞大自然，因為無知。但是當你破壞的時候大自然會反撲，所以我們要推廣、教育，讓大家知道大自然的重要，譬如每棵樹都會行光合作用，擷取太陽的熱能，讓環境涼爽，所以要了解問題的癥結點在哪裡，講道理很重要，大自然為什麼重要，破懷自然會有什麼後果，講給大家聽，大家如果聽懂了就會共同維護大自然。

梓瑄：老師這項工作遇到最辛苦的地方您如何解決？

師：最辛苦的就是遇到不知道自然重要性的人，你跟他說他有聽沒有懂，所以很多事情需要溝通，有些人容易接受這種觀念，但有些人很倔強不願意接受，所以最重要的是我們要從教育著手，宣導正確觀念，以及如何宣導讓大家接受，知道環境保護的重要。

晏安：植物是否有像動物一樣依照「界門綱目科屬種」去做分類？

師：有，動物跟植物用相同的分類方法，最早的分類學家是林奈，他把牠們分為界門綱目科屬種，剛剛也介紹過動物跟植物哪種種類比較多，大家也知道是動物種類比較多，用這樣的分類方式可以很清楚的知道各種類別。

哲瑋：老師像您說今天濱海植物有看到水筆仔、海茄苳，那南部
　　　還有三種是北部所沒有的，是哪三種？

師：台灣過去應該有六種，其中細蕊紅樹、紅茄苳已經滅絕，剩
　　下水筆仔、欖李、五梨跤跟海茄苳，而我們這邊有的是水
　　筆仔跟海茄苳。

哲瑋：那這些物種的分布是因為地形的關係嗎？

師：地形跟溫度都有關係，像水筆仔比較耐寒，所以在北部比較
　　多，五梨跤屬於熱帶型植物所以分布在南部，海茄苳也是
　　熱帶型分布在中南部，欖李也在南部，那植物跟他的族群
　　有關，如五梨跤跟欖李屬於稀有植物，不管任何環境它的
　　數量是受到限制，所以非常難見，有的是在演化上就是屬
　　於稀有種，而最重要的就是緯度的關係。

哲瑋：老師您從事三十年的時間，看見復育是種成就感，但在過
　　　程中有沒有想過要放棄？

師：我覺得必須要有永不放棄的心態，縱使過程中遇到挫折，但

是我們還是要盡量找機會，像稀有的植物，我們要找解救的方法去拯救它，現在政府有個法令「環境影響評估法」當要開發或破壞的時候，這些稀有動植物有法令保護，要求開發行為避開或是尋求替代方案，所以過去面臨到很無奈的事情，但現在法規越來越健全，這些困境都變得有轉圜空間，所以我還是有信心，而最重要的是人的重視度，所以教育跟宣導還是重要的。

淑雲：剛剛老師有提到有毒植物海芒果，如果碰觸到時該如何處理？

師：如果碰觸到洗手就好，到野外要養成一個習慣，回來後都要洗手，海芒果毒性比較強，不小心吃到它的汁液或組織都有不好的影響，但每個人反應都不太一樣，而海芒果該不該出現在海濱或是校園呢？其實應該要有，因為它的毒性是為了它自己永續生存，可能是它體內重要的維生物質，它存在有它生態重要的意義，所以我們就要去認識它，認識它才知道它的特性，了解該如何處理，那校園裡該不該種有毒植物？我覺得應該要種植，因為在校園裡很容易讓學生認識它的特性，這樣在戶外遇到了才知道它是有毒植物，這些植物都有教育意義，那將來有同學成為科學家，去研究這個毒性是什麼東西，或許可以從中變成藥物，也許有同學會好奇為什麼它會有毒，這樣可能就成為科展的一個題目，野外的植物有些可以吃、有些會造成過敏，但並不一定要在野外採來吃，認識它是重要的，野外求生會用到，認識它也有名俗的價值，如果我們都了解的話，對於鄉土的喜愛度就會增加，所

以到野外看植物有個觀念很重要，它現象背後的意義，譬如番杏背後有什麼意義？人類曾經將它當作野菜、做綠美化，這些都可以當作教材，又譬如海芒果開的花很漂亮，而它背後的意義是為了讓蝴蝶幫忙傳播，而果實外面有厚實的纖維保護，因為是海漂植物，這樣才能承受海浪的打擊，而我們看到的是現象，所以要思考它背後的意義，這樣就可以講上一個多小時的故事。

校長：這是上次在紅樹林的海邊老師有說過這段故事，所以我印象非常深刻，所以剛剛我做這樣的回饋。而我想問一個問題，老師工作三十年，這樣的工作有時需要在外面帶領志工群或是生態導覽，回到家庭跟工作上最大的啟發是什麼？

師：我會參與這份工作是因為過去大家對大自然參與度沒有這麼高，所以到戶外時非常孤單，無法跟很多人討論，但是自從參加許多培訓班之後，我發覺很多人對大自然的喜愛被激發出來，大家彼此交流的結果影響社會很多層面，回到家你會發現也影響了家人，在家會準備很多教材跟圖片，他們也會受到影響，會很樂意跟著我到野外去看看，慢慢地影響到他們甚至他們的朋友，感覺我變成一個核心，慢慢地他們也喜歡上大自然，影響層面漸漸變大，從大自然中感受到樂趣，很多人都會問我，老師你怎麼記的，怎麼什麼都知道，我回答記植物的不二法門就是經常看並且說出來，因為在解說過程中就會內化成自己的知識，就永遠不會忘記。

校長：老師因爲時間的關係，我問最後一個問題，老師您的簡報中圖片爲什麼用三個人背影當畫面？

師：因爲這個簡報要讓大家知道說，我們要用宏觀的視野看這個大地，我站在那三個人背後看的視野更加寬廣。

校長：因爲時間的關係，現在我們來做總結，從早上實地的探查、剛剛老師的講解、現在近距離的訪問，給你最大的啓發跟收穫是什麼？

晏安：要保護大自然。

芯蕙：有大自然才會有今天的我們，所以我們一定要好好珍惜並愛護大自然，也要好好保護每個生命，不管是怎樣的生命都一樣珍貴。

哲瑋：今天帶給我最大的啓發，這些小朋友就跟種子一樣，都有無限可能性，只要好好地誘導他們、栽培他們，他們都會成爲有用之材。

淑雲：我覺得很多植物在不同環境下都有它們的用處，就跟小朋友一樣，每個小朋友都有他們的特長以及適應的環境，像今天這麼炎熱的天氣，那些植物都還能夠生存，這就是它們的特色，那小朋友也都有他們自己的特色，所以我們要發現他們的特色，然後開發他們，讓他們像種子一樣在適合的環境下長大。

校長：這部分對他們來說是個很大的挑戰，因爲要對您給他們的收穫做最後的摘要，是很緊張的。

梓瑄：要讓大自然源源不絕，要愛護它、不要破壞它，這樣世界就會變得比較美好。

校長：剛剛老師有提到，在現在這個國中階段是非常好的部分，請你們背詩詞歌賦，可以影響你們很深遠，所以爲什麼要做這樣的課程規劃，讓你們到在地的紅樹林，老師剛剛也說到爲什麼可以記很多植物名稱，有兩個很重要的部分

芯蕙：因爲了解？

校長：不是，不是，老師你講給他們聽聽看。

哲瑋：要多看，多講出來。

校長：對，要記得的話要經常去看它，把它們當朋友，在這樣的過程中感受到喜悅與心靈成長，所以想要讓更多人知道那是一件非常開心的事情，所以經常去看並說出來，就不會忘記，所以今天三位老師都非常稱讚你們，在聽的過程中，內化成自己的知識後並身體力行，這樣就會更愛這塊土地，這就是爲什麼要做這樣的課程設計，藉由這樣的課程，讓你們認識更多的植物，認識自己的家鄉，可以告訴別人是什麼東西，例如蔓荊，味道非常舒服，因爲感受到美好的經驗，所以也想讓你們有同樣的感受，在你們身上種下種子，讓它們發芽，這是一堂很棒的自然課程，再次感謝老師今天帶給學生的收穫。

◎學生心得

★林芯蕙

對我來說，這是我最後一次的大師相遇。這是一個特別的課程，讓找學到課程以外的「自然」，自然只是籠統的說法，教授還

告訴我們生態的重要性，強調「生命的每種形式都是獨特的，不管對人類的價值如何，都應該受到尊重。」

大家都覺得植物不是生命，所以不用珍惜也不用尊重，這是不對的。所以教授教我們把植物變成自己的朋友，因爲這樣才會讓自己也懂得愛護它。除此之外，教授還告訴我們三種多樣性：遺傳、物種、生態系，還有「生物多樣性公約」跟「華盛頓公約」，目標是要保育全球生物多樣性和永續全球生物資源，讓我們知道生物與自然的關聯和重要性。他開啓了我對自然的好奇心，經過他們早上帶我們去紅樹林的解說，我也開始好奇每個不認識的植物的生存方式。萬物一切生而平等，唯有學會與它們和平相處，這世界才會永續發展下去並生生不息。

★羅梓瑄

今天是第七次與大師有約，這次的大師是陳超仁老師，陳老師他非常熱愛植物，我問陳老師說如果今天你不是做這類工作，那你覺得你會做什麼樣的工作？陳老師說就算我不是做這類，我也會空出時間去看看他們（植物），我覺得陳老師真的非常厲害，做這個工作已經 30 年，也沒有想要放棄，而且陳老師還跟我們說這些植物會用不同姿態來打招呼，非常的有趣，還有，我非常驚訝陳老師做這工作已有 30 年，要說出**永不放棄**很簡單，但是做出來卻比想像中的難，我覺得陳老師這點非常值得我們學習。我都是三分鐘熱度，一遇到困難就想放棄了，所以我非常崇拜陳老師這種永不放棄的精神。

另外，我學到如果碰到有毒植物，一定要洗手，不要吃下去就沒事，對一些人可能沒什麼事情，可是，對一些人可能會過

敏，所以我學到不要亂碰來路不明的植物，陳老師認爲學校應該種植一些有毒植物，因爲這樣才能學到哪些無毒哪些有毒，如果學校沒有讓同學有這些知識，出了社會可能還不知道哪些植物有毒進而有所防範。

　　總而言之，我覺得陳老師很厲害，做了 30 年也不會想要放棄，這個精神我覺得非常值得我學習，所以我非常崇拜老師的精神和毅力，更讓我覺得驚訝的是，這份工作其實是陳老師小時候最想做的事，看來我也該早早確定我的目標才是。

★田晏安

　　早上的紅樹林之旅，看見了很多的海濱植物。一開始陳超仁老師說：全台紅樹林的種類有很多種，有水筆仔、五梨跤、海茄苳、欖李、紅茄苳。水筆仔俗名加藤樹，水筆仔有著獨特的胎生苗繁殖方式，又因爲胎生苗呈筆狀，所以就叫「水筆仔」。一年生長情形爲春天長出新芽及新葉，夏天開滿淡淡香味的白色花朵，秋天水筆仔果實成熟後下胚軸開始生長，冬天胎生苗前端變成紅褐色，成熟後會掉卜來。水筆仔爲防風、定砂、護堤優良樹種，也是河口生態系中最佳生產者。聽完之後，覺得造物者還眞神奇。

　　之後陳超仁老師說：現在人類一直在破壞生態，老師強調生命的各種形式都是獨特的，不管它對人的價值如何，都應當受到尊重。因爲人類，屬於自然的一部分，生命依賴於自然系統的持續發握。

　　我覺得人類不應該破壞大自然，因爲一直持續破壞下去的話，有可能造成很多要面臨絕種的物種消失，說不定那個消失的

物種對我們是有好處，之後也看不見很多美麗的生物，想見到的話只能去翻書本追憶了。破壞大自然造成大自然的反撲，最終受害的還是我們人類，地球將變得不像地球……難道我們不該有所警惕！

國家圖書館出版品預行編目資料

精華國中——與大師相遇／何美慧 主編. –初版. –新竹縣新豐鄉：竹縣精華中學，2018.09
面； 公分.——
ISBN 978-986-05-6467-9（平裝）
1. 言論集
078　　107012801

精華國中——與大師相遇

主　編　何美慧 校長
編 輯 群　教師：黃琲芳、許哲瑋、余欣樺、曾榆薰、吳淑雲、彭淑芳
學生：童郁云、林芯蕙、鄭茗月、林靖秐、葉　騏、黃子使、詹雅涓、羅惠怡、羅郅錞、梁雅媗、羅筱昀、羅郁萱、童郁千、黃榆茹、姜姵嫙、彭仁浩、陳冠廷、楊忠諺、魏立群、廖俊誌、羅梓瑄、吳婕汝、陳洳羿、許淑涵、范萱怡、蔡侑辰、廖彥智、彭筱涵、余泰豪、廖眉婷、涂嘉崎、田晏安、胡至宏
發 行 人　新竹縣立精華國民中學
出　版　新竹縣立精華國民中學
30417新竹縣新豐鄉後湖村八鄰166號
電話：（03）5689-491
傳真：（03）5686-697
設計編印　白象文化事業有限公司
專案主編：林孟侃　　經紀人：張輝潭
經銷代理　412台中市大里區科技路1號8樓之2（台中軟體園區）
出版專線：（04）2496-5995　　傳真：（04）2496-9901
401台中市東區和平街228巷44號（經銷部）
購書專線：（04）2220-8589　　傳真：（04）2220-8505
印　刷　普羅文化股份有限公司
初版一刷　2018 年 9 月
定　價　400 元

白象文化　印書小舖 PressStore 出版經紀　出版・經銷・宣傳・設計
www·ElephantWhite·com·tw　自費出版的領導者　購書 白象文化生活館